西方文化概论

主 编 谯 伟 雷恒军 刘 鹏

陕西师范大学出版总社有限公司

图书代号　JC14N0232

图书在版编目（CIP）数据

西方文化概论／谯伟,雷恒军,刘鹏主编. —西安：陕西师范大学出版总社有限公司，2014.3
ISBN 978-7-5613-4656-3

Ⅰ. ①西… Ⅱ. ①谯… ②雷… ③刘… Ⅲ. ①西方文化—文化史—高等学校—教材　Ⅳ. ①K500.3

中国版本图书馆 CIP 数据核字（2014）第 021577 号

西方文化概论

谯　伟　雷恒军　刘　鹏　主编

责任编辑／	李金玉
责任校对／	郭艳芳
封面设计／	王　谓
出版发行／	陕西师范大学出版总社有限公司
	（西安市长安南路 199 号　邮编 710062）
网　　址／	http://www.snupg.com
经　　销／	新华书店
印　　刷／	陕西省富平县万象印务有限公司
开　　本／	787mm×960mm　1/16
印　　张／	13.5
字　　数／	222 千字
版　　次／	2014 年 3 月第 1 版
印　　次／	2014 年 3 月第 1 次印刷
书　　号／	ISBN 978-7-5613-4656-3
定　　价／	27.00 元

读者购书、书店添货或发现印刷装订问题，请与本社高教出版分社联系、调换。
电　话：(029)85303622（传真）　85307826

目 录

导论 ……………………………………………………………………（ 1 ）
第一章 西方文化的孕育 ……………………………………………（ 12 ）
　第一节　古希腊城邦文化 …………………………………………（ 12 ）
　第二节　罗马法治文化 ……………………………………………（ 21 ）
　第三节　日耳曼人权利文化 ………………………………………（ 32 ）
　第四节　基督教宗教文化 …………………………………………（ 42 ）
　第五节　中世纪城市的商业文化 …………………………………（ 57 ）
第二章 西方文化的形成 ……………………………………………（ 69 ）
　第一节　近代西方社会的文化转型 ………………………………（ 69 ）
　第二节　近代西方的科学革命 ……………………………………（ 83 ）
　第三节　近代西方的商业革命 ……………………………………（ 91 ）
　第四节　近代西方的政治革命 ……………………………………（ 99 ）
　第五节　近代西方人的观念革命：理性主义的兴起…………（107）
第三章 西方文化的发达 ……………………………………………（119）
　第一节　民主政治的发展与社会保障制度的确立 ………………（119）
　第二节　工业革命及其影响下的工业文明 ………………………（126）
　第三节　现代教育制度的形成 ……………………………………（132）
　第四节　科学技术的成就与影响 …………………………………（141）
　第五节　哲学与社会思潮 …………………………………………（150）
　第六节　文学与艺术 ………………………………………………（164）
第四章 西方文化的扩张 ……………………………………………（175）
　第一节　西方扩张的开端——开辟新航路 ………………………（175）
　第二节　西方的军事扩张——争夺殖民地的战争 ………………（181）
　第三节　西方的经济扩张 …………………………………………（187）
　第四节　西方的意识形态扩张 ……………………………………（193）
　第五节　文化的全球化交流趋势 …………………………………（202）
结束语　西方文化的未来 ……………………………………………（209）
后记 ……………………………………………………………………（212）

导　　论

文化成果对于人类生存的重要性,现代人可能比古代人更能直观地感受到。试想,某一天,突然没有了电,我们这个世界将会变成怎样一种情形?这个事例说明,文化就像空气和水一样弥漫于我们生活的每一个角落,人们每时每刻都在享受着前人所创造的文化成果;同时,人们也在每时每刻不断地创造着新的文化。我们的进步,便是文化创造和发展的结果。然而,当我们每个人在享受着前人的文化成果时,我们却无意去思考什么是文化。这种现实在人类历史发展进程的几百万年间,一直如此。古人不关心什么是文化,是因为文化对于他们来说,那就是简单的衣食住行,人类就是在这种不知不觉中流逝了自我发现的机会,又在不知不觉中逐渐长大、成熟,并最终睁开了智慧的眼睛审视自我。

一、文化的几种定义

现代学者往往基于不同的学术习惯、不同的历史文化背景来界定什么是文化,因此形成了众多的文化定义。美国著名的文化人类学家克罗伯和克拉克洪在1952年曾对1871年到1952年这80年间有关西方的文化学概念进行过一次回顾和评析,共搜集了164种关于文化的定义,文化概念之多种多样,已经到了让人瞠目结舌的地步。下面,我们简要介绍几种典型的文化定义。

英国的"人类学之父"泰勒认为:"文化,或文明,就其广泛的民族学意义来说,是包括全部的知识、信仰、艺术、道德、法律、风俗以及作为社会成员的人所掌握和接受的任何其他的才能和习惯的复合体。"[①]泰勒的定义是描述性的,他第一次给文化确立了一个整体性的概念。美国社会学家奥格本从人类的行为方式角度定义文化概念,将文化分为"物质文化",即工具、机器、房屋之类具体的人工产物;"非物质文化",即"精神文化",包括知识、艺术、宗教、习俗、制度之类抽象的思维产品以及指导人的行为方式的意向性产物。《苏联大百科全书》指出:"文化这个概念用来表明一定的历史时代,社会经济形态,具体社会,

---

[①] 庄锡昌.多维视野中的文化理论.上海:上海人民出版社,1987:99-100

西方文化概论

氏族和民族的物质和精神的发展水平(例如,古代文化、社会主义文化、玛雅文化),以及专门的活动或生活领域(劳动文化、艺术文化、生活文化)。'文化'这个术语从较狭义的意义来看,仅指人们的精神生活领域。"

梁漱溟曾经给文化下过这样的定义:"所谓文化,不过是一个民族生活的种种方面。总括起来,不外乎三个方面:(一)精神生活方面,如宗教、哲学、艺术等,文艺是偏重于感情的,哲学科学是偏重于理智的。(二)社会生活方面,我们对于周围的人——家族,朋友,社会,国家,世界——之间的生活方法,都属于社会生活方面,如社会组织,伦理习惯,政治制度及经济关系等。(三)物质生活方面,如饮食起居种种享用。"[①]美籍华裔学者邹傥认为,文化不仅包括最高深的思想、意识形态,而且包括日常生活中的行为方式,也包括存在于社会最底层的习俗、迷信和仪式。当代著名哲学家张岱年说:"所谓文化,包含哲学、宗教、科学、技术、文学、艺术以及社会心理、民间风俗等等。在这中间,又可分为三个层次。社会心理、民间风俗属于最低层次;哲学、宗教属于最高层次;科学、技术、文学、艺术属于中间层次。"[②]

《辞海》是这样给文化下定义的:"文化从广义来说,指人类社会历史实践过程中所创造的物质财富和精神财富的总和。从狭义来说,指社会的意识形态,以及与之相适应的制度和组织机构。文化是一种历史现象,每一社会都有与其相适应的文化,并随着社会物质生产的发展而发展。作为意识形态的文化,是一定社会的政治和经济的反映,又给予巨大影响和作用于一定社会的政治和经济。在阶级社会中,它具有阶级性。随着民族的产生和发展,文化具有民族性,通过民族形式的发展,形成民族的传统。文化的发展具有历史的连续性,社会物质生产发展的历史连续性是文化发展历史连续性的基础"。[③]

关于文化的定义还可以不断地列举下去,但上述内容已经具有了足够的代表性,从中我们可以看到,有关文化的定义是丰富多彩的。文化不仅在内容上是丰富多彩的,在形式上也是多种多样的。如果对文化作横向的区别界定,我们可将其分为政治文化、经济文化、社会文化、宗教文化、饮食文化等;如果对文化作纵向划分,我们又可以将其分为传统文化、现代文化、原始文化、启蒙文化、

---

① 张汝伦.现代中国思想研究.上海:上海人民出版社,2001:339
② 张岱年.对中国传统文化的再评价.见:传统文化与现代化.北京:中国人民大学出版社,1987:5
③《辞海》1999年版。

导论

后现代文化等;如果按地区国别划分,我们还可以将其分为西方文化、东方文化、中国文化、英国文化、日本文化等;如果再对文化作深度的探讨,则将区分出表层文化、本质文化和潜质文化等。本书所重点探讨的西方文化就是诸多文化表现形式中的一种。

二、"西方文化"的概念解析

"西方"本来是一个相对的或绝对的地理概念,作为相对地理概念的"西方"是指位于某一参照物的西边;作为绝对地理概念的"西方"是指地球的西半球。我们这里所说的"西方"与上述两种地理上的"西方"概念都有差别,它是一种习惯性的称谓,仅指欧洲中西部的国家或地区,我们所说的"西方文化"也就是起源或流行于这一地区的文化。但是,由于西方人口在近代以来的大规模外迁,"西方文化"所涵盖的地理范围已超出了欧洲中西部的范围,所以,位于美洲的美国、加拿大和位于大洋洲的澳大利亚、新西兰也都属于西方文化的区域,特别是美国已经成为当代西方文化的主要代表者。

就欧洲中西部地区而言,在不同的历史时期曾出现或流行过不同的文化,如古希腊和古罗马时期的城邦文化曾盛极一时,并留下了极其丰富的文化遗产,但随着基督教的兴起和西罗马帝国的灭亡,希腊罗马文化在中西欧地区几乎完全消失了,直到文艺复兴时期才逐渐为近代的西欧人所了解。在整个中世纪的1 000年间,流行于中西欧地区的文化是源自中东地区犹太民族的基督教文化和源自于西北欧地区的日耳曼文化,其中前者居主导地位,属于官方性的意识形态,后者只是流行于民间的习惯文化。从文艺复兴时期开始,基督教文化越来越多地受到西方人的批判和抛弃,其作为西方文化主导者的地位随之丧失,西方文化进入一个再造期,以理性为主导的近代西方文化开始形成。

从原则上说,古希腊和古罗马时期的城邦文化、中世纪时期的基督教文化和日耳曼文化、近代的理性文化都属于西方文化的范围,但是由于上述文化形成于不同的时代和地区,它们的内容在很大程度上是相互冲突和对立的。比如,基督教文化就是在完全否定古典文化即古希腊罗马文化的基础上兴起的,因为基督教文化是一种信仰文化,而古希腊罗马文化则属于理性文化。理性与信仰本身就是两个对立的概念,理性就意味着否定信仰,信仰也意味着去除理性。同时,基督教文化与日耳曼文化在很大程度上也是对立的,基督教信仰强调来世,否定现世生活的意义和价值,而日耳曼文化则特别强调对个人现世权利的维护。近代理性主义文化建立在对基督教信仰文化批判的基础之上,是对

西方文化概论

基督教文化的有限否定。近代理性主义文化的兴起虽然以复兴古希腊罗马文化的文艺复兴运动拉开序幕,但近代理性文化与古典理性文化又有根本性的不同。具体来说,古典理性主义体现的是一种国家理性主义,而近代理性主义则是一种个人理性主义。所以,"西方文化"也有广义西方文化和狭义西方文化之分,所谓广义西方文化,就是指欧洲中西部地区曾经流行过的各种文化的总称;而狭义西方文化,就是指近代的理性主义文化,也就是流行于当今西方各国的文化。

本书所介绍的西方文化,在内容上属于广义的文化范畴,即全面介绍西方人在政治、经济、法律、科学、教育、思想学说及文学艺术等方面所创造的所有文明成就,在对象上则属于狭义的西方文化范畴,即重点介绍当前西方各国正在流行的文化形态概况及其形成、发达和扩张的历史过程。我们之所以对本书所介绍的西方文化做如上的内容和对象限定,是因为本书主要是为在大学生中普及和推广西方文化知识而编写的公选课教材或自学教材,与一般仅适用于文科大学生的《西方文化史》教材有所不同,本着去繁就简的原则,我们将目前西方各国所流行的文化即近代的理性主义文化,简单地等同于西方文化,同时,通过对孕育西方文化诸因素的探讨,将古希腊罗马文化、基督教文化、日耳曼文化和中世纪城市的商业文化有机地融入狭义的西方文化范畴。

三、西方文化的崛起

对西方人来说,近代理性主义文化并非天外来客,它是从传统的古希腊罗马城邦文化、基督教文化和日耳曼文化中孕育的,因此,古希腊罗马文化、基督教文化和日耳曼文化被称为西方文化的三个来源。从形式上看,近代理性主义文化的形成一方面是批判基督教信仰文化的结果,另一方面是复兴古典理性主义的结果,但从实质上看,近代理性主义文化从希腊罗马文化、基督教文化和日耳曼文化都汲取了同样多的营养。

古希腊罗马文化对西方文化的巨大影响自不待言,正如恩格斯所说,"没有希腊文化和罗马帝国所奠定的基础,也就没有现代欧洲。"[①]黑格尔也说,"科学与艺术,凡是满足我们精神生活,使精神生活有价值、有光辉的东西,我们知道都是从希腊直接或间接传来的。"[②]近代西方文化的许多核心观念,如个人权利、

[①]《马恩选集》第三卷,第220页。
[②](德)黑格尔.哲学史演讲录.北京:商务印书馆,1997:157

导论

自治、宪法和契约精神都源自日耳曼文化,或者说近代西方文化正是在为这些传统的日耳曼观念提供理性证明的过程中兴起和完善的。基督教文化虽然一直是近代西方理性主义者重点批判的对象,但近代理性主义者无一例外都是在基督教文化的熏陶下成长起来的,他们一方面尖锐地批判或否定基督教文化,另一方面又有意或无意地从基督教文化中借鉴了许多。一些源自基督教的观念或制度,如政府权力的有限性、义务教育、慈善济贫和大学制度,对近代西方文化产生了深刻的影响。此外,近代理性主义者的许多思想创新、制度创新也是批判和否定基督教文化的直接产物,如近代科学的兴起在很大程度上就是在批判基督教神学解释的基础上兴起和发展起来的。

近代西方理性主义文化的主体内容则是西方人在理性主义的指导下积极应对各种现实问题和社会矛盾的过程中创造的。近代西方人首先面临的一个问题就是对人及人的理性的认识问题。基督教信仰从总体上是否定人的理性作用和价值的,强调信仰支配理性,但产生于希腊罗马理性主义文化背景之下的基督教却不能仅靠信仰吸引信徒,也不能仅靠信仰维持其宗教统治,于是解决理性与信仰的冲突成为中世纪时期所有基督教神学家不得不面对的问题,不同时期的基督教神学家也对此做出了不同的回答。比如,早期教父奥古斯丁一方面用理性将基督教的教义理论化和系统化,另一方面又竭力否定人的理性思考;中世纪晚期的神学家阿奎那则企图将理性与信仰协调起来,其表现就是用理性来论证基督教的教义,但对上帝和《圣经》的绝对信仰仍然是阿奎那经院哲学的基石,理性实际上只是神学的"婢女"。中世纪后期,教会统治的腐化使得人们对基督教的信仰越来越失去信心,从15世纪开始,在意大利出现了直接批判基督教神学、颂扬人的理性和人的价值的人文主义。16世纪的宗教改革从其主观目的来看,是为了挽救处于危机中的基督教信仰,但是,宗教改革之后出现的教会分裂和宗教战争实际上大大地淡化了西方人的宗教信仰,加之科学革命的冲击,理性主义终于取代基督教神学而成为西方文化的主导。

在用理性否定基督教信仰的过程中,西方人开始对当时面临的许多迫切问题进行系统的理性思考和理性分析。比如,在否定了上帝主导自然万物的神话之后,人应该如何认识自然界的各种发展变化;在经历了黑死病的大劫难之后,人们逐渐认识到强大政府的作用,为强大政府的出现进行辩护就成为当时一个非常迫切的政治任务;新兴资产阶级的崛起使得他们越来越看重自身的财产安全,强调个人权利的重要性,为个人权利辩护以抵抗正在崛起的王权成为当时社会阶层共同关注的问题。另外,在新航路开辟之后,随着贸易的扩大和越来

西方文化概论

越频繁的殖民战争,产生了一系列迫切需要解决的技术问题、法律问题和制度问题,等等。面对错综复杂的社会矛盾、社会需求,近代西方人以理性主义为利器,在政治、经济、社会、法律和自然科学等各个方面进行了不同形式的"革命",进而创造了一个政治民主、经济发达、科学先进、军事强大的新的西方文明或西方文化。

与此同时,西方文化开始跨出"西方国家",在广大的非西方国家中广泛传播。这是因为,商业革命、科学革命、政治革命、工业革命、思想革命的相继完成给了西方国家不可估量的推动力,使西方各国成为世界的政治中心、经济中心和文化中心,并逐步实现了对广大亚非拉地区的民族和国家直接或间接的控制;换言之,绝大多数非西方国家被迫沦为西方国家的殖民地或半殖民地。于是,大量的西方资本、西方商品源源不断地涌入殖民地,西方的科学、西方的思想、西方的制度甚至西方的宗教也被引入殖民地。总之,西方的扩张"迫使一切民族——如果它们不想灭亡的话——采用资产阶级的生产方式,迫使它们在自己那里推行所谓的文明制度。"①

四、近代中国人学习西方文化的艰难历程

在西方强大的经济压力之下,一切民族均没有选择的余地,只有接受西方的生产方式;在西方强大的政治压力之下,所有的殖民地或半殖民地国家只有接受西方的制度模式;在西方优越论的冲击之下,拥有悠久文明传统的东方民族不得不认同西方的意识形态,并竭力使他们传统的政治体制、经济体制、思想文化体制及教育体制向西方靠拢。但是,对于有着悠久文明和古老传统的中国来说,"向西方学习"绝非易事,因为走西方式的现代化之路就意味着"对这个社会所长久维持的传统进行重新评价",就意味着以西方社会的价值观念对这个社会的传统进行强制改造。

早在明末清初之际,就有一批西方的传教士来到中国,传教虽然是这些传教士的最终目的,但实际上,他们却不自觉地充当了中西方文化交流的使者。中国大量的文化典籍经他们之手传到了西方,西方的一些科学知识和实用技术由他们介绍到中国,他们甚至帮助清政府与俄国签订了中国历史上第一个国际条约——《中俄尼布楚条约》。但是,中西方社会制度及文化传统的巨大差异使当时的大多数中国人,特别是作为封建社会精英的儒士阶层,难以真正认同西

---

① 马克思,恩格斯. 共产党宣言. 北京:人民出版社,1997:31-32

导论

方的宗教和文化,加之中国人长期以来所形成的大国意识的制约,当时的中国政府(无论是明政府还是清政府)及士大夫均没有正视这一股来自异域的清新之风。当时尽管一些西方传教士经常出没于皇室贵胄及士大夫之间,但却没有多少中国的官员和儒士想去了解他们的语言、文化和宗教;尽管西方的传教士将大量的中国文化典籍如《易经》《论语》等翻译成西文,并撰写了大量的介绍中国历史文化的著述,但却没有出现一部由中国人翻译的西方著作或由中国人撰写的介绍西方历史文化的书籍;尽管明末清初先后有几百名西方传教士来到中国,但却很少有中国人去西方考察游历。

两个世纪后的鸦片战争彻底击碎了中国统治者及士人对西方文化的傲慢,鸦片战争的失败之所以在清帝国内部引起了极大的震动,倒不是人们不能接受失败的结果——有着五千年文明史的中国人不知经历过多少次惨痛无比的失败,对战争的胜败早已习以为常。让他们不能接受的是,战胜者竟是不知从何地方冒出来的"英夷",个个金发碧眼,似人又似鬼。令他们尤其不能接受的是,区区几千人的"英夷"仰仗着"坚船利炮"竟能使几十万清兵丢盔弃甲,死伤无数。使他们越发难堪的是,"英夷"竟"得寸进尺"要求大清帝国向其支付巨额的战争赔款,向其开放广州、福州、厦门、宁波、上海等通商口岸,而且要求割让香港归其统治。丧权辱国的《南京条约》使这个天朝帝国威风扫地,颜面尽失,中国的统治者和知识分子不得不正视来自西方的文化。但是,在"要不要学习西方文化"及"如何学习西方文化"等问题上,不同身份、不同派别的政治家或思想家之间又出现了前所未有的激烈争论。

1. 近代中国人关于西方文化的第一次争论:要不要引进"西学"?

传统观念的禁锢使得清朝的最高统治者及绝大多数儒士官僚面对"五千年未有之危局"不思变革,仍然试图运用传统的政治、经济及军事资源来化解危机。主要表现为:清朝最高统治者及绝大多数儒士官僚并没有对战场上的失利进行深刻的反思,而只是一味地将战争的失败仅仅"归咎于炮船之不若",或一些外在的、或偶然性的事件,如官员腐败、军事指挥官临阵脱逃等;他们不是认真地检讨中国传统政治制度及军事制度的弊端,反而认为解决当前社会危机的首要之道在于重建纪纲;他们从不敢正视西方先进及清朝落后的现实,反而自欺欺人地认为,西方人所拥有的洋枪、洋炮只是中国人长期以来所不齿的"奇技淫巧",与中国博大的儒家思想体系相比,这些均属"形器之末",不足挂齿。而且一向执世界牛耳的中华帝国向"夷狄"之邦学习是一件有失尊严的"示弱"行为,既"靡费"又"多事"。

西方文化概论

　　作为鸦片战争当事人之一的林则徐,战前曾是激进的主战派,亲自领导了广州的禁烟运动。在厉禁鸦片的同时,他与邓廷桢、关天培一起,积极加强海防,以强大的武装力量作为禁烟斗争的后盾。与此同时,林则徐组织人员,多方搜集西方国家的有关地理历史资料,汇编成《四洲志》;他还积极筹资购买西方的钢炮和铜炮,林则徐可称得上近代中国第一个睁眼看世界的人。第一次鸦片战争失败之后,著名学者魏源对清朝军队在战争中的失利进行了深刻的反思,他认为清朝统治者的昏庸腐朽是战争失利的主要原因,他指责清朝统治者一味"承平恬嬉""粉饰润色",不求"国计边防",以致"内政不修,军备废弛",任凭外国侵略者欺凌,却把战争的失败仅"归咎于炮船之不若"。另一方面,魏源清醒地认识到侵略者所拥有的"洋枪利炮"并非一些顽固派所称的只是"奇技淫巧"和"形器之末",大清帝国只有虚心地"师夷长技"才能最终"制夷"。在《海国图志》一书中魏源率先提出了学习西方"坚船利炮"以自强的固国方策。

　　尽管少数有识之士如林则徐、魏源等人声嘶力竭地呼吁"革除弊政""师夷长技以制夷",但是在民族危机不断加剧的险恶形势下,清朝统治者仍然不思变革,试图运用传统的政治、经济及军事资源来应对国内外的各种挑战和危机,结果引发了更大程度的失败与耻辱。在经历了第二次鸦片战争的惨败之后,西方"坚船利炮"的强大威力使所有的中国人即使是最顽固保守之徒也不得不正视中西方在实用技术方面的巨大差距,再也不敢妄谈什么西方的技术只是一些为中国人所不齿的"奇技淫巧""雕虫小技"。已经穷途末路的清政府在内外交困中基本认可了李鸿章、曾国藩等人兴办"洋务"的主张。1861年,清政府成立"总理各国事务衙门"作为管理洋务运动的中央机关。次年,从京城到地方成立同文馆、广方言馆等,培养外语人才。他们本着"自强以练兵为要,练兵以制器为先"的指导思想,在沿海城市扩充和发展近代工业特别是军事工业。

　　2. 近代中国人关于西方文化的第二次争论:是"中学为体"还是"西学为体"?

　　虽然西方的枪炮、西方的工厂甚至西方的科学在洋务运动中被一一引入中国,但大多数中国士人心中的思想疙瘩并没有解开,这就是如何处置中国传统与西方技术之间的关系,也就是学术界通常所说的如何处理"西学"与"中学"之间的关系。中国人历来相信儒学博大精深,无所不包,无所不能,他们对儒学的迷信程度与欧洲人对圣经的迷信程度不相上下。当时的顽固派"上托法祖之名,下据攘夷之论",对洋务派进行围剿,"其人极多,其势甚大",曾国藩等洋务派则提出"中学为体、西学为用"的观点为洋务运动辩护,即在保持中体(包括纲

导论

常名教与封建君主专制政体)不变的前提下,引进西方的兵器、实业、技术等。

"中体西用"的观点反映了洋务派在处理中国传统与西方文化方面自相矛盾的立场:一方面他们竭力为"西学"在中国的生存"鼓"与"呼",劝说国人容纳"西学",他们认为引进"西学"不会也不可能动摇儒家伦常名教的主导地位,而且"西学"对于弥补儒学在"器""用"方面的不足与缺憾大有裨益。另一方面他们又极力贬损西学,将"西学"置于"辅""末""形而下"的地位。但是,"西学"对于近代中国人来说,犹如一个"潘多拉"魔盒,一旦打开,主人就会失去对它的控制。

洋务派思想家曾为"西学"精心设计了其在中国的地位和作用,即"西学"只是一种富强之术,只能充当儒家伦常名教的补充。但历史并没有按照洋务派思想家所设计的轨迹运行,随着中国近代民族危机的不断加深,人们对"西学"理解已不再局限于"用"的范畴,引进"西学"的"体"即西方的思想、西方的制度、西方的文化已被越来越多的思想家和政治家认为是挽救中国的根本之路。"中体西用"的旧框架再也容纳不下日益膨胀的"西学",当初被设计为"辅""用"角色的"西学"开始向"中学"的主导地位发起挑战。

自鸦片战争以来,对中国人特别是进步知识分子的心灵产生最大震撼的事件莫过于中国在甲午战争中的惨败,因为这一次让大清帝国蒙受耻辱的不是军事实力强大的西方国家,而是一千多年来一直被中国人视为藩属且在四十年前与中国同样遭受西方国家殖民侵略的日本。日本人在短短几十年内的神奇经历使许许多多的中国有识之士震惊不已,也羡慕不已。日本的成功经历促使中国的有识之士开始质疑自六十年代以来主导中国政坛的洋务派改良思想,一个主张进行政治变革的思想流派即维新派产生了越来越大的政治影响力。

维新派思想家彻底冲破了洋务派"中学为体,西学为用"的思想框架,他们不仅主张引进西方的科学技术,更把引进西方的政治制度和政治观念视为中国摆脱殖民侵略、进而实现国富民强的唯一途径。洋务运动的破产、日本成功变革的经验使得中国大多数进步知识分子对维新思想趋之若鹜,而保守派、顽固派及既得利益者对维新思想的攻击、对维新派的压制和迫害也达到前所未有的程度。以慈禧太后为首的清政府顽固派虽然成功地绞杀了康有为等人所发起的维新变革,但随后所遭受的更大军事失败及国内外强大的政治及军事压力则迫使清政府于20世纪初实行宪政改革,然而为时已晚,推翻清朝封建专制统治的革命运动已在全国形成燎原之势。

西方文化概论

  3.近代中国人关于西方文化的第三次争论:是"全盘西化"还是"儒学救世"?

  清帝溥仪的退位不仅终结了君主专制制度在中国两千多年的政治历史,而且动摇了中国传统的以君权为中心的信仰体系和价值体系,儒学不仅丧失了其在理论上的神圣性权威,而且有越来越多的进步思想家加入了清算儒学的行列,儒学对国人道德观念、社会心理及行为方式的消极影响被视为中国实现制度转型的最大羁绊,于是一场声势浩大的以倡导西方文明、肃清专制余毒为宗旨的新文化运动在中华大地蓬勃展开。

  一些激进的思想家,如陈独秀、胡适等人,一方面大力倡导全盘西化,另一方面以非凡的勇气,对以儒家思想为中心的传统文化展开了全面的反省和清算。陈独秀认为,中国要想成为一个真正的民主、自由、共和的现代社会和现代国家,就必须以"利刀断铁,快刀理麻"的精神来一场文化价值观念的革命,自觉接受现代民主主义的新思想、新道德、新文化,彻底否定封建主义的旧思想、旧道德、旧文化。他指出,"若是决议革新,一切都应采用西洋的新法子,不必拿什么国粹、什么国情的鬼话来捣乱"。与陈独秀一样,胡适也极力主张中国应该实行全盘西化。他认为,中国应该像日本一样,一心一意地全面接受西方文化,"绝不受那些保守派思想家们的影响,也绝不因害怕丢掉自己的民族性而有所动摇"。

  与陈独秀、胡适等新文化运动旗手竭力鼓吹全盘西化、彻底否定中国传统文化的思想观念相对立的主要是一些被称为新保守派的思想家,如康有为、梁启超、梁漱溟、严复、张君劢等,其中以梁启超、梁漱溟的影响最大。1919年,梁启超曾去欧洲访问,当时第一次世界大战刚刚结束,这场战争不仅把欧洲的社会经济、政治文化带到了崩溃的边缘,而且给欧洲人的心灵造成极大的创伤。目睹此情此景,梁启超心目中那个曾经美轮美奂的欧洲理想宣告破灭,他敏锐地意识到,欧洲文明并非完美无缺,于是,这位曾热心倡导西学的文化宿将转而唱起了西方文明破产的挽歌。他认为,只有中国的精神文明才能挽救大洋彼岸那几万万"哀哀欲绝地喊救命"的西洋人。

  梁漱溟在其《东西方哲学》一书中指出,西方文化以向外追求为其根本精神,这种精神给西方带来了发达的科学技术和民主制度、丰足的物质财富和长足的社会进步,然而这种一味向外逐物的精神也给西方人带来巨大的伤害。自然界本来是人类生活与生存的生命之源,此时反成为任人伤残的一片死寂的天地;而且西方文化教人以对待自然的态度对人,致使人与人之间同类相怜的伦

导论

理情谊荡然无存；更有甚者，科学日精，机器日巧，日益把人变为机器的附庸，加之周期性的经济危机和毁灭性的世界大战，更令人无法生活在这个世界中。梁漱溟认为，种种迹象表明，西方文化已经危机重重，人类将由追求物质满足的时代转入追求"心的和同"，这一时代的标志就是儒家文化的复兴。他断言，只有走孔家的路，才可以导引穷途末路的西洋人进入新的境界。

近代以来的许多中国人在学习西方文化的过程中，始终抱着一种极其复杂的矛盾心态：一方面，他们清醒地意识到西方科学、西方制度及西方理性思想的先进性不容否认，应该向西方学习。另一方面，西方人的侵略和霸权行径又一再激起国人对西方人的反感、对西方制度的反感、对西方思想的反感。此外，西方国家出现的一些社会问题也使一部分中国的思想家想当然地认为，只有中国的传统思想和传统文化才能化解西方社会的危机，才能"拯救"已经危机四伏的西方文明，这种反感或自傲的情绪意识反过来又促使人们自觉或不自觉地抵制西方的制度和思想。

思想家的深邃与执着使绝大多数中国人不同程度存在着的对西方制度文明的矛盾心态在他们的思想和生活经历中得到了最极端、最夸张的体现，同时，他们也以自己的悲剧警示后人。那么，在以"改革开放"为基本国策的当代中国社会，国人汲取西方制度文明成就的心理障碍是否已经烟消云散、不复存在呢？恐怕不尽然。历史实践证明，学习西方文化需要勇气，也需要智慧。为了建设文明、健康的中国文化和健全的民族性格，不知有多少中国人为此做出了巨大的努力甚至牺牲，为此，我们不能不感谢那些使中国人民"站起来""富起来"和"带领我们走进新时代"的中国文化建设的思想先驱和政治家们！然而时至今日，又有少数学者接受周边国家和西方国家的文化反馈信息，认为他们也在学习中国的老子、庄子和孔夫子，于是又洋洋得意起来，以为中国的传统文化是举世无双的。

西方人学习我们中国文明，我们中国更应该学习西方文明，相互学习把世界文明推向一个新的高度。我们应当将西方文化的先进性与西方国家的霸权侵略行径区分开来，决不能因噎废食。江泽民同志说得好："阳光包含七种色彩，世界也是异彩纷呈的。每个国家、每个民族都有自己的历史文化传统，都有自己的长处和优势，应该相互尊重，相互学习，取长补短，共同进步。"

第一章 西方文化的孕育

第一节 古希腊城邦文化

古希腊是西方文化的发祥地,是欧洲文化的源头与摇篮,古代希腊文化所成就的辉煌,已成为成为近代欧洲史学、哲学、戏剧、文学、艺术的胚胎和种子。

当古希腊人开创灿烂的古代文化时,欧洲其他地区还处在野蛮状态,古希腊文化对后世欧洲产生了极为深远的影响。可以说,没有古代希腊文化,没有古代罗马文化对古希腊文化的传承与发展,就不会有近代欧洲文化的光荣与辉煌,正如恩格斯所说,"没有希腊文化和罗马帝国所奠定的基础,就没有现代的欧洲。"①

一、希腊城邦的形成

古希腊大体由三部分构成:希腊半岛(又称为希腊本土)、爱琴海诸岛和小亚细亚沿岸一带地区。希腊本土,是古希腊城邦文明的生成之地,也是古希腊文化中心之地。在这里,没有宽广的平原,没有奔腾千里的大江大河,没有适宜农耕文明的肥沃土壤,加之山脉纵横,河道交叉,交通不便,土地贫瘠,很不适宜农耕。但这里却有与海洋紧密联系的许多要素:三面环海、海岸线曲折、良港很多,造就了古希腊人"两栖式的生活,使他们能够随心所欲地凌波往来,无异于陆上行走"。② 同时境内森林资源丰富,造船业发达,这种近海的地理环境与自然优势,不仅造就了古希腊人勇敢、探求、创新、多思、富于进取的民族性格,而且非常有利于他们在经济领域选择第三条道路——商业经济,通商航海,适时地输出商业文明,并借助海洋吸收别国文化,尤其是古代东方文化的成果。

和古代东方文明的大河流域、沃野千里的特色相比,希腊以地小山多、海岸曲折、岛屿密布为其地理环境之特色。此外,温和晴朗的地中海气候在这里也

---

① 恩格斯.反杜林论.北京:人民出版社,1970:178
② 黑格尔.历史哲学.北京:三联书店,1956:272

第一章　西方文化的孕育

表现得尤为典型,既无欧洲大陆冬季的严寒,也没有非洲夏日的酷热,得天独厚的自然环境与地中海气候的滋润,在一定程度上影响了古希腊人的历史与文化,这种冬季多雨而夏日干爽的地中海气候有利于橄榄、葡萄的生长,便于希腊商人与东方商人互通有无,充足的阳光和长年的和煦则激励人们喜爱户外活动。

古代希腊的历史可以追溯到爱琴文明时代,即青铜文化时代。公元前12世纪至公元前8世纪是希腊历史上的荷马时代,在荷马时代末期,遍布希腊世界的城邦国家陆续产生。这其中,位于希腊半岛中部的雅典城邦在古代希腊的历史舞台上始终扮演着重要角色,它是古代希腊政治、经济、文化的中心。在早期希腊时代,希腊世界先后形成了200多个奴隶制的城邦。这些城邦国家发展十分充分,具有惊人的生命力,但它们始终处在小国寡民的状态之中,始终没有统一或沿着世界文明古国的历史发展轨道前行,即由奴隶制城邦到奴隶制王国再到奴隶制大帝国。虽然如此,希腊世界在民族、语言、文化、风俗、情绪等方面却基本保持一致,以纷立的城邦小国而取得了突出的文明成就,这是希腊不同于东方文明的一大特点。这在一定程度上和爱琴海岛屿密布,希腊本土又被群山分割为无数小块区域的地理环境特点有关。

希腊各城邦的面积都不大,人口不多,是以一个城市为中心,结合周围的农村而成,一城一邦,独立自主。城邦之所以在此时普遍出现于希腊世界,这是历史发展的必然结果。首先,在荷马时代末期,铁器的普遍使用,生产力发展,希腊社会发展速度加快。其次,希腊世界的优秀传统——爱琴文明对希腊社会的发展产生了潜移默化的影响,城邦文明的曙光曾经照亮过爱琴海及南希腊的迈锡尼地区,现在再次照耀希腊世界也不足为怪。第二,希腊世界,尤其是希腊本土的自然环境,意味着希腊世界从来就不是一个农业国家,土地的贫瘠意味着靠土地自行生活是不可想象的,因而缺粮就成为困扰全体希腊人的一大难题。面对这一难题,是选择忍耐、苦熬,还是主动出击,希腊人选择了后者。在公元前8世纪到6世纪,希腊人立足希腊本土,放眼外部世界,进行了大规模的海外殖民运动。这场长达两个世纪的海外殖民运动,虽然也包含着一定的政治因素,但能将大部分希腊民众的情绪调动起来,成为社会各个阶层纷纷参加的一场声势浩大的运动,经济因素应该说是其爆发的根本动因。第四,便利的海上交通,使希腊世界易与外部世界,尤其是与古老的东方奴隶制文明发生联系,东方文明成为希腊城邦文明在古风时代普遍产生的外部助推器。

一般认为,古希腊文明是城邦文明。这一文明特点既与具有悠久历史与广

西方文化概论

阔领域的古代东方诸文明大国有别,也与从城邦最后走向"世界帝国"的古罗马文明相异。古代东方各国在进入文明社会后,最早建立的国家都是城邦类型的小国,再由小国演变为大国以至帝国。希腊文明的特点却是,它保留城邦小国纷立的局面较其他文明为长。但它并没有积贫积弱,且能在城邦体制下达到其文明繁荣辉煌的高峰。那么,这种小国寡民的城邦有什么特点,或者说希腊城邦最本质的特征是什么?当东方各国的奴隶制走向极端专制,走向思想、文化被钳制、行为被束缚、人格被无视;走向一个高高在上的皇帝,千百万个顺民、愚民匍匐在其脚下;走向没有自主,没有思想,没有民主与自由时,希腊城邦凭什么反其道而行之,走上了政治相对民主、经济相对发达、文化相对繁荣的道路?

仅仅一个自然环境决定论是不能充分说明问题的,而更为明白、直接的理由是,希腊世界的城邦是一个公民集体。当城邦制度占优势之日,公民一般是该城邦中的土地所有者,是主人;另一方面,每一个公民在城邦制度下,在一定程度上保持着自我意识的个人生活权利,民众是有自主权的公民而不是臣民。如此的政治生活自然就会培养出相应的政治观念——追求自由、平等,反对专制独裁,也造就出对应的公民情怀——城邦是我们的家,在给我遮风避雨、给我温情阳光的同时,还给予了我更多的特权与利益,我有什么理由不去认真地爱护它、保护它,甚至献出生命呢!

在希腊世界众多的城邦中,有两大城邦最为著名:一是雅典,一是位于南希腊迈锡尼地区的斯巴达。这两个城邦都曾想染指希腊世界的最高领导权,成为希腊世界的唯一霸主,但事与愿违,城邦的特点决定了它们只能成为地区霸国或盟邦的盟主,谁也不能也不可能称霸希腊世界;同时,这两大城邦在政治制度、经济制度、文化形态、社会风尚等方面,也有着明显的不同。因而两大城邦矛盾最大,分歧最多,积怨最深,它们的矛盾几乎成为希腊世界各种矛盾的焦点。可以说,它们的所作所为就是希腊各邦的风向标。斯巴达是领土面积最大的希腊城邦之一,在诸城邦中,其军力最强,农业经济最发达,并依托伯罗奔尼撒同盟迫使许多城邦听命于它。尽管如此,在古典文化的成就方面,斯巴达乏善可陈,而古典时代的雅典是古代西方文化的典范。这不仅体现在其文化成就方面,而且体现着一种新的时代精神和一种在商业文明浇灌下所形成的朝气蓬勃的文化精神和民族性格。可以说,作为古代西方文化典范的雅典文化,已成为古代希腊文化的代名词,因此,只要一提到古代希腊文化,人们就会想到雅典文化,或者说,只会想到雅典文化。

第一章　西方文化的孕育

二、雅典城邦的民主制

雅典文化最为繁荣辉煌的时期是古典时代，而这一时期恰恰也是雅典城邦的全盛时期。此时雅典的民主政治高度繁荣，且具有广泛性与群众性，奴隶制商业经济发达，商业贸易活动十分频繁，文化交流日益明显，从而推动了雅典文化的全面发展与繁荣，雅典城邦文化的诸特点在此时期全面显现。雅典既然是希腊世界文化最为发达、名头最为响亮、对后世欧洲影响最为深远的城邦，我们就窥斑识豹，透过雅典城邦民主制来探究希腊城邦文化。

（一）民主政治的产生

在文明社会之初，世界各民族都经历了一个王政时代，即早期君主制时代。在这一时期，国家一方面产生了国王，另一方面原始时代的民主机构仍然存在，而且此时的国王权力因为此机构的存在受到一定程度的限制，因而国王的地位与权威绝对没法与专制极权的皇帝相提并论，为此，国王与民主机构中的长老议事会、公民大会之间必然产生矛盾与冲突。冲突的结果如何，从世界范围看，随着历史的发展，"王权"朝着两个方向发展：在古代东方，不论是中国、印度、埃及，还是两河流域的苏美尔和阿卡德地区的文明古国，国王的权力越来越大，最终排除长老议事会和公民大会在政治中的地位，确立了专制主义政体；而在西方世界，由于特殊的自然条件，不论是希腊还是罗马，在经过几百年乃至千余年的王政时代之后，却朝着与东方世界相反的政治道路发展，建立了比较健全的民主政治，尤以雅典和共和时代的罗马最为典型。

民主，顾名思义，就是人民当家做主。民主政治，简单地说，也就是人民当家做主的政治。而雅典的民主政治精髓就是主权在民与直接民主。主权在民，就是说，国家的权力掌握在民众手中，而不是在某一个人手里；直接民主，就是每一个公民都要亲身参与政治活动。城邦的原则就是通过各种制度和法规限制个人权力的膨胀，使其不至凌驾于公民集体之上，同时保障每一个公民都有可能参加对国家的决策与管理。民主政治能够在古代西方确立，尤其以希腊雅典的民主政治为其典范，原因很多。

（1）这里特殊的地理条件决定着国家只能是小国寡民式的。半岛多山，良港与海岸线很难实现政治上的统一。但财富是每一个人都必须追求的，而在冷兵器年代，人们追求财富的手段较之现代社会更为直接，更为赤裸裸。既然城邦是大家的，每一个公民面对城邦危机时，都有责任与义务成为民兵而保家卫国，慨然赴死。贵族不能垄断城邦的经济政治事务，每一个公民都有说话的权

西方文化概论

利,而主权在民就是这种权利的体现,直接民主给每一个公民提供了参与政治、表达愿望、展示自我的舞台与机会。

(2)由于历史的原因,虽然希腊世界从原始社会进入文明时代的方式途径不尽相同,但城邦确立后各种矛盾涌现,在雅典,平民与贵族的矛盾更为突出,成为城邦之初社会的主要矛盾。城邦形成初期,氏族贵族利用自己在氏族中的特殊地位,在经济上侵占公社的土地,并通过放高利贷等手段掠占小农的土地,把无力清偿债务的人变为债务奴隶,剥削他们的劳动;在政治上则乘改组氏族部落机构之机取得统治权,由议事会转化而来的贵族会议掌握了一切权力。在自由民中,与贵族相对立的是平民。平民包括小农、手工业者和商人。这些人为了各自阶层的利益团结一致,掀起了反对贵族的斗争。平民中的上层商人往往因为经商致富,成为新兴的工商业奴隶主,他们为了改变自己在政治上无权的地位,往往成为平民中的领导阶级,带领平民与贵族斗争。斗争的结果是平民取得不同程度的胜利,平民登上政治舞台,成为民主政治得以萌芽的种子。

(3)商人们为人精明,见多识广,对自由的要求尤为强烈。"商人不像土地占有者那样被拴在某个固定的地方,他们与其说是本地的公民,不如说是世界的公民。他们经常了解各种新的法律、新的风俗习惯,绝不愿接受某种后来使自己变成它们奴隶的习惯;他们只染上一种习惯——什么习惯也没有。他们不停地旅行,他们有许多机会认识到他们的故乡并不是整个世界,其他地方拥有的财富是他们坐在家里想象不到的。他们还认识到,当牛做马或者每星期日卑躬屈膝地向领主纳贡绝不是什么幸福。完全可以理解,这些人一回到故土,就特别忍受不了他们的同胞未能完全摆脱的那种奴隶般地俯首听命的情景。他们希望自由地生活,对领主的崇敬感再也不能支撑他们当奴隶了,因为他们曾在异族中间生活过,所以再也没有这种感情;他们昂首阔步,因为他们已经不习惯于点头哈腰了。"[①]这段精彩的文字,虽然谈的是中世纪的历史,但对我们理解古代西方商业在政治生活中的意义,同样是适合的。

作为雅典城邦的一个特殊阶层,商人们有意无意地成为推动城邦民主政治实现或确立的主力军。商业,对他们而言,虽然只是一种谋生手段,但却培养了他们的自由精神、民主意识、团结协作和勇于开拓、富于进取的创新精神,公民意识、公民精神日渐觉醒。虽然城邦绝不是古代希腊罗马所特有的,古代东方也有,但民主政治却能在古代西方体现,原因在于无论古代希腊还是古代罗马,

---

① 吴绳海.意大利史.北京:中华书局,1941:23

第一章 西方文化的孕育

它们的城邦文明是有其特定含义的。就是说,它们的文明既以城市为基础,又以城市为主体,这样的城市文明加之公民权制度最终形成了一种城邦精神——公民意识、公民精神、公民情怀和反专制独裁的社会心理,与城邦政治交映生辉,从而结出了民主政治这一硕果。

(二)雅典城邦民主制的具体表现

雅典是希腊民主政治的典型代表及集大成者。雅典民主政治的繁荣期是在伯里克利时代。伯里克利担任雅典民主派领袖并执掌政权数十年(前495—前429),故又称此时期为"伯里克利时代"。他虽出身名门望族,在第一等级中亦居首富之列,但他的家庭却和民主政治有密切关系:他的母亲是克利斯提尼的侄女,他从青年时就投身民主运动,他的老师和诤友是富于民主和科学思想的唯物主义哲学家阿那克萨歌拉斯,而提携他的政治家则是出身平民下层的厄菲阿尔特。在公元前461年厄氏被刺杀后,他便接任为民主派舵手,指导雅典政局直至逝世。可以说他是一身二任,既是代表工商业奴隶主的殷富公民的政治家,也是平民群众的代言人,这恰好也反映了雅典奴隶制民主政治既是奴隶制又是民主的双重性质。伯里克利为人廉洁奉公、守正不阿,有眼光,善演说,具备一个优秀政治家的品格和气质。雅典在他领导之下达于极盛,因此马克思说"希腊的内部极盛时期是伯里克利时代"。①

伯里克利曾在一篇演说中描述雅典民主政治的理想说:"我们的制度是别人的模范,它之所以被称为民主政治,因为政体是在全体公民手中,而不是在少数人手中。解决私人争执的时候,每个人在法律上都是平等的,让一个人员负担公职优先于他人的时候,所虑的不是某一个特殊阶级的成员,而是他们的真正才能。任何人,只要他能够对国家有所贡献,绝对不会因为贫穷而在政治上湮没无闻。"②雅典当时的民主政治当然与奴隶群众无缘,但在公民群众中却基本上能实现伯里克利标榜的这些优点。它具体表现在以下四个方面:

首先,各级官职向一切公民开放,并都以抽签方式产生。当然,抽签方法也依职位轻重而略有区别。执政官这类最高官职尚须各选区按比例提出一定数量的候选人,然后再从候选人中抽签决定,但候选资格已尽量放宽,无任何财产、等级、资历的限制。其他各级官职和五百人会议成员则在各选区从合格公民中直接抽签产生。当时希腊人的宗教思想仍很浓厚,他们相信抽签是天意所

---

① 《马克思恩格斯全集》第1卷,第113页。
② (古希腊)修昔底德.伯罗奔尼撒战争史(上册).北京:商务印书馆,1997:130

西方文化概论

归,赋予它以一定的神圣意义,因此也更显得公平。尽管这种看法有点可笑,它实际上却为公民提供了在古代条件下最广泛也最平等的参政机会,公民的政治素质也大为提高。

其次,民主政治的主要机构公民大会、五百人会议和民众法庭握有充分的权力。特别是公民大会,这时已成为名副其实的国家最高权力机关,所有公民都是大会成员,都有参加讨论发言和投票表决之权,它实行的是直接民主制,即所有公民都直接参加公民大会。据估计,当时公民大会每隔八九天便召开一次,讨论国家安全、对外政策、粮食供应、国家债务、官员审核、惩罚和罢免;执政官抽签和十将军选举也在公民大会上进行。公民大会还曾允许任何公民就任何问题自由发言(无论违法与否),只要他在祭坛上放一橄榄枝即可。当此民主政治鼎盛之际,雅典城邦任何公职人员,无论地位多高,皆不能离开公民大会而擅自决定任何政务大事。他们都处于公民大会和五百人会议的经常督察、监视之下,公民大会若认为他有失职守,则无论其功勋威信多高,皆依法惩处,从罢官、放逐直至处死。实际上所有公元前5世纪的著名政治家都受过公民大会的责罚,泰米斯托克利和伯里克利亦不例外。

第三,在公民大会和公民群众获得国家主权的同时,原有的氏族贵族势力则被铲除殆尽。贵族会议丧失了一切政治权力,只处理与宗教有关的事务。而且由于贵族会议成员照例由卸任执政官终身担任,此时执政官已向一切公民开放,出身平民的公民也能通过担任执政官而在贵族会议据有席位,这个会议也逐渐变质。因此总的说来,旧日的氏族贵族奴隶主不再成为一支政治力量,贵族特权也烟消云散,这就是伯里克利津津乐道的"任职优先不属某一特殊阶级"。但这不等于上层奴隶主被赶出政治舞台,实际上,雅典国家仍是奴隶主阶级的国家,只不过取消了贵族左右政坛的特权,让工商业奴隶主得到掌权的机会,并将政权向广大公民开放而已。伯里克利是整个奴隶主阶级"最优秀"的代表,他仍属上层奴隶主,偏重代表工商业奴隶主。

第四,为担任公职和参加城邦政治活动的公民群众发给工资和补贴。按城邦旧制,公民担任公职是尽义务,一律不给工资,甚至要由自己负担有关开销,这种做法实际上使贫苦公民参政大受限制,民主政治的发展必须打破这个传统。伯里克利首先为担任民众法庭陪审员的公民发给每日生活补贴,颇得民心,这一做法逐渐得到推广,首先是五百人会议成员和包括执政官在内的政府官员在执行公务时皆由国家提供膳费,后来公民参加公民大会也可领取津贴,甚至入场观看城邦组织的戏剧会演也可得"观剧津贴"。这为贫苦公民广泛参

第一章 西方文化的孕育

政提供了经济保证,在某种意义上还有生活救济的作用。这种公薪制和补贴制最受第四等级欢迎,也使广大群众关心城邦收入而支持对外扩张掠夺。

三、希腊城邦的公民文化

古代希腊和罗马的文明,现代学者一般称之为城邦文明。所谓"城邦",学术界通常的解释是:"一个以城市为中心,联合周围农村的政治共同体,简称为城市国家。"从中文的意义上看,"城"为城市,"邦"为国家,把"城邦"理解为城市国家,看似很贴切,但在希腊文中,"城邦"虽然有"城市"和"国家"两层含义,而其根本的特征则是"公民集体"。亚里士多德曾经说过:"城邦的含义就是为了要维护自给生活而具有足够人数的一个公民集体。"①"若干公民集合在一个政治团体之内就成为一个城邦。"②并认为城邦的"最高政治权一定寄托于公民集体,公民集体实际上就是城邦制度"。③ 离开了公民集体和与之相适应的政治制度的特点是很难准确地理解"城邦"含义的。

在希腊各城邦,公民阶层是一个特权集团,他们享有外邦人和奴隶所没有的参政议政权利,享有分配土地和使用奴隶劳动的经济特权,日常的生产活动大多由奴隶和外邦人承担。因此希腊各城邦的公民阶层是一个不事生产而衣食无忧的悠闲阶层,除参政、议政和行军打仗等政治活动之外,竞技、娱乐在公民的日常生活中占有非常重要的地位。"对于拥有众多奴隶、经常奋起保卫领土的贵族而言,保持健壮的精神与体力,也许是一件不可忽视的事情。由于古时的战争系以体力和技巧为基础,故希腊人以之争取荣誉的竞技,其原始的主旨也就在此。"④希腊人是最早表现出对体育热爱的民族,体育竞赛也成为区分公民与非公民的一个非常显著的标志。正是因为体育竞赛是公民阶层价值观念的一个重要侧面,体育锻炼就成了公民生活方式的一部分,几乎希腊的每个城邦都设有体育馆、体育场和摔跤场。

在早期,体育竞赛的场合主要是贵族的葬礼,后来,这种非定期的葬礼运动会逐渐为定期的运动会所取代。最早的定期运动会是奥林匹克运动会,它始于公元前776年,据说是由希腊的大力英雄赫拉克里斯为祭祀宙斯而创办的,它

---

① (古希腊)亚里士多德:政治学.北京:商务印书馆,1981:113
② (古希腊)亚里士多德.政治学.北京:商务印书馆,1981:119
③ (古希腊)亚里士多德.政治学.北京:商务印书馆,1981:129
④ (美)威尔杜兰.世界文明史——希腊的生活.北京:东方出版社,1999:155

西方文化概论

是全希腊最为重要也是最为盛大的体育运动会,历届都吸引了全希腊最优秀的运动员和最富有的贵族参加。除此之外,其他影响较大的运动会还有科林斯的地峡运动会、德尔斐的庇底亚运动会以及尼米亚运动会。在运动会上,除了一般的比赛项目(如赛跑、摔跤、拳击等)外,还有战车竞赛、火炬竞赛、划船竞赛,歌唱、竖琴和笛的音乐竞赛,舞蹈和诗歌朗诵等。虽然各项比赛冠军所获得的奖品是象征性的,如奥运会冠军的奖品是用橄榄枝编成的冠冕,但冠军的荣誉总是给获胜者带来巨大的利益,他在城邦受到凯旋式的欢迎,他的雕像被树立在城邦的中心广场上。对于希腊人而言,每一次运动会都是盛大的节日,在运动会期间,全希腊境内的所有战争,都要宣布休战,即使是在公元前480年波斯人入侵希腊的时候,奥运会也如期举行。

除参加各种体育竞技外,看戏也是公民政治生活的重要组成部分。希腊戏剧起源于早期的抒情诗歌,这种抒情诗歌是在各种场合,尤其是举办仪式时用来吟唱的,并以七弦琴为伴奏。当吟唱是合唱时,经常伴有舞蹈或摹拟表演。在雅典,戏剧表演是公众祭祀仪式之一,即全城的人向酒神狄奥尼修斯献祭。在酒神节期间,雅典的戏剧表演要持续三天,每天上演五出戏,每天都有成千上万的观众前来看戏,雅典政府为鼓励公民看戏,给所有前来看戏的公民发放两个"奥勃"作为"观戏津贴"。雅典公民对戏剧的浓厚兴致带动了戏剧创作的繁荣,其中,雅典悲剧的繁荣是与三大诗人的名字分不开的,他们是埃斯库罗斯、索福克勒斯和欧里庇得斯:埃斯库罗斯一生大约写了90部悲剧,共得过13次优胜奖,最为著名的作品是《被缚的普罗米修斯》,而索福克勒斯和欧里庇得斯则分别创作了120部和75部悲剧。据说从公元前480年到公元前380年这100年间,在雅典上演的戏剧达2 000部之多,其中大都取材于希腊的神话传说,有时几出戏叙述的是同一个故事,但反映的却是剧作家不同的宗教观和哲学观,而表达方式如诗、舞蹈、音乐等,也各有千秋。[①] 如果说竞技、看戏等主要是希腊城邦普通公民的悠闲生活方式的体现的话,那么对于公民中的知识阶层来说,对自然、社会和人的抽象思考就成为他们悠闲生活方式的另一种体现。希腊的早期思想家们首先思考的对象是神秘的大自然,同其他民族一样,希腊先民大多借助于神话或神学来解释自然现象,但神话容易将人引向对神同时也是对自然的盲目崇拜,结果使自然变得更加神秘,难以为人所认知和理解。从公元前6世纪开始,一些希腊的公民思想家开始尝试通过人的理性去研究自然

---

① 季羡林等.雅典春秋——古典文明的繁荣与衰落.沈阳:辽宁大学出版社,1995:95

第一章 西方文化的孕育

现象,解释自然规律,于是出现了希腊最早的哲学——自然哲学。

希腊的自然哲学家普遍认为在纷繁复杂的自然现象背后,一定存在着一种如同万能之神宙斯那样的决定性力量或基本因素,因此他们大多主张世界实际上是由一种物质组成的,如自然中的水、火、土、气等。这曾被不同的学派指称为本原性的东西,也有人将理智或理性理解为万物的主宰,如阿那克萨戈拉就认为理智是万物"运动和生成的原因",赫拉克利特则将自然的这种理智或理性称为"逻各斯",他认为,万物都是根据"逻各斯"生成,"逻各斯"是位于一切运动、变化和对立背后的规律,是支配万物发展变化的唯一而普遍的永恒法则。

希腊自然哲学家对自然现象的理性思考开启了西方人非功利性科学研究的先河。在自然哲学之后出现的希腊人文哲学,则将理性思考的对象扩大到社会和人的范畴,"在这一时期,希腊人崇尚的智慧已不再表现为对自然的思辨,而由关于人生和社会的辩论来体现"。[①] 柏拉图考虑的问题是:在社会生活中是否也存在与逻各斯具有一致性的客观法则?在柏拉图关于两个世界即理念世界和现象世界的理论中,理念世界虽然是现象的理性体现,但理念世界独立于现象世界,高于现象世界,并决定和支配着现象世界,理念世界的根本原则是理性、正义和至善,柏拉图进一步将这种正义或善确立为国家法律和制度的基础,并构建了一个充分体现正义原则的理想国家模型。

理性主义精神在古希腊的兴起,是希腊思想家以理性的态度思考自然、社会和人自身的结果;反过来,理性主义精神也成为希腊文化区别于同时代其他文化的显著特征。希腊思想家对人的理性有一种特殊的偏爱,亚里士多德就认为,对知识与智慧的追求、静观与沉思,都是非常高尚的活动,尽管它可能不产生功利的效果,但它却比那些偏执于具体事物的追求更崇高、更纯洁,也更令人愉快。在理性主义的支配下,希腊人将思想凌驾于信仰之上,将逻辑凌驾于迷信之上,没有他们不敢去探究的题目,也没有什么应排斥在理性思考之外的问题。希腊人的理性哲学深深地影响了 2 000 多年来的欧洲哲学、宗教与科学,从而深深影响了 2 000 多年以来西方人的社会历史与生活。

第二节 罗马法治文化

罗马文明,这个在古典文明中出现相对较晚的文明,并没有因为它的迟到

---

① 赵敏华.西方哲学通史(第一卷)古代中世纪部分.北京:北京大学出版社,1996:59

西方文化概论

而失去其光辉,相反,它以自己的厚实、伟大和创造性与古希腊文明一道成为欧洲文明和西方文明的共同源头。罗马和希腊这两个地理相邻的地区,其文明有着不可分割的内在联系和延续性。最初的罗马文明在很大程度上受到希腊文明的影响,在后来的发展过程中其文化领域更是较多地借鉴了希腊文化的样式。当罗马强大到足以在政治上取代希腊时,在文化上却为光辉灿烂的希腊文明所折服。善于吸收他人文明成果的罗马人在逐渐成为地中海地区主人的同时,毫不犹豫地将希腊文明借鉴到手并继承了下来,不仅如此,还在自己的手中把希腊文明发扬光大,使希腊人开创的伟大文明不但没有被历史湮没,而且变得更加丰富多彩。"光荣属于希腊,伟大属于罗马!"正是希腊和罗马的联手,西方文明才以稳健的身姿傲立世界古典文明之首。

一、罗马的政治传统

位于欧洲南部的意大利半岛像一只穿着皮靴的脚从欧洲大陆伸入地中海,它与古希腊可以说既相连又相望,古罗马就在这里开始了自己的历史进程。意大利半岛的地理特征对罗马历史的影响很大。它虽然三面临海,海岸线漫长,但海岸平直,可用作良港的港湾不多,航海业和跨海贸易并不发达。然而半岛上的土地肥沃,加上温和的气候、充沛的雨水,农业一直是人们谋生的主要方式,但由于半岛缺乏天然屏障,容易受到外族袭扰,武装保卫是最好的拒敌方式。因此尚武成为定居在这里人们的生活方式。

古代罗马的历史由传说开始。相传罗马城是公元前753年由两个被一只母狼哺养大的孪生兄弟所建,建城后曾有7位王先后当朝统治罗马,故将这一时期称之为王政时期。公元前509年爆发的罗马人起义推翻了王政统治,罗马历史上的王政时期就此结束,罗马作为国家的历史从此以后正式开始。公元前509年建立的罗马共和国是罗马史上一件重大事件,共和国的建立标志着传统的王权观念遭到了摒弃,并在随后几百年中一直被排除在罗马政治体制之外。共和国的政体基于分权的民主制原则之上,由三部分组成:掌管最高军事和民事权的执政官,每届执政官为两名,任期仅为一年;具有议会性质权力的公民大会,由各阶层人士组成;掌握国家最高权力和决策权的元老院,由贵族垄断,卸任执行官和上层平民亦可进入。公民代表组成公民大会,公民大会选出拥有行政权的执政官,执政官任命负责对外政策和财务的元老院组成人员。这使得政体各组成部分实行相互监督制成为可能。

尽管如此,罗马社会并不是平等的,罗马共和国的实质是贵族共和国,国家

第一章　西方文化的孕育

的绝大部分权力由贵族控制,平民权力是极其有限的,更不用说广大的奴隶了。当然,平民并没有因此放弃抗争,放弃改善他们的政治、经济和社会地位,拒绝服兵役、威胁退出共和国和扬言建立自己的政府是常用的办法。经过若干年的抗争,罗马平民地位有了一定的改善和提高,政府设立了保护民众权利和利益的保民官,以纠正行政长官的不当行为。平民有了了解自己的法律权利。平民可以进入权力机构并成为政府官员,包括执政官在内。最终,法律规定不论元老院是否批准,公民大会颁布的法案对国家具有约束力。平民这一系列胜利的意义尽管不容夸张,但在促进罗马共和国民主制发展方面还是发挥了作用,使得国家机构不断完善和国家制度日趋民主,国家的社会基础有所巩固,从而加强了共和国的实力。

最初建立起来的罗马共和国只是第伯河畔的一个弹丸小国,是意大利半岛上众多国家中的一员。经过最初的谨小慎微后,罗马人开始了向外扩展的历史。强大的罗马军队是罗马人巩固政权和对外扩张的基础。与当时的强国迦太基和希腊军队不同的是,罗马军队由罗马人自己组成,而不是利用雇佣军。为自己打仗使得罗马军队有较高的战斗力。根据罗马法令,所有的罗马男子都要服役。罗马军队素以训练有素、组织严密、纪律严明著称。罗马人使用的军团作战法成为罗马人所向披靡的法宝。罗马文明自出现以来绵延1 000余年。罗马这个最初只是在意大利中部立足的小邦,凭借着自己的统治天才,在数百年的时间内建立起了古代世界史上一个跨越欧、亚、非三大洲的帝国,并在随后400多年的时间内维系帝国的存在。在这期间,罗马人取得的文明成就是巨大的,对古典文明和欧洲文明的进程产生了举足轻重的影响。

二、罗马的法制传统

一位西方学者说过,"罗马曾三次征服世界,第一次是以武力,第二次是以宗教,第三次是以法律,而第三次征服也许是最为平和、最为持久的征服。"[1]罗马法是罗马人留给后世的最大的一笔文化遗产。

与希腊人相比,罗马人长于行动而短于思维。希腊城邦时代的思想家们一直为实现城邦法律的正义化而苦苦思索,而罗马共和时期的政治家们也通过一次次的民主改革使罗马的法律实际上反映了共和国内各个阶层的利益和要求:公元前449年颁布的《十二表法》,是罗马历史上的第一部成文法。从内容来

---

[1] 江平.罗马法基础.北京:中国政法大学出版社,2004:43

西方文化概论

看,该法体现了平民与贵族斗争的胜利成果,平民在私法上取得了大体与贵族平等的权利:根据公元前445年的卡努列斯法,平民获得与贵族通婚的权利;根据公元前367年李锡尼—绥克图斯法及其以后的立法,平民获得了担任执政官和其他高级官职的权利;根据公元前326年的波提利阿法,平民又获得了废除债务奴役制的胜利;公元前287年,由平民中任命的独裁长官笛腾西阿通过法律宣布,平民会议的决议对全体公民具有法律效力,从而使平民最后赢得了参与国家立法的权利。

在平民与贵族政治斗争的过程中,罗马逐渐形成了一套规范罗马公民自由与权利的法律——市民法,相对于规范城邦政治制度和行政管理制度的罗马国家法律(罗马著名法学家乌尔比安将这种法律称为"公法")而言,市民法是在城邦机构的权威之外形成并发展起来的规范体系,属私法性质,其内容主要涉及诉讼程序、婚姻家庭关系和所有权、债权、继承权等方面。

尽管很少有罗马的思想家探讨共和国法律与正义的关系,但从罗马法律演变的实际历程来看,实现法律的正义化始终是罗马法律改革的基本趋势。直到共和国末期,由于独裁者滥用政治权力以至现实法律与正义原则越来越背离的时候,才有西塞罗等思想家对自然法与人定法关系进行了深入的探讨。而西塞罗的观点绝大部分源自于对希腊化时代斯多噶学派自然法理论的继承和完善。他说:"真正的法律乃是正确的规则,它与自然相吻合,适用于所有人,是稳定的、恒久的,以命令的方式召唤履行责任,以禁止的方式阻止犯罪,但不会无必要地对好人行命令和禁止,对坏人以命令或禁止予以感召,要求修改或取消这样的法律是亵渎,限制它的某个方面发生作用是不允许的,完全取消它也是不可能的;我们无论以元老院的决议或是以人民的决议都不可能摆脱这样的法律,无须请求塞克斯图·艾利乌斯进行说明和解释,将不可能在罗马一种法律,在雅典另一种法律,现在一种法律,将来另一种法律,一种永恒的、不变的法律,将适用于所有民族,适用于各个时代。"[①]

尽管这一段话被一些研究者赞誉为西方思想家对自然法要领所做的第一次清晰而完整的表述,但我们必须承认,绝大多数罗马的思想家和政治家对理性、正义、自然法等问题的理论探讨并不感兴趣,即使在现实法律的正义性受到严峻挑战的共和国晚期也是如此。相反,罗马人用另一种实际的行动来校正日趋丧失正义性和公正性的现实法律制度,对后世产生巨大影响的罗马法体系正

---

① (古罗马)西塞罗.论共和国 论法律.北京:中国政法大学出版社,1997:120

第一章 西方文化的孕育

是在对旧的法律制度的校正过程中逐渐产生的,这种校正首先出现在市民法上。如前所述,罗马市民法是在平民与贵族斗争过程中逐步形成的一套法律规范,其核心内容便是对以平民为主体的罗马公民自由权利的维护和保障,共和国中期以后,随着罗马政治版图的急剧扩大和经济的显著发展,传统的市民法已不能适应社会发展的需要。这种不适应主要体现在两个方面:

一是传统市民法的内容更多是涉及公民政治权利方面的规范,对公民在经济活动、家庭和社会生活等方面的自由权利很少涉及,而日益增多的经济交往和社会交往使得公民之间在这方面的冲突和纠纷越来越多,于是在公元前267年,罗马专门设置了"城市裁判官"一职,其主要职责是在市民间执掌私法。城市裁判官虽不能制定新的法律,但他们通过创设新的诉讼形式、提供新的救济途径等手段实际上间接地改变了市民法,并形成了一个新的法律体系——裁判官法。

二是传统市民法只适用于罗马公民,居住在罗马的外邦人基本上被排除在市民法之外,但罗马的扩张战争使得越来越多的民族被置于罗马人的统治之下,这些不具有罗马公民权的外邦人开始大批进入罗马,罗马法官审理的罗马公民与外邦人或外邦人与外邦人之间的纠纷案件日益增多。从公元前242年起,罗马开始在大法官中专门设立处理涉外案件的"外事裁判官",外事裁判官在审理涉外案件时,既不套用罗马市民法,也不依照外邦人的法律,而是相互参照,通融权衡,以求取双方当事人均认可的解决办法,这些法官便自称自己凭据的是万民通用之法,由此形成了万民法的概念。

我们首先来看城市裁判官的法律创新。最初的城市裁判官不享有任何高于其他执法官的权力,他的权力仅涉及救济手段——使法律得到有效执行的手段,但随着一种新的诉讼制度——"程式诉讼"的引进,城市裁判官通过创设新的诉讼形式或把旧的诉讼形式扩展适用于新的事实,就能够规定传统市民法中没有规定的内容,从而间接地改变法律。从形式上看,出现的只是新的救济手段,在实质上却出现了新的法。这种诉讼制度的特点是,它为每个诉讼原因规定了一种专门的诉讼形式,例如,如果一项买卖契约已经达成,而卖者拒绝交付他已经出卖的物品,买者有权提起"买物之诉",如果买者拒绝支付价款,卖者则有权提起"卖物之诉"。由于每个诉讼原因都有了自己专门的诉讼形式,城市裁判官因而有了用武之地:如果他能够创造新的诉讼形式,他就能够由此创造出新的诉讼原因。

城市裁判官实现诉讼形式创新的手段是裁判官告示,他们通常在其任职年

· 25 ·

西方文化概论

度开始时便发布一项告示,做出一系列的政策性说明,城市裁判官发布这些告示的目的在于确定他将如何行使他的权力,将提供什么样的救济手段。告示的公布并未使城市裁判官的革新权就此告终,他可以在认为适当的任何时候,根据某一具体案件的事实,或者根据较为一般的原因,提供新的救济手段,这种救济手段常常是在下一年的告示中被确定为永久的。从理论上讲,每个城市裁判官的告示均独立于其前任的告示,而且只在自己任职的年度中有效,但是,如果在一个制度中,法律实质性部分每年都在变化,这个制度显然是难以操作的,所以告示的主体部分往往都被逐年延续下来,后来的裁判官只是做一些必要的增补或者删减。

那么,裁判官是按照什么样的原则来创设新的法律呢?从裁判官发布的告示看,公平无疑是他们遵循的第一原则。尽管贵族与平民在政治权利方面仍然存在不平等,但是在裁判官所创设的新诉讼程序中,诉讼双方(无论是平民还是贵族)均享有绝对平等的诉讼权利,为此,城市裁判官可以拒绝向根据市民法享有特权的人提供救济手段,或向根据市民法不享有权利的人提供救济手段。外事裁判官的设立使得裁判官法的公平原则更为突出,因为外事裁判官主要处理的是罗马人与外邦人或外邦人与外邦人之间的诉讼,在这类诉讼中,诉讼双方均为罗马的公民或其他城市的公民,在身份上互不统属,绝对平等,罗马的市民法或外邦人的类似法律均不能成为裁判的依据,这就要求裁判官必须寻求能够被双方都认可的解决途径,而这样的解决途径只能建立在公平、公正与诚信的基础之上。以外事裁判官的告示为主体所形成的"万民法",是在"诚信"的保护下形成和发展起来的,因而"万民法"概念有着双重的含义:一个是理论上的含义,它是所有民族共有的法,人的自然理性是这种法的普遍性基础;另一个是实在的和具体的含义,它指的是产生于罗马人与异邦人之间关系的那种罗马法体系,这种法既适用于罗马人,也适用于外邦人。

裁判官法或万民法的公平原则不仅出自城市裁判官或外事裁判官们追求公平、公正的主观愿望,更体现在一大批专业的法学家对法律的理性解释。因为裁判官并不是法律方面的专业人士,他们需要在许多方面借助法学家们的技术意见。此外,由于万民法扩展了法的适用领域,人们开始把诚信原则作为规范标准加以采纳,这一切都为法学家的理论解释提供了更广泛的用武之地。罗马法学家来自于一些大的家族,他们把解释法律当作对公共生活的贡献,法是他们公共生活中的一部分。他们既具有学者的特点,又具有实务律师的特点:一方面他们建造了伟大的法学论著大厦并且承担着当时的法学教育工作,另一

第一章 西方文化的孕育

方面他们又在所有问题上影响着法律实践。"他们告诉裁判官如何拟定自己的告示,并且如何在具体案件中提供救济手段;他们指导审判员如何庭审,并且如何就案件做出裁决;他们帮助个人起草文书和实施其他法律行为,帮助他们在裁判官或者审判员面前进行诉讼。"①

尽管法学家们的意见对于法官、裁判官并没有约束力,但他们对法律现象、诉讼程序等所做的客观、公正的理性分析不仅赢得了法官和裁判官的普遍认可,而且获得了统治者的青睐。在哈德良统治时期,伟大的法学家尤里安受政府委托,对裁判官的告示进行最终的修改,并向裁判官和法官们申明,从此之后,法学家取代裁判官成为罗马法创新的主体。到了奥古斯都统治时期,法学家有了"公开解释法律的特权",而且这种解释对法官和裁判官有一定的约束力——如果法学家的意见是一致的,这些意见就是法律;如有分歧,法官和裁判官可自由裁量。在帝国时期,五大法学家(盖尤斯、保罗、乌尔比安、帕比尼安、德莫斯蒂努斯)取得了非常显赫的地位,他们除帮助罗马帝国立法外,还负责解释法律、答复法律上的疑难问题、编撰法律文书、指导诉讼活动等。公元426年罗马皇帝颁布《学说引用法》,使法学家对法的解释成为罗马法的组成部分,并明确规定,遇到疑难问题时,成文法无明文规定,按"五大法学家"的著作解决,各家观点不一致时,则以多数人的观点为主,相等时则以帕比尼安的观点为准。

罗马市民法、裁判官法、万民法和罗马法学家的解释最终形成了一个完整的罗马法体系。从广义上说,罗马法体系包括公法体系与私法体系;从狭义上说,罗马法体系是指罗马私法体系。古罗马法学家盖尤斯在《法学阶梯》中以权利的主体、客体和保护为线索,将罗马法的内容分为人法、物法和诉讼法三部分:所谓人法,是关于人的权利能力及行为能力、人的法律地位、各种权利的取得与丧失及家庭婚姻方面的法律规范;物法主要包括物权、继承权和债权三个方面,它在罗马法体系中占有极为重要的地位,可以说是罗马私法的主体与核心;诉讼法是对有关诉讼程序所做的一系列规定,它对国家司法活动中的基本原则、诉讼种类、诉讼时效等作了明确规定。罗马诉讼法随时代发展,不断改进,先后出现了三种诉讼程式:法定诉讼、程式诉讼和非常诉讼。罗马法是古代世界中最完备、对后世影响最为广泛与持久的一种法制体系。

随着罗马帝国政治集权体制的不断强化,法学家的理性分析越来越多地受到皇帝意志的制约,没有个人解释的余地,即使对于像帕比尼安、乌尔比安和保

---

① (英)巴里·尼古拉斯.罗马法概论.北京:法律出版社,2000:27

西方文化概论

罗这样供职于皇帝服务机构的法学家来说也同样如此。现在,法的唯一渊源是皇帝,法学家的位置已由皇帝文书处的无名民事勤杂吏所取代,罗马法与现实生活已完全脱离。但罗马法并没有同帝国一起衰落和覆灭,东罗马帝国皇帝查士丁尼为了重建和振兴罗马帝国,从他即位的第二年起,便成立了以大臣特里波尼安为首的法典编纂委员会,进行系统的法典编纂工作。

三、罗马法的编纂

起初,法典的编纂属半官方性质,由皇帝任命法学家个人进行法典编纂,著名的有两部法典:一部称《格里哥安法典》,于公元 295 年颁布,其内容为 2 世纪上半叶皇帝哈德良开始至公元 294 年间的皇帝敕令;另一部称《格尔摩格屁安法典》,颁布于公元 324 年,其内容为自公元 294 年至公元 324 年这 30 年间皇帝的敕令。以后官方开始编纂法典。公元 438 年的《狄奥多西法典》是罗马帝国最早一部官方编纂的法典。这部法典追认上述两部法典的效力和两部法典以后至皇帝狄奥多西二世在位颁布的敕令,共 16 卷。

西罗马帝国于公元 476 年覆灭之后,进一步暴露了奴隶制的危机。公元 527 年即位的东罗马帝国皇帝查士丁尼,为了振兴罗马帝国,对外加紧用兵,对内建设法制,在系统整理和总结 1 000 多年罗马法的基础上,进行了大规模的法典编纂。查士丁尼任命的以法学家特立波尼安为首的法典编纂委员会,从公元 528 年到 534 年,先后完成了三部法律编纂:

(1)《查士丁尼法典》。于公元 529 年颁布施行。此后罗马国家皇帝又颁布了许多敕令,在公元 534 年颁布了法典修订本,共 12 卷。由于这部法典所汇集的都是历代罗马皇帝颁布的敕令,所以又称为《旧法典》。

(2)《学说汇纂》。它摘录了历代约 40 名法学家的 50 余种著述,于公元 533 年颁布。汇纂共 50 卷,内容包括三部分:古老的市民法,以萨比努士学派的学说为主;裁判官法,以乌尔比安的学说为主;特别法律问题,以伯比尼安的学说为主。

(3)《法学阶梯》(又名《法学纲要》)。讲述法律要点,是一部分法典摘要,作为东罗马帝国国都君士坦丁堡法科学生的教本,具有法律效力。汇编结构以盖尤斯的《法学阶梯》为蓝本,分为人法、物法和诉讼法三部分。

查士丁尼对罗马法的大力扶持并没有使罗马法因此而复兴,罗马法仍然只是体现专制皇帝意志的御用工具,比如三部法律汇编完成后,查士丁尼就宣布:凡未被汇编收入的以往的一切法律,一律作废;凡未被《学说汇编》收入的以往

第一章 西方文化的孕育

的法学家著作,一律不准引用;有关三部汇编的疑问,均由皇帝自行解释。至此,罗马法固有的不断在法律实践中探寻公平与正义的创新精神已荡然无存,罗马法实际上已成为一大堆僵死的教条。

但正是这次法典编纂活动,为罗马法在中世纪及近代的复兴提供了最基本的原始素材。当一大批从事商业贸易的城市(如威尼斯、热那亚、佛罗伦萨、米兰等)在12~13世纪从意大利崛起之后,罗马法再次有了用武之地。1135年,查士丁尼《国法大全》原稿在意大利阿马尔菲城的发现,重新激发了意大利法学家们研究罗马法的浓厚兴趣。由于曾经制约罗马法发展的专制王权已不复存在,解释、注释和研究罗马法的罗马法学家再度出现。与早期的罗马法学家相比,中世纪时期的罗马法学家有着更为优越的条件,这就使新兴起的大学成为法律教育和法律研究的中心,欧洲最早建立的大学——波隆纳大学就是一所专门从事罗马法教学与研究的学校,1200年该校学生即已达到一万人,其中包括很多从德国、法国、英国、荷兰等国来意大利留学的学生。意大利的其他城市随后也效仿波隆纳,纷纷建立和扩大法律学校,意大利因此成为中世纪时期欧洲研究罗马法的中心,罗马法得到了广泛的传播。

四、罗马法的历史地位和影响

1. 罗马法的历史地位

罗马法既是古代社会最发达的法律体系,也构成了近现代西方法和法学的历史基础。它是全人类精粹的文化遗产,是一部珍贵的法律文献。它以深刻的法学理论、精湛的法律思想、科学的体系、合理的法律分类,征服了诸多国家乃至世界。

从法律的角度出发,罗马法是一种私法体系,主要对人法、物法和诉讼法进行了一系列的法律规范。而所有的法律条文是以人所具有的自然权利以及这些自然权利的不可剥夺性思想为基础制定的,体现了私有制和商品交换本质的法律关系问题。罗马法经过千年的发展,对私法方面的财产占有和自由民之间的人法、物法和诉讼法规定得十分详细,为后人提供了现成的法律文本。罗马法的制定和法律系统的不断完善不仅表明罗马人是崇尚法治的民族,而且体现了罗马人变通务实的精神。

罗马法体系完整、法理精深、内涵丰富,它的出现是人类法学史上的一件重大事件。它所确立的一些基本原则,如建立在自然法基础上人人平等的法律观念、契约自由和私有权不可侵犯等具有划时代意义原则,为近代社会所继承和

西方文化概论

接受。罗马法不仅在古代发挥了作用,不仅对西方社会产生了影响,而且对后来的时代、对全世界都产生了影响。譬如,在中世纪,罗马法成为维系欧洲社会的三大法律支柱之一。到了近现代,当民主制对法制提出更高要求时,西欧不少国家都出现了采用罗马法的热潮。著名的《拿破仑法典》不但受到罗马法的直接影响,其部分条文还直接来自罗马法。就连中国的现代立法也受到它的影响。

此外,罗马法所基于的人人平等、人人都有其自然权力等法理思想对近现代英法新兴资产阶级思想家均有不同程度的启迪和影响。从这一意义上说,罗马人以其法理思想为近现代资产阶级革命做出了应有的贡献。在历史上,许多经典作家都对罗马法的历史地位作过精辟的论述。恩格斯说,罗马法是"商品生产者社会的第一个世界性法律"。他又说:"罗马法是纯粹私有制占统治社会生活条件和冲突的十分经典性的法律表现,以致一切后来的法律都不能对它作任何实质性的修改。"他还说,"罗马法是简单商品生产即资本主义前的商品生产的完善的法,但它也包含着资本主义时期的大多数法权关系"。正是由于罗马法中包含着的有利于商品经济发展的法权关系,符合了中世纪封建社会各国的需要,出现了日耳曼法和罗马法融合的历程,同时也为民法法系和英美法系的形成提供了理论原则和科学概念。

2. 罗马法对后世的影响

(1) 开创了世界私法研究的新体系。

罗马法学家盖尤斯首次将罗马私法划分为人法、物法和诉讼法。他认为整个罗马私法,第一是关于权利主体人的法律规范;第二是关于权利客体物的取得、丧失和保护的法律规范;第三是保护权利的程序法规范。而这其中权利主体人法是最重要的。盖尤斯这种划分的科学性在于,他不是简单地重复法律发展的历史,而是科学地反映罗马法学家对法律认识观念的变化。因为根据古代法律发展史,都是诉讼法先于实体法。

梅因总结古代法时说:"使法律和社会相协调的媒介……手续主要有三,即法律拟制、衡平和立法。"他又说,"这顺序从没颠倒过"。也就是说,先有诉讼,后有衡平观念,再后是立法。然而,诉讼并不涉及法律的实质。它只是司法程序,法律中重要的是实体法。因此,盖尤斯一反过去法的顺序,将实体法放前,把诉讼法放后。他认识到了争讼中正义与否的关键是个人权利问题,所以又提出了公法与私法的概念划分。这与诸法合体的古代法相比,显然是一个质的变化。因为古代法只规定人们该做什么和不应做什么,突出的是义务中心。而盖

第一章 西方文化的孕育

尤斯则不然,他以权利为中心对罗马私法进行研究,在《法学阶梯》中对权利能力、权利的客体,权利的取得、丧失和保护有详细的论述。这种研究私法的思想、理论、体系,奠定了后世研究私法的基础。

(2)促进了中世纪各国法律、法学流派及法律思想的发展。

在西欧早期的日耳曼各国,为了适应政治、经济统治的需要,不得不借助于完善的罗马法。在罗马法学家的帮助下,为罗马人编制罗马人法典,如《阿拉利克罗马法辑要》。同时日耳曼人也为他们自己的原始习惯进行编纂,因为这些习惯与被征服的罗马社会不相适应,同时也因多受罗马法的影响,不得不进行补充和编纂。

11世纪,随着资本主义生产的萌芽,西欧新兴的资产阶级为了向封建制度挑战,需要从罗马法中寻找理论武器,于是出现了罗马法复兴。首先,在意大利各城办起了高等法学院,专门从事罗马法的研究,当时波隆那大学已成为研究罗马法的中心。接着欧洲各国也掀起学习、研究罗马法的热潮。在意大利,法学家伊尔那鲁斯以《学说汇纂》正文为基础,对其中内容逐句注释,形成了以他为首注释法学派。14世纪,拜特勒斯等人又就前人的注释加以研究,以求适应当时社会的需要,被称为后期注释法学派。16世纪,继后期注释法学派后在法国出现了以研究罗马法沿革历史为主的沿蔓学派和以探讨罗马法原理为主的沿革汉理学派。继而在荷兰有以格劳秀斯为代表的理性法学派,他从人类理性出发研究罗马法,认为法律如何,要看它是否合乎理性和自然。荷兰法学派之后,在德国出现了以著名萨维尼为代表的历史法学派,他们主张研究罗马法应结合当时的时代背景探讨其演变。从上述事实不难看出,罗马法在中世纪各国已成为研究的中心内容,从而促进了各国法律的发展。

(3)推动了近现代资产阶级统一国家法制的客观进程。

罗马法因其本质特征所规定,能够适应资本主义经济发展的需要,为促进资本主义制度的形成、巩固和发展提供了现成的法律形式。中世纪后期,西欧各国资本主义经济在简单商品生产的基础上发展起来,调整层出不穷的民事法律关系,他们从罗马法中找到了现成的法律形式,推动了资本主义的发展。

17、18世纪,资产阶级革命先后在各国取得胜利,建立统一的法制成为迫切的需要。1840年,一部统一的反映资产阶级革命成果的《法国民法典》产生了。这个法典以罗马法的《法学阶梯》为蓝本,对维护、巩固资本主义私有制和资产阶级社会的经济秩序、对法国及整个欧洲资本主义的发展起了积极作用。随后,欧洲大多数国家也都直接或间接地继受罗马法。如1900年,德国就以罗马法的《学说汇纂》为基础编制了《德国民法典》；其他欧洲国家,如瑞士、丹麦、意大利、希腊等国也效仿《法国民法典》,制定了本国的法典。随着法、德和其他欧洲国家的殖民扩张,以罗马法为基础的大陆法系,甚至英美法系国家也不同程度地受其影响。英国法制史学家曾有这样的看法:英国的普通法与衡平法的分类,溯源于罗马法关于市民法和万民法分类。由此可见,罗马法对资产阶级统一国家法制产生了重大影响。

第三节 日耳曼人权利文化

公元476年,西罗马帝国被来自欧洲西北部地区的日耳曼人所征服,西方历史从此告别希腊、罗马的古典时代,进入了日耳曼的中世纪时代。日耳曼王国的建立和日耳曼人数个世纪的统治,左右了欧洲历史,也深深影响了欧洲乃至世界文明的演变历程,日耳曼民族所特有的政治、法律和观念传统对西方文化产生了深远的影响。实际上,日耳曼人是近代西方文化的直接缔造者,所谓的"日耳曼因素"也是近代西方文化的三个重要组成部分之一。

一、日耳曼人成为欧洲的新主人

日耳曼人属于雅里安人的一个分支,最初主要生活于莱茵河与多瑙河之间,由若干部落组成,其中较重要的是法兰克人、汪达尔人、伦巴德人、哥特人。日耳曼(Germani)一词系罗马人所命名,意为军人,因其剽悍善斗而得名,由于当时的日耳曼人文智未开,尚处于原始社会阶段,日耳曼人又被罗马人称为"蛮族"。从公元前5世纪起,他们开始向南部迁徙,至公元1世纪,大部分日耳曼人已成为罗马帝国的北方邻居。4世纪时,因匈奴人西征,日耳曼各部落纷纷进入罗马帝国境内,从而掀起了先后延续200多年的日耳曼人的民族大迁徙浪潮。

日耳曼人民族大迁徙的直接结果是西罗马帝国在历史上的消失和一系列日耳曼王国的兴起。哥特人是民族大迁徙浪潮的先行者,他们于419年建立的西哥特王国即是日耳曼人于罗马帝国境内建立的第一个王国;493年日耳曼人又建立了东哥特王国。在哥特人不断占领罗马帝国领土并开始建立自己王国的同时,日耳曼人的其他部落也不甘落后,5世纪40年代汪达尔人开始越过莱茵河侵入西班牙,并从西班牙渡过海峡进入北非,于439年占领了罗马人的非洲行省首府迦太基,建立汪达尔王国。此后日耳曼人的其他部落,如勃艮第人、

第一章 西方文化的孕育

法兰克人、伦巴德人、盎格鲁人和撒克逊人分别在罗马帝国的废墟上建立了勃艮第王国、法兰克王国、伦巴德王国、盎格鲁－撒克逊王国。其中，只有法兰克人和盎格鲁－撒克逊人建立的国家长期存在下来，其他国家都是昙花一现。

法兰克人及法兰克王国在日耳曼人早期的民族迁徙中只是一个不起眼的小角色，直到墨洛温王朝的克洛维当政时才成为西方最强大的民族。他联合法兰克各部落打败罗马人、拜占庭人和西哥特人，把从比利牛斯山脉经高卢到德意志的大片领土联结在一起，形成一个统一的王国。为了减少征服的阻力，克洛维率先皈依基督教，从而赢得了罗马教会和当地高卢人和罗马人的广泛支持。至800年，法兰克王国已扩张为庞大的查理曼帝国，其统治范围已远远超过西罗马帝国，不仅原西罗马帝国的绝大多数地区被囊括其中，原来并不属于西罗马统治范围的中欧、东欧和西欧的大片土地也被置于查理曼帝国的控制之下。

公元前55年，卸任罗马共和国执政官而新任高卢总督的恺撒，带领两个军团1万人，轻而易举地征服位于欧洲大陆之外不列颠群岛上的土著人，从此开始了罗马人对不列颠群岛长达4个多世纪的统治，不列颠群岛被划分为两个行省。4世纪时，罗马统治下的不列颠不断受到日耳曼人的侵袭，公元398年，为了抵抗哥特人的进攻，罗马皇帝下令撤走不列颠的驻军。罗马人撤退之后，来自大陆的日耳曼人部落盎格鲁人、撒克逊人和裘特人开始大批迁入不列颠群岛，并建立了几十个小王国。经过长期的混战和相互兼并，在今天的英格兰和苏格兰地区逐渐形成了七个比较大的王国。

二、日耳曼人的习惯法

关于日耳曼人社会发展状况和生活习俗的最早记载见于罗马执政官恺撒撰写的《高卢战记》。据恺撒的记述，公元前1世纪中叶的日耳曼人生活在氏族部落制度下，过着以游牧、渔猎为主的生活，农业已经出现，土地由氏族所有，每年一次分配给氏族成员使用，遇到战争时，"总是选出握有生杀大权的首领来指挥战争，和平时期，他们就没有这种掌握全面的领袖，只有各地区和部落的头头，在他们中间主持公道，解决纠纷"。

一百多年后，塔西陀在他的《日耳曼尼亚志》一书中对日耳曼人的社会生活状况作了更为详细的记载：日耳曼的王是民众大会从贵族中选出的，权力有限，军事长官的选举以"勇力"为标准，祭司以神在人间代理人的身份执掌刑罚大权，部落大会仍然是最高权力机构。小事由部落头目决定，大事由部落首领们

西方文化概论

商议后提交部落大会表决,部落大会由成年男子参加,部落大会的表决方式很粗糙,如不同意就报以杂乱的喊叫声,如同意则挥舞手中的兵器。日耳曼人的法律是习惯法,口耳相传,没有文字记载,但日耳曼人的习惯法却包含着一些新的观念,如法律属于民众,人民的同意是法律有效的重要因素,法律并不是被制定出来的,不是统治者意志的体现;相反,它从无法追忆的年代起就存在于人们的风俗习惯当中,法律超越王权,国王也要受法律约束。塔西陀还高度评价了日耳曼人所具有的民主、自由精神和坚贞、纯朴的优秀品质,其社会"优良的风俗习惯,其效力远胜于别的地方的优良的法律"。日耳曼人以其古朴的习惯,自愿将部分畜群或谷物作为礼物赠予酋帅,而后者却无权要求这些馈赠,日耳曼人社会的纽带和口号是"自由"和"忠诚","各个人凭着自由的选择,自动服从某一个人,无须外在的强迫,这一点无论在希腊人或者罗马人当中是一概找不到的"。

在公元5世纪的日耳曼民族大迁徙过程中,原先为解决个人纠纷、调整各氏族部落之间关系的风俗习惯和生活准则逐渐发展为法律。从5世纪末6世纪初开始,各日耳曼王国先后在原有习惯法基础上编纂了成文法典,如西哥特王国的《尤列克法典》、法兰克王国的《撒利克法典》、勃艮第王国的《耿多巴德法典》、伦巴德王国的《伦巴德法典》、东哥特王国的《狄奥多理法典》、肯特王国的《埃塞伯特法典》、西撒克逊王国的《伊尼法典》和英吉利王国的《阿尔弗烈德法典》等。当时由于日耳曼人知识水平低下,不得不依靠罗马法学家和基督教僧侣来编纂成文法典,因此这些日耳曼法典在主要记载各部落联盟习惯的同时,也有限地吸收了某些罗马法的原则、术语以及初期教会法的原则。

作为早期封建制时期的法律,日耳曼法具有以下几个突出待征:

第一,日耳曼法是关于个人权利和义务的规定。这种规定源于封君与封臣之间的封建契约,"地主有权要求佃户,反之亦然。佃户有侍服、尊敬、效忠地主之责,地主对佃户则有提供保护、保证之责。……权利义务关系因此而确定"。中世纪许多法律制度的形成都是从人们最熟悉的地主和佃户间的权利和义务关系中类推出来的,"在英国法形成的时代里,法官们经常将他们最熟悉的地主与佃户关系的制度加以类推,解决了一个又一个难题"。同样,地主与佃农的权利和义务关系也被转变为国王与臣民之间的法律权利义务关系——国王有统治臣民的权利,臣民也有服从国王的义务;与此相对应的是,臣民有要求国王保障其生命和财产安全不受非法侵害的权利,国王则有向其臣民提供这种保护的义务。日耳曼人将法律定义为权利与义务关系的观念使得日耳曼法律与罗马

第一章 西方文化的孕育

法或其他民族的法律形成鲜明的区别,在罗马法中,权利与义务是相互割裂的:"根据法律,家长在家庭内至高无上,他只享有权利,而他承担的义务都在家庭之外。"①

第二,日耳曼法具有极端个人主义倾向,即"对个人自由的极端重视和对私人财产的无限尊崇"。因此,日耳曼习惯法的规定"只与个人权利有关,与社会正义无关,它把具有最高社会意义的问题当作纯粹的私人争端来处理,它从个人角度出发,制定了诉讼程序、民事、刑事和激烈辩论模式"。同时,"它如此热衷于保障个人之间竞赛的公平,而疏于为社会提供保障。它依赖个人的主动性去实施法律,维护权利。它不能容忍对个人行为、身体、精神和经济自由的干预"。②

第三,日耳曼法不承认任何个人凭其意志有制定和颁布法律的权力。按照日耳曼人的观念,法律从无法追忆的年代起就存在于人们的风俗习惯当中,法律不是被制定的,而是被找到或发现的。日耳曼统治者颁布成文法时,只是将它看作远古就存在的人民习俗的记录,并以人民的名义予以公布。除了民众公认的传统习惯外,王权和基督教等宗教信条都不能作为法律的源泉,任何政治力量要寻求合法性或制定实行法律,都需要求助于某种代表民意的机构或程序,而君王或任何人进行统治必须以遵守这些法律为前提。因此,负责法律裁判的法院、法官和律师享有绝对的独立性,法律超越王权,国王也要受法律约束。

第四,日耳曼法是判例汇成的法。与经过法学家学理研究、概括为抽象法规的罗马法不同,日耳曼法尚未设定一般的抽象原则,它只有一些解决各种案件的具体办法,纯以具体的生活关系为依托。人们按照前辈沿袭下来的惯例生活、审理案件,按氏族长老记忆的定制判决。日耳曼法并不把全部规则均开列出来,而是集中力量解决那些已发生且需要权威性解释的问题以及需要处理的特殊情况,因而由判例汇集而成。

第五,日耳曼法非常注重形式,注重法律行为的外部表现。比如转让财产、结婚、损害赔偿、脱离氏族关系等法律行为,都必须遵守固定的程序,讲一些特定的套语,并配合做一定的象征性动作,否则不发生法律效力。即使外部动作和所说的语言与其真实意思不一致,也只能按其外部动作和语言一般表达的意

---

① (美)罗斯科·庞德.普通法的精神.北京:法律出版社,2000:13-18
② (美)罗斯科·庞德.普通法的精神.北京:法律出版社,2000:19

西方文化概论

思来确定。

公元843年查理曼帝国分裂后,西欧进入封建割据时期,各国国王只能在其直接领地内行使权力,不能过问其他封建领地内部的事务。与此相适应,西欧法律也演变为一种分散的地方性法律,各个大的封建领地都有自己的法律,适用法律的属人主义便为属地主义所取代,日耳曼法作为一种法律形式不复存在,它与罗马法相互渗透融合形成一种封建的地方习惯法。但日耳曼法的精神、特质仍对中世纪乃至近现代的西方法律思想和法律制度产生了深远的影响,其中,日耳曼法对英国法的影响更大一些,英国法所包括的日耳曼因素也比大陆各国要多。

例如,从法的形式看,日耳曼法本身就是判例汇成的法,英国法在其影响下也表现为判例法;再从法所贯穿的精神看,英国法继承了日耳曼法的一些精华,即强调个人自由、地方自治以及除法庭外不受其他干涉;日耳曼法中的所有权制度对动产不动产的划分和不同的保护性规定,后来在英国演化成一整套不动产所有权的特殊制度。正是在这个意义上,恩格斯把英国法称为"唯一的日耳曼法"。此外,近代西欧民法中的占有制度、即时取得制度、婚姻家庭制度也是受日耳曼法的影响而形成的。

三、日耳曼社会的封建制度

与习惯法一样,封建制度也是日耳曼人重要的文化特征。不同的是,前者产生于日耳曼人的原始部落时代,而后者产生于日耳曼人的民族大迁徙时代。封建制度原本是一种土地分配制度,由于征服罗马帝国后的日耳曼各王国仍处于比较落后的社会发展阶段,无力继承比较复杂的罗马政治统治制度,于是一种源于征服者分配战利品的财产瓜分制度便被赋予了一定的政治统治职能,并最终演化为集财产分配、政治统治、军事管理、经济生产和等级区分为一体的封建制度。

古日耳曼的部落首领周围常常有一些亲兵随从追随左右,他们向领主效忠,为领主战斗,侍从们甚至常为谁是第一侍从而激烈争论,而侍从们所得到的回报就是领主慷慨的赏赐,赏赐除了战马、长矛以外就是丰盛饮宴,它们无一例外地来自战争的劫掠即战利品。当日耳曼各部落在大迁徙过程中纷纷建立王国的时候,赏赐就变为土地(即采邑),他们所以分到大片的土地,一方面是因为古老的传统,另一方面是因为这些战利品其实是他们合伙抢来的,当然大家人人有份。与以往不同的是,赏赐不再是无条件的,条件是侍从得向国王或领主

第一章　西方文化的孕育

效忠,并履行一定的义务,如行臣服礼、宣誓效忠、每年服一定期限的军役。查理大帝曾下令:凡占有王家恩赐地,在抵抗共同敌人时,不愿与其他贵族同赴前线,或不愿和他在一起而擅自离开者,当受撤职、收回采邑的处分。

这样一来,赏赐者与受赏赐者就形成了一种领主与附庸或封君与封臣的关系。中世纪封建领主与附庸之间的关系自始就是一种双向的互惠关系,这样一种双向的互惠关系是由封建契约来保障的。在实践中,封建契约的签署往往体现为一定的仪式:在领主分封给附庸采邑时,承受采邑的附庸跪在领主面前,把双手放在领主的双手之间,向他宣誓效忠并承诺履行一系列封建义务;领主长子受封骑士、长女出嫁,前来送礼祝贺;每年服几十天的军役,跟随领主打仗;领主有难,设法解救;出席领主的法庭等。只要受封者履行了对领主的义务,他和他的后裔就拥有这采邑作为他的财产。对领主来说,除对附庸分封或认可分封以外,还必须答应尊重附庸的权利,如尊重他的财产及人身安全,若领主不尊重附庸的权利,附庸可视封建契约无效,即不遵守履行契约的义务,并可以为捍卫自己的权利而战。

一般来说,附庸从领主那里获得采邑时,所得到的不仅是对采邑土地的支配权和使用权,也得到了对采邑的居民政治统治权和司法裁判权,无特殊情况,领主不得干涉附庸领地内的政治事务、经济事务和司法事务。同样,附庸采邑内的居民也没有服从上级领主(即领主的领主)的义务,所以,领主对附庸权利的保障不仅包括附庸个人的财产和人身安全的保障,也包括对附庸领地自治权的保障。当然,封建契约双方所承担的义务一般说来都不规定严格的条件,它们是根据地方的惯例来决定的,许多细节方面,在不同的地方有很大的差异。在法国,由于实行层层分封,每一层都有各自的权利与义务,以致出现"我的附庸的附庸不是我的附庸"的情况。在英国,由于威廉挟军事征服之威力,在封建制度重建之时要求全国的人直接宣誓向他效忠,中央集权的色彩更浓一些。

在统治阶级之间形成附庸对领主人身依附关系的同时,在社会的最基层也形成了农奴对庄园主的人身依附关系,即"委身制"。"委身制"是小封建主和广大农民请求大封建领主庇护的一种制度,是西欧封建制度形成时期教俗贵族兼并自由农民土地的一种形式。日耳曼王国建立初期,法律秩序尚未建立,各国之间、大地主私人集团之间互相攻战,农民的生命财产得不到保障,生产无法进行。在这种情况下,农民不得不请求邻近的大领主"保护",条件是交出自己的土地,然后又作为份地领回来耕种,并向"保护人"服劳役和尽各种义务。

农民委身于贵族,一般须由双方立一份委身文书,现摘录一份如下:"立字

西方文化概论

人某某,谨致崇高庄严之某某大人殿下:如众所周知,我因衣食缺乏,无以为生,请求殿下本笃信上帝之虔诚与慈爱为怀之善心,准许我委身于殿下监护之下。以后您必须供给我衣食,预支我以帮助与救济,我将尽我的力量为您服务,不负您的援救与保护。在我活着的时候,我将在合乎我一个自由人的身份之下,为您服务,维护您的荣誉。我不得退出您的统治与监护,将毕生投靠在您的势力保护之下。您我之间如一方欲退出此契约,必须付与对方若干先令作为赔偿。此种谅解,永不破坏。"通过委身制,广大农民变成了无人身自由的依附农奴。

由此看来,庄园主与农奴的关系也有契约色彩,庄园主对农奴实行保护,农奴拿自己的人身权利来交换。而农奴一旦放弃自己的权利,也就失去了自由,祖祖辈辈得受领主的奴役。虽说这种奴役受习惯法的限制,领主也不能随便剥夺农奴对土地的依附。但在多数情况下农奴是没有什么申辩的权利的,因为没有统一政府,法庭本身就是领主的,他的意志就是法律,因此在领主与农奴的契约关系中双方其实不对等,因而不平等。

在农业社会中,土地是社会最主要的财富,对土地的所有或使用形式往往会对一个国家或地区的政治、经济和法律制度产生直接而深刻的影响。日耳曼国家关于土地分配和土地使用的封建契约制度也因此构成了中世纪时期西欧政治与社会生活的基础。所以,中世纪欧洲各国的君主统治与罗马帝国的专制统治或同时代东方各国的君主专制不可同日而语,贵族在各国的政治事务中扮演着举足轻重的角色,在一些国家或地区,贵族的政治势力甚至超过了国王。

四、社会各阶层的权利斗争

源自于日耳曼王国的采邑分封制在西欧实践的结果是引发了普遍的"封建革命"。所谓"封建革命",是指公元1000年前后西欧社会发生的巨大突变,具体表现为公共司法行政权力的崩溃、新的专横领主权制度的形成、骑士和城堡数量的猛增以及它们在意识形态方面的回响。具体来说,就是各国中央权威渐渐丧失,地方权威逐渐兴起,国家与政府只作为形式上的存在,作为国家权力代表的国王一如众多的地方封建主,只能在有限的属于他自己的领地(王室领地)内行使有限的权力,真正掌握统治权力的是各级封建领主,他们可能是世俗贵族,也可能是教会贵族或城市贵族。

这样一来,封建君主、天主教会、地方贵族加上后来兴起的工商业者就成为中世纪时期西欧社会并立的四大政治势力。这四大政治集团之间争权夺利的斗争,一方面造成了西欧各国政治统治权的分裂,另一方面它们彼此又形成了

第一章 西方文化的孕育

相互制约的关系,加之建立在日耳曼习惯法基础上的封建契约又是对契约各方权利和义务的约定,因此各种政治力量、各个社会阶层和个人权利斗争就成为西欧中世纪政治史的一大特点。在社会上层,"教会与国家之间、国王与诸侯之间、领主与陪臣之间、各国主教与教皇之间,总之,上下左右之间进行着无休止的、纵横交错的权利斗争",在社会下层,"农民、市民与领主之间也进行着无休止的斗争"。① 事实上,每个人、每种社会团体和社会力量都积极地争取和维护着自己的权利。在此,我们重点介绍国王与地方贵族、农民与庄园主之间的权利斗争。

在整个中世纪时期,名义上拥有至高统治权威的国王与实际上掌握着地方统治权力的贵族,一直围绕着中央或地方的政治控制权进行着激烈的斗争,随着教会势力膨胀和城市经济实力的不断壮大,教会贵族和城市贵族也加入到与国王或世俗贵族争夺权力的斗争中,进一步加剧了国王与贵族斗争的复杂性和戏剧性。一般来说,国王利用其至尊的地位以及贵族之间的矛盾(譬如世俗贵族与教会贵族之间的矛盾、城市贵族与世俗领主和教会领主之间的矛盾)不失时机地扩大王权,强化王权对中央权力和地方权力的控制和支配;另一方面,贵族们则以其政治经济实力为后盾,以封建法律为依据,竭力限制国王的权力,迫使国王以颁布宪章、特许状的方式确认贵族的权力或特权。

从 12 世纪开始,西欧各国各地区的封臣会议开始时常发布一些由封臣集体通过并以国王或最高封君名义颁行的宪章和特许状。其中最著名的就是英国于 1215 年制定的《大宪章》(又称《英国人民自由与权利大宪章》),它由英国的教俗贵族、骑士、城市市民联合迫使国王约翰签署。《大宪章》对国王在封建规范下能做什么和不能做什么,作了非常详尽的规定,比如,不经过地方全体会议的同意,国王不得征收任何兵税、免除税或贡金;民事诉讼应当在指定地点受理;不得凭借某种没有确凿可靠证据的指控使任何人受审;不经过合法的判决,任何自由民都不受逮捕、监禁、没收财产、剥夺公权、放逐或其他任何方式的伤害;封臣继承、监护和婚姻的权利应得到国土的尊重和保护;国土不得干涉教会自由选举教职的权利。此外《大宪章》还规定,应从全国封臣中选出 25 人,这 25 人有权联合全国人民强迫国王及其大臣遵守宪章规定的条款。

西欧其他国家和地区也在封臣会议上制定了类似的宪章,由于其关涉长久性的法律,需盖上金印以示郑重,也常被称为"金印诏书"。如匈牙利国王安德

---

① 丛日云.西方政治文化传统.大连:大连出版社,1996:276

西方文化概论

鲁二世于1222年颁布的金印诏书,承诺每年在固定的时间和地方召开议会,任何贵族非依法律规定不得被逮捕和伤害,如果国王及继承人任何时候违反法规,教俗贵族和每个人都有不受限制进行反抗的永恒权利。德国皇帝弗里德里希二世于1235年在美因茨帝国会议上颁布的"和平条令",确认了各教俗贵族在其领地内的司法管辖权不受干涉。1356年德国皇帝查理四世颁布了由贵族会议讨论通过的《黄金诏书》,确定皇帝由七位选帝侯以多数票选举产生,当选皇帝必须立即承认诸侯的一切特权、自由和传统习惯法,并特别确认了诸侯有关造币、矿产、商业税的特权和对领地内附庸、居民的司法管辖权。

中世纪的历史主要是王公与贵族、骑士与教皇的历史,他们相互联系、相互制约,同时又进行着激烈的斗争。在他们活动舞台的底层生存着一个人数众多、靠劳动为生的阶级——农民,是他们的活动支撑起中世纪社会与历史的大厦。农民是个总称,包含不同类型的人,如自由农、贱农、隶农、佃农、农奴,当时农民群体中人数最多的是农奴。中世纪的农奴可能是古罗马奴隶的后代或继承者,因为他们有着被压迫受奴役的类似命运,他们的人身依附于土地,从而依附于土地的主人,贵族领主对农奴有生杀予夺之权。虽然他们的处境较之奴隶有很大的改善,比如,封建主不能把他们送到街上出售,他们可以有自己的家,但他可以与土地永不分离,却不能保证不被连同土地一起出售;他可以结婚生子,但不能保证他的家庭不被拆散;他可以上升为佃农或隶农,但很难摆脱领主对他的压迫与侮辱。

这样一个地位低下的社会阶层,仍然在不断地利用各种方式争取自己的权利,日耳曼习惯法和封建契约是他们争取自身权利的最主要依据。受日耳曼习惯法传统的影响,当时几乎所有的庄园都有庄园习惯法。庄园习惯法并非由庄园主统一拟制的成文法,相反,庄园法的制定者是由全体庄园成员(包括自由农、贱农、隶农、佃农、农奴)出席的庄园法庭。在庄园法庭上,庄园主及其大总管虽然是法庭的主持人,可能会在判决中起重要作用,但任何判决都要由法庭全体出席人员一致做出,法庭判决的结果一般都记录在案,成为"判例",可在下次审判中被援引而成为正式法律,庄园习惯法就是这样在由全体庄园成员出席的法庭一次又一次的裁决中形成的。

庄园法庭和庄园习惯法一方面是庄园主控制和剥削农民的工具,尤其是当诉讼涉及领主利益时,领主及其代理人总是施展各种手段对法庭及陪审团施加压力,甚至不惜使用行贿、恐吓等手段,迫使法庭做出有利于他的判决。另一方面,庄园法庭也是农民维护自身利益的主要手段。例如,1287年,英国某庄园的

第一章 西方文化的孕育

总管将一个农奴带到庄园法庭,指控他装病拒服劳役,在家偷干私活,该农奴不承认。对此,庄园法庭进行了调查。尔后有证据表明:庄园总管的告发与事实不符,他这样做完全是出于宿怨,结果庄园总管反以诬告罪被处以罚款,因为按照该庄园惯例法的规定,农奴如生病,可以免服或缓服劳役。①

按照一些庄园惯例法,农奴的地租额和其他义务的任何变动或争执,都要由庄园法庭做出裁定,因此,关于农奴的剩余劳动量以及由此产生的争议是庄园法庭受理最多的案件。1300年,英国埃尔顿庄园的法庭案卷载有19个农奴的涉讼记录:他们被指控没有给庄园主的马车装草,但这些农奴认为,他们没有为庄园主的马车装草的义务,除非他们出于自愿,主动这样做。为此,法庭查阅了有关农奴劳役的惯例,然后确认,这些农奴有义务在草地里或领主庭院中将牧草垛起,但没有义务将牧草装上马车。此例再次说明,农奴的劳役量由习惯法规定,并被记录在庄园的有关文献中,一旦超过此值,农奴完全有权利依据庄园文献或惯例予以抵制,而这种抵制有可能在法庭上获得成功。②

此外,逃亡也是中世纪时期农奴维护其权利的重要手段。在当时庄园法庭的案卷上,充满了关于农奴逃亡的记载,尽管庄园法庭对逃亡者的处罚非常严厉,但在13世纪以后,由于逃亡者出走后的生路越来越广阔,农奴逃亡的队伍也就越来越庞大。按照惯例,农奴逃亡后,领主在4天内可以在任何地方抓捕他,一旦4天过去,领主的权力开始受到限制;对于逃亡者,他只有在本领地内才有权实施抓捕;在农奴逃亡1年零1天之后,农奴就获得了完全的人身自由,封建领主在任何情况下都不能再将其变为农奴。封建主常常希望其他的封建主或国王协助其追捕逃亡农奴,但由于他们之间往往是相互倾轧多于相互合作,一方面,他们竭力阻止自己的农奴流失,另一方面却希望其他庄园的农奴来投奔,在多数情况下,王室法庭出于削弱封建势力的政治目的,常常宽容甚至偏袒逃亡者。

起义是农奴维护自身权利的最后手段。中世纪时期,各国的农民或农奴起义风起云涌,许多农民宁愿流浪也不愿为封建主服役。997年诺曼底农民纷纷集会,决心按自己意志生活。他们不顾法律条令,要建立新的使用水源和森林的法律。诺曼底公爵知道这个情况,立即派一位伯爵来镇压,并逮捕所有农民代表,砍掉他们的手足,以此威吓农民。1381年,英国爆发了以瓦特·泰勒为首

---

① 侯建新.现代化第一基石.天津:天津社会科学院出版社,1991:99
② 侯建新.现代化第一基石.天津:天津社会科学院出版社,1991:100

西方文化概论

的农奴起义,起义很快席卷全国,起义者摧毁庄园,牵走牲畜,焚烧封建契约,杀死人们所痛恨的封建主,并向国王提出要求,"他们要求将来没有人处于农奴制之下,没有人向领主行任何方式的臣服礼或向他服役,每人为他的土地只付每英亩4便士的地租。他们还要求,除非出于自己的善良愿望,并依照正规的契约规定外,任何人将不再服役于任何人"。①

此外,中世纪时期著名的农民或农奴起义还有1358年法国的扎克雷起义、1419年的捷克农民起义、16世纪的德国农民战争,虽然这些农民起义最后无一例外地都失败了,但他们的斗争绝不是无意义的。它给那些残暴不仁的封建主以沉重打击,使他们被迫把剥削的锁链放得稍微松一些,直至农奴制走向衰弱。他们的斗争给封建主以重创,客观上有利于新兴市民阶级的成长。若从更长远、更抽象的角度看,农民所追求的自由、平等与人道都是对人类最崇高价值的追求,体现了正义原则和人类大同的理想。所有这些都激励着后来者为建设一个更加合理更加公平也更加正义的社会而努力。

第四节　基督教宗教文化

基督教是从犹太教的一个小宗派演化而来,在基督教发展壮大之后,仍然将犹太教的《圣经》作为自己教义的一部分,即《旧约》,主要内容包括上帝创造世界、人类始祖的神话、古犹太人的法典和宗教教条等,而基督教自身的教义则被称为《新约》,主要内容包括耶稣的生平、事迹、传说和使徒的传教故事等。

一、基督教的兴起

据《圣经》记载,罗马帝国初期,在巴勒斯坦的拿撒勒,有一个名叫耶稣的人,由童贞女玛利亚无孕而生,据传他是上帝的独生子,受上帝派遣,来到人间拯救受苦受难的人们。耶稣降临人世,在犹太人中间行了许多非常人所能做到的神迹,例如,他用话语或用手触摸,就能够驱魔除邪,使盲人复明、聋子复聪、跛子正常行走、顽疾得愈、起死回生。他还能够以五个面饼、两条鱼,使五千人吃饱肚子,等等。这些神迹显示了耶稣奇异非凡的神力,因而使犹太人相信,耶稣就是上帝派遣的"人子",就是他们盼望的救世主。耶稣走到哪里,哪里就有信从者,而且信者多是下层群众。耶稣在信众中挑选了十二个门徒,和他们一

---

① 周一良,吴于廑.世界通史资料选辑(中古部分).北京:商务印书馆,1981:95

第一章 西方文化的孕育

起传播上帝的福音。

耶稣信徒人数的不断增加,引起了耶路撒冷地区犹太教祭司们的嫉恨和恐惧,他们在罗马帝国驻犹太地区的总督彼拉多面前诬告耶稣自称为以色列王。在犹太人逾越节前,耶稣带领十二门徒来到耶路撒冷传教,由于门徒犹大的出卖,在节日的晚宴上耶稣被捕,并被处以极刑,钉死在十字架上。耶稣死后三天又复活了,复活后的耶稣飘忽不定,时隐时现,再向他的门徒显示其为上帝之子,上帝赐予他"天上地下所有的权柄",以此来坚定门徒们的信仰与信心。过了一些日子,耶稣又以肉身升天。耶稣升天后,他的门徒们四处传播福音之道,建立教会组织,基督教如是而创立。

新诞生的基督教不仅吸引了众多的犹太人,也在罗马帝国境内的各民族中产生了广泛的影响。其中的原因,一是因为基督教逐渐剔除了犹太教的民族性,如将犹太教信奉的民族神——耶和华变为全人类共同的信仰对象——上帝,用"因信称义"取代了犹太教独特的入教仪式——割礼。另外,基督教从希腊哲学中吸取了许多有益的成分,使得它能为有着理性主义传统的罗马人所接受。二是早期基督教所宣扬的教义体现了下层民众的心声,容易引起他们心灵上的共鸣。《路加福音》中说:"你们贫穷的人有福了,因为上帝的国是你们的。你们饥饿的人有福了,因为你们将要饱足。你们哀哭的人有福了,因为你们将要欢喜。"三是因为基督教所宣扬的教徒平等观在一定程度上满足了罗马人已经失落的公民精神。自罗马实行帝制以来,皇帝大权独揽,集行政、司法、军事、宗教权力于一身,昔日地位显赫的元老贵族在政治上被冷落一旁,富人"对于国家即对于皇帝,几乎同奴隶对于奴隶主一样没有权利"。对于广大的罗马公民来说,昔日的天堂不可能再现,未来也许更加可怕,于是,他们就去追寻精神上的解放和思想上的安慰,基督教因此成为他们理想的精神麻醉剂。

基督教在罗马帝国的传播经历了一个极其苦难的过程。由于早期基督教徒拒绝敬拜罗马皇帝,拒绝服兵役,而且预言帝国将归于毁灭,基督教徒敌视帝国的态度招致了罗马帝国的严厉镇压。起初这种镇压活动多局限于一些基督徒聚居区,但是随着基督教的广泛传播,罗马帝国统治者随之在帝国全境对基督教展开了更加残酷的迫害活动。公元 64 年,罗马城在一场大火中被烧掉一半,罗马皇帝尼禄声称纵火犯是基督徒,因为基督教预言,耶稣基督在再次降临人世之前,世界将发生一场大火,据此,尼禄对基督徒进行了一次大规模的镇压。在戴克里先统治时期,罗马帝国内忧外患,为了挽回帝国颓势,戴克里先决心重振国家宗教,对不敬拜国家神的基督教进行一次次的大规模迫害:摧毁所

西方文化概论

有基督教堂,焚毁基督教著作,禁止基督徒集会,没收基督教徒的所有财产,不许基督徒担任国家公职。戴克里先的继任者加勒利继续实行迫害基督教的政策,其严厉程度甚于其前任。在历时8年的迫害中,死于各种酷刑的基督徒达15 000多人,受其他刑罚的不计其数。基督教徒为了对抗帝国政府的迫害,曾两次放火焚烧戴克里先的宫殿,并在叙利亚等地发动了大规模的暴动。

到了公元4世纪,罗马帝国政府对基督教的态度出现了戏剧性的变化。313年,西部皇帝君士坦丁与东部皇帝李锡尼在米兰会晤,联合发表《米兰敕令》,宣布基督徒只要不做犯罪的事,便不予追究。此后不久,君士坦丁皇帝又颁布敕令,授予基督教会种种特权,如教会可接受信徒的遗产,神职人员可免服徭役,教会经营商业可予以免税。392年,狄奥多西皇帝进一步颁布法令,严禁一切异教崇拜,封闭一切异教神庙,奉基督教为罗马帝国的国教。

罗马帝国政府对基督教的态度为什么会出现这种根本性的转变呢?一是因为持续200多年的镇压及迫害不仅没有使基督教销声匿迹,相反,政府迫害基督徒的残暴行径,激起一些非基督徒对基督徒的同情心,以前和官府一起反基督教的人,如今站在基督教一边,有的甚至冒着生命危险,隐藏并保护基督徒。那些坚贞不屈而殉道的基督徒的事迹,感动了不少非基督徒,他们也信奉了基督教。正是在帝国政府迫害基督徒的过程中,基督教逐渐发展成为一个信徒众多、教义和教会组织日益完备的宗教团体。正处于危机中的罗马帝国统治者开始意识到,只要对基督教稍加改造,信仰坚定的基督徒和组织严密的基督教会就可以成为维护和巩固其统治的理想工具。

另一方面,随着基督教势力的不断壮大,越来越多的富人和政治斗争中的失势者加入了基督教会,并逐渐成为教会的中坚力量,基督教会对罗马帝国的态度也随之出现了微妙的变化。比如,早期编纂的《启示录》把罗马比作穿着朱红色衣服、喝了耶稣和殉道者鲜血的"巴比伦大淫妇",但是在《启示录》之后编成的《罗马人书》则训诫基督徒说:"在上有权柄的,人人当顺服他,因为没有权柄不是出于上帝的。凡掌权的,都是上帝所任命的,所以抗拒掌权的,就是抗拒上帝的命,抗拒的必自取刑罚。……凡人所当得的,就给他。当得粮的,就给他粮;当得税的,就给他税,当惧怕的,惧怕他;当恭敬的,恭敬他。"

在基督教成为罗马国教之后,基督教逐渐建立起了一套与帝国各级行政机构相对应的教会组织,基督教的影响力渗透到了帝国的每一个角落,从此之后,基督教会不再是一个纯粹的宗教机构,而逐渐演变为一个特殊的权势集团,也开始由遭受迫害的宗教变成迫害他人的宗教。另一方面,罗马皇帝则从教义

第一章 西方文化的孕育

上、组织上和政治上完全控制了基督教：首先，基督教教义越来越体现着罗马帝国统治者的意志，康士坦蒂乌皇帝就曾直言不讳说，"我的意愿就应该成为教会的经典"。325年，君士坦丁皇帝在尼西亚亲自主持召开了整个罗马帝国范围内的第一次宗教会议，而此时的君士坦丁皇帝还不是基督徒。在这次会议上，虽然与会的大多数反对"三位一体"说，但君士坦丁以不同意就要逮捕下狱相威胁，强迫会议代表通过了"三位一体"说为正统教义。其次，从君士坦丁起，罗马皇帝就已经影响或直接任命那些重要教区的主教，一些人甚至还没有受洗就被任命为高级主教，而一些高级神职人员也充当皇帝廷臣，左右国家政策。

西罗马帝国在476年的覆灭使西部教会失去了靠山，各级教会组织也因此处于风雨飘摇之中，但新兴起的法兰克王国的统治者克洛维对基督教的青睐却成为基督教在西方复兴的一根救命稻草。496年，法兰克人首领克洛维率3 000亲兵在河里受洗，在教会的大力支持下，到6世纪后期，法兰克王国已成为西欧最强大的日耳曼人国家。与此同时，法兰克王国的统治者也继续保护和强行推广基督教，查理大帝在位46年，进行了55次对外扩张战争，他征服到哪里，基督教会的势力就伸展到哪里。教会在法兰克王国统治中的作用，决定了它必然要在王权的控制之下，国王决定宗教会议的召开，确定会议的内容，宗教法令须经国王批准才能实施，主教区要按照王国的行政管理划定和设立。而教会受控于王权最主要的体现，是国王掌握了对教会神职的授职权，获得圣职的首要条件是候选者必须是国王附庸。据史料记载，6世纪末法兰克王国的11个大主教和125个主教都是国王的臣仆。

二、天主教会的神权统治

从9世纪开始，基督教会经历了一系列的分裂。

首先，东西方教会的分裂。基督教产生于罗马帝国东部，在由东而西的早期传播过程中，遇到的是东西方不同的民族与文化环境，因而东西方教会自始就存在着差异：东部教会保留着较多的犹太教传统，西部教会更多地吸收了希腊罗马哲学因素，在对教义的理解上（如对圣父、圣子、圣灵的见解），东西方教会也存在着差异，以至双方互相斥责对方为异端。随着罗马帝国分裂为东、西两部分（东罗马帝国后来称拜占庭帝国），东西方的基督教会也走上了不同的发展道路，1054年东西方教会彻底决裂，从此之后，东部基督教称为东正教，西部基督教称为天主教。

其次，西部教会即天主教内部的分裂。法兰克王国的统治者为了强化对被

西方文化概论

征服地区的统治,除了设立总督进行政治统治之外,广泛设立教会进行精神统治也是一个重要的补充手段,同时赐予教会大量的土地,给予主教在教区管辖范围内的司法权。这些教会完全从属于王权,与罗马教皇没有组织上的隶属关系,因而被称为私立教会。查理曼帝国分裂之后,这些私立教会逐渐发展成为拥有精神权力和世俗权力的地方封建主,虽然在9—10世纪,教会的数量在西欧地区有了迅猛的增长,但天主教会的影响力并没有因此而增加,反而陷入了更大的分裂。加之这一时期罗马教皇因缺乏强有力的王权保护,长期受控于罗马贵族和德意志皇帝,教皇实际成了他们手里的玩物,一派掌权,就推举自己所拥戴的人当教皇。

针对教会日益受到封建势力的侵蚀和教士生活的世俗化,教会内部兴起了革新运动,这场运动首先由法国的克吕尼修道院发起。在贝尔诺和奥多担任院长期间,他们一方面为克吕尼修道院争得了除教皇外不受任何权威管辖的特权(即自治),以后它们的分院也获得了免受教区主教和世俗诸侯控制的特权;另一方面,他们修订修道院院规,加强修道者的内心道德修养,修道者必须严格践行"三绝"(绝产、绝色、绝意)誓言,遵守戒律。克吕尼的修道院改革运动不仅获得了教会内部的广泛响应,也赢得了要求改革教会以强化封建统治的世俗权贵的支持。克吕尼修道院的规则相继被法国、德意志、波兰、匈牙利、意大利、西班牙等国的修道院所采纳,在奥第诺担任院长时,已形成了一个拥有2 000所修道院的庞大宗教集团。

在克吕尼改革时期,一些改革者提出了为宗教原因而任命神职人员的主张,他们把世俗君主任命神职人员一律视为买卖神职,希望教皇权力能强大到足以把它从君王手中夺回来。1049年克吕尼派主教布鲁诺被德意志皇帝亨利三世任命为教皇,称为利奥九世。利奥九世带着北方改革派的主要人员和关于教皇作用与尊严的新思潮进入罗马,拉开了罗马教会改革的序幕。罗马教会改革的第一个主题是改革教皇选举制度,经过一系列复杂的政治斗争,1179年召开的第三届拉特兰宗教大会宣布:由枢机主教组织的枢机团是选举教皇的唯一机构,且只是枢机主教才有当选教皇的资格。

罗马教会改革的第二个主题是主教任职权之争。1075年,主张教权至上的希尔布兰德当选教皇,称为格里高利七世,他即位不久就颁布《教皇敕令》宣称:教皇权力至上,教皇有权力废黜世俗君主,有权力解除人民对邪恶统治者的效忠;惟有教皇拥有划分教区、任命主教的权力。对于德意志皇帝亨利四世而言,格里高利七世的《教皇敕令》无疑是一份挑战书,亨利四世随即在沃尔姆斯召开

第一章　西方文化的孕育

宗教会议,宣布废黜格里高利七世的教皇职位。格里高利七世不甘示弱,也在罗马召开宗教会议,宣布了对亨利四世的"绝罚令":废黜其皇位,解除臣民对其的效忠誓约。"绝罚令"的出台为德意志的地方诸侯反叛亨利四世提供了绝佳的借口,一时国内局势大乱。为了摆脱困境,亨利四世被迫到意大利向教皇忏悔:承认选举产生的教皇,承认教皇对各地主教的任免权。罗马教会的权势至此达到全盛。

罗马教会和教皇的巨大影响力主要体现在以下几个方面:一是教皇的权力达到了空前绝后的地步。英诺森三世当选教皇时年仅 37 岁。他精力充沛,而且野心勃勃,他坚信并宣扬教皇负有统治世界的使命。在教廷内,他大权独揽,按照世俗君主的权力观念行事,酷似一个世俗封建帝王。他竭力提高教皇权力,力图建立教皇对世界的统治,做"世界之王"。他宣称,教皇的权力好比太阳,君主的权力好比月亮,月亮的光芒源自对太阳光的反射;同样,君主的权力则源自教皇,教皇通过加冕形式将政权交给世俗君主掌管。二是强化教会对教徒思想观念的控制。在中世纪时期,异端问题一直困扰着罗马教廷。所谓异端,就是教会内部的"持不同政见者"。在神权笼罩下的中世纪时期,所有的思想创新、所有新的政治主张、所有新的经济要求以及所有的社会运动都不得不通过对基督教教义做出新理解和新解释的形式提出来,这就是中世纪时期异端层出不穷的根本原因。罗马教会为了维持其至尊的地位,不断打击各种异端势力。12 世纪后期,法国西南部的阿尔比地区出现了大规模的反教会运动,被称为阿尔比派异端,阿尔比派信徒公开斥责天主教会的主教是"与神为敌的异端分子""假冒伪善的豺狼"。为了镇压阿尔比派异端,教皇英诺森三世联合法国、德国的世俗政权,派出由 20 多万人组成的十字军征讨阿尔比派。

"十字军东征"是中世纪时期教会权力膨胀的另一个重要表现。11 世纪中期,信奉伊斯兰教的塞尔柱突厥人在西亚地区异军突起,侵占了拜占庭帝国的大部分领土,包括圣城耶路撒冷,拜占庭帝国向西方贵族紧急求援。教皇乌尔班二世将这一事件视为扩张教会势力的天赐良机,他决定利用基督徒对塞尔柱突厥人激愤的宗教情绪,发动并组织对东方伊斯兰国家的十字军远征。1095年,乌尔班二世在法国克勒芒召开的宗教大会上发表著名演说,号召大家为从穆斯林手中"解放主的坟墓"而参加十字军,并提醒大家,丰富的战利品正在东方等待着"解放者",这个演说成为十字军东征的誓师动员令。教皇出面号召,帝王御驾亲征,神职人员、封建公侯、豪商巨贾、小商小贩、流氓无赖、贫民农奴、土匪乞丐、亡命之徒,甚至娼妓都加入了十字军。在 1096 至 1291 近 200 年时间

西方文化概论

内,十字军先后向西亚、北非的伊斯兰国家发动了8次大规模的侵略战争。

我们在这里重点给大家介绍两次十字军的侵略活动。一是第四次十字军东征,依照教皇英诺森三世制订的计划,这次东征先攻占埃及,以此为基地,再攻打耶路撒冷。但进攻埃及需用威尼斯的舰队运送十字军,威尼斯商人却诱使十字军去攻打自己的商业竞争对手——同样信奉基督教的拜占庭帝国首都君士坦丁堡。1202年10月1日,由480只战船组成的庞大船队开始向君士坦丁堡进发,十字军进入城内之后,对民宅、宫殿、教堂、修道院、商店肆意抢掠,金银财宝被洗劫一空,连圣物也不能幸免,君士坦丁堡经过十字军"如同蝗虫过境"般地洗劫之后,整个城市被一扫而空。二是"儿童十字军东征",教会为了挽回战场上的失利,竟然宣扬只有纯洁的儿童才能夺回圣地,于是一场人间悲剧发生了。1212年,约3万儿童分乘7艘船从法国马赛港出海,其中2艘沉没,另外5艘船的儿童被运往北非贩卖为奴;另一支约2万儿童,由德国科伦港出发,沿莱茵河越过阿尔卑斯山,一路溃散,死亡殆尽。十字军东征,在军事上不曾取得具有长久意义的胜利,在东方建立的几个西欧式封建国家,不过是昙花一现,解救圣城圣墓的目的没有达到,耶路撒冷依旧在穆斯林的控制之下。

三、信仰与理性的冲突与和谐

基督教兴起的过程是一个以信仰取代理性的过程。信仰至上是所有宗教的共性,基督教当然也不例外,作为一种从犹太教演变而来的新宗教,基督教不仅继承了犹太教对上帝(耶和华)的信仰,还有对耶稣基督和所谓圣灵的信仰。从本质上来说,信仰与理性是根本对立的,理性强调符合自然、符合人性的逻辑分析,而信仰则强调对信仰对象的盲目崇拜和盲目服从,这种对信仰对象的盲目崇拜和盲目服从并不需要也不可能用理性的分析方法得到证明。

但是,产生于希腊罗马理性主义文化背景中的基督教,却不能像其他的宗教甚至其母教犹太教那样,仅靠其信仰吸引信徒,扩大其影响力。基督教在受迫害时,帝国攻击基督教,未信教者误解基督教,后来又有人将罗马帝国分崩离析趋向灭亡的结局归咎于基督教。从2世纪开始,教会内相继涌现了一批称之为"教父"的神学家。他们以对基督教的虔诚宣传基督教信仰,消除社会上对基督教的疑虑,回答对基督教的责难。同时他们意识到,只有有效地调和基督教的宗教信仰与具有理性主义倾向的罗马文化的内在冲突,才能消除罗马帝国的统治者和广大民众对基督教的疑虑,进而吸引更多的罗马帝国居民成为其信徒。于是这些"教父"神学家用流行于罗马帝国的、具有宗教品格的新柏拉图和

第一章 西方文化的孕育

新斯多噶派哲学诠释圣经,论述教义,其结果是为基督教构建了一套系统的神学理论体系,即教父哲学。在教父哲学中,希腊思想中原有的理性成分被剔除殆尽,而基督教的信仰却越来越理性化,即原来存在于《旧约》和《新约》中的一些荒诞不经的神话、传说、奇迹和历史故事被纳入一个完整的、符合逻辑的理论体系之中。

奥古斯丁是基督教教义理论化和系统化过程中一个至关重要的核心人物。奥古斯丁首先回答了人们为什么应该信仰上帝的问题。他从上帝创世的简单神话故事推演出玄奥之理。他认为,上帝本身就意味着创造,它从"虚无"中创造出宇宙中的万事万物;上帝是最高的,在它之上没有更高的存在;上帝是无所不能的,人的能力及其他事物的能力,都是借助于上帝而获得的;上帝是永恒的、不变的,其存在不受时空限制,无所不在。他又从上帝造人的传说中推演出所谓的"原罪说"和"救赎论":当人被造时,本来是正直的、善良的,也有自己的自由意志,而且不会犯罪,后来发生了变化,就是因为祖先犯罪,全人类连最小的婴儿在内,都丧失了天良,成了"灭亡之子"。因此,人类对做任何善事都无能为力,以致不能树立做善事的意志。

奥古斯丁又指出,人类靠上帝施恩可以恢复天性,使人有了救赎的希望。这就是说,人之所以能得救,是因上帝恩典而来,人的拯救要全靠上帝。上帝赐予人信仰的意愿,使人对基督怀着盼望和爱心。但是,上帝的救恩并不施予一切人,只给被上帝拣选的人。这种拣选不以被选者身上的任何东西作为前提条件。也就是说,被选者对于自己是否被上帝拣选,完全是被动的,自己的功与过完全不起作用,这就是奥古斯丁的"预定论"。按照奥古斯丁的原罪说与救赎论,人生来就是有罪的,这罪是来自上帝加于人类始祖的罪,而人在救赎中,上帝的旨意是决定一切的,人是无能为力的。奥古斯丁这种把上帝的意志抬高到决定一切、把人的主观意志贬抑到无的原罪说与救赎论,彻底否定了人生的意义、人生的价值和人的主观能力。

奥古斯丁的神学理论,是否定人的神学:既否定人存在的价值,否定人生的现实意义,也否定人的理性思考,而其中又以否定人的理性思考为首要。在13世纪以后,西欧的农业、手工业全面发展,社会财富增多,作为工商业中心的新城市大批涌现,一个新的阶级——市民阶级势力不断壮大。社会的这些变动对天主教正统神学造成了强大的冲击,反天主教会的宗教异端四起,天主教会在13世纪"曾一度处于叛乱的危境之中,按其可怕的程度,并不比公元16世纪时

西方文化概论

的叛乱稍有逊色"。① 天主教会虽然文武兼施平息了异端,但社会进步所造成的冲击依旧存在。一些神学家如爱尔兰的约翰·司各脱公然蔑视奥古斯丁的预定论。他争辩说,理性和启示二者都是真理的来源,因此是不能互相矛盾的。他认为,"权威产生于真正的理性,不是理性产生于权威。没有被理性所确证的权威是软弱的;相反,真正的理性,以其自身的威力为基础,不需要以同权威妥协来确证自己"。②

面对理性的挑战,继续靠盲目信仰难以再维持下去。教会虽一再谴责和处罚理性思考,但终不能将其扼杀。在现实生活中,人们越意识到自我,理性就越生机勃勃。在这种情况下,用具有唯物主义特色、讲究论证,并日益为西欧人所接受的亚里士多德哲学,取代具有神秘主义色彩的柏拉图哲学,来重新阐述天主教教义,是天主教会逐渐看到的一条出路。早在11世纪时期,一些天主教神学家,如意大利人安瑟伦就已经开始了用亚里士多德哲学阐发基督教教义的尝试,被称为第一个经院哲学家。约两个世纪之后,另一位意大利人阿奎那则构筑了一套完整的经院哲学体系,从而将经院哲学推向极致。

阿奎那以经过他"稍加篡改"的亚里士多德哲学为立足点,把对一个个教义问题的论证综合成一个神学大体系,在这个神学体系中,理性占有了一席之地,达到了理性与信仰的统一。对上帝和《圣经》的绝对信仰仍然是阿奎那经院哲学的基石,而人学则是其理论研究的重心,调和信仰与理性的矛盾和冲突是阿奎那人学理论的基本内容。他认为,人的认识能力可分为自然理性能力与信仰能力,自然理性能力可以认识自然世界,获得自然世界的知识,这种知识是实在的知识。但人的自然理性能力达不到超自然领域,不能直接认识上帝,人类如果欲获得超自然的知识与真理,达到对上帝的完全认识,需靠超自然的信仰能力。阿奎那进一步指出,一般的神学问题,如上帝存在问题,人的自然理性能力是可以解决的,而那些更带根本性的神学问题,如三位一体、道成肉身,自然理性能力就不能解决,这就要依靠信仰,依靠神启。阿奎那在处理信仰与理性的矛盾时,强调信仰超越理性,但信仰并不反对理性,信仰与理性不仅可以并存,而且能够携手并进。

阿奎那的国家学说,也表现了对人的重视。把人的性质作为他国家学说立论的出发点,从人性的社会需要出发论证了社会和国家的产生。在他看来,社

---

① (美)罗素.西方哲学史(上).北京:商务印书馆,1998:546
② 杨真.基督教史纲.北京:三联书店,1979:200

第一章　西方文化的孕育

会和国家存在的理由应从人的本性中去寻找。他说,"人天然是个社会的和政治的动物——由于他有许多需要不能单靠自己的力量求得满足,他就不得不过社会生活——这一事实又必然产生另一个事实,即人天生注定要构成一个使他能享受圆满生活的社会的一部分。"①人既然注定要过社会生活,就必须有人把社会组织起来,必须有统一的政治领导,否则社会就会解体。阿奎那指出,社会和国家的职责和目的是获得一种完美的状态,这种状态不是指财富、健康、技能和学问,而是过一种有德行的生活,即"享受上帝的快乐"。对于这种目的的实现,世俗统治者无能为力,要靠上帝的恩赐。世俗权力只能促进社会福利,为人达到至善境界提供某种可能。上帝把实现社会和国家目的的事交给了天主教会,教会是实现这一目的的真正力量。国家权力虽受之于上帝,但必须服从教会,教会高于国家。

四、基督教文化对西方的影响

在基督教主宰西方精神文化的1 000多年间,基督教带给西方的不仅仅是宗教狂热、宗教迫害、宗教战争以及教会与教士的贪婪和腐化,也就是说,基督教给予西方的不仅仅是愚昧与黑暗,同时基督教也自觉或不自觉地造就了近代西方的理性文化与科学文明,成为西方文明与文化不可或缺的重要组成部分。

第一,基督教对西方哲学的影响。

抽象地说,哲学就是"理性(论)化的世界观";通俗地说,哲学就是人对自然、社会及人自身的理性分析。在西方哲学的初期阶段,哲学家们理性分析的对象主要是自然。从苏格拉底开始,社会和人成为哲学家们关注的主要对象。到了近代,自然、社会与人共同成为哲学家们的分析和研究对象。归结起来说,理性分析是哲学的基本特征。

如前所述,产生于希腊罗马理性主义文化背景中的基督教,不能像其他的宗教甚至其母教犹太教那样,仅靠其信仰吸引信徒,扩大其影响力。奥古斯丁将原来存在于《旧约》和《新约》中的一些荒诞不经的神话、传说、奇迹和历史故事纳入一个完整的、符合逻辑的理论体系之中。到11世纪时,用理性论证基督教教义已发展为一门精致的学科——经院哲学,迫于现实的压力,罗马教会也不得不认可了经院哲学的合法性。经院哲学家利用理性的形式,通过抽象、烦琐的辩论方法来论证基督教信仰,使之理论化、系统化和思辨化。经院哲学家

---

① (意)阿奎那.阿奎那政治著作选.北京:商务印书馆,1963:152

· 51 ·

西方文化概论

论证的问题大致包括:上帝是否存在、上帝的属性、对基督的论证、对圣灵的论证等。此外,基督如何完成拯救世人的使命问题、人是否具有某些与上帝相似的本性、教会的性质和特征、圣事的来源性质作用以及救赎、最后审判、世界末日等基督教的基本教义都属于经院哲学家们论证的范畴。

尽管经院哲学家对教义的论证过程极其烦琐,也充满着荒谬,经院哲学因此被后人称为烦琐哲学、荒诞哲学,但经院哲学并非一无是处。如前所述,理性与信仰本是两个完全对立、相互否定的概念,用理性论证信仰注定是一项永远无法完成的任务。正因为所要论证的对象荒诞无稽,经院哲学家为了完成这道天大的难题,挖空心思,劳心费神,在论证方法和论证形式上力求出新,人的理性推理能力被他们发挥到极致,希腊罗马时代相对肤浅的理性思维传统也因此被提升到一个更加精致、更加完善的程度。当这种理性思维方式被应用于非宗教领域时候,西方哲学就迎来了一个前所未有的繁荣时代。

近代西方哲学的形成始于理性与信仰的分离。随着理性思维的日益发达,一些经院哲学家开始意识到理性对信仰的威胁,如苏格兰神学家邓斯·司各脱就主张放弃通过理性证明信仰的努力,因为"用理性思考上帝,那就会陷入不可解决的矛盾",为此,他给神学与哲学规定了不同的研究对象和研究方法:神学研究的对象是上帝及其本身的原则,而哲学研究的对象是世界上的事物;神学只能由信仰者在宗教经验中去体会和解决,而哲学研究的基本方法是通过人的理性推理来认识世界。17世纪的哲学家笛卡尔用更加系统的论述勾画出了一个理性与信仰相互独立的二元化世界体系:物质世界与精神世界互不相干,各有自身的特征与规律,科学家与神学家可互不相扰,各自在自己领域干着自己认为有意义的事。

近代西方哲学的繁荣主要体现为理性对"神学解释"的批判。中世纪时期,神学是唯一的知识来源,基督教神学也因此承担了解释自然现象、社会现象和人自身奥秘的使命。由于受人们认知水平的限制,基督教神学对上述现象的解释主要沿袭了古犹太人的传统观念和希腊罗马思想家相对肤浅的认识。在经院哲学盛行时期,这些荒诞的传说、肤浅的认识也同基督教教义一样成为经院哲学家们分析、论证的对象。当这些具有信仰成分的传说和学说在严密的理性分析面前纷纷原形毕露时,主宰自然、社会和人性发展演变的真正奥秘就成为哲学家们分析、探讨的下一个目标。哥白尼对"地心说"的批判成为近代科学革命的开端,法兰西斯·培根通过对亚里士多德三段论的批判提出了实验归

第一章 西方文化的孕育

纳法应是进行科学研究的基本方法,格老秀斯在批判神学自然法观念的基础上提出了以维护人的自然权利为主要内容的新自然法理论,等等。

第二,基督教与近代科学的形成。

关于基督教与近代科学兴起关系的问题是一直是中外学者探讨的热门话题,学者们的观点归纳起来主要有两种。一是冲突论。即近代科学的发展过程就是同宗教不断斗争的过程。美国思想家怀特在《基督教国家的科学与神学的战争史》一书中指出,科学与神学之间不仅存在冲突,而且存在一场比恺撒或拿破仑式的征战更长期、激烈和顽强的战争,他在书中列举了教士干涉科学的种种蠢行,以证明宗教对科学的干涉既有害于科学,也有害于宗教。二是和谐论。一些研究者指出,近代科学的兴起不仅是人类理性思维高度发达的结果,也有着西方社会在基督教影响下所形成的科学之外的社会价值动因。因为近代科学的显著特点是对具体事实与不以人意志为转移的一般原则之间关系的浓厚兴趣和理性探索,"如果我们没有一种本能的信念,相信事物之中存在着一定的秩序,尤其是相信自然界中存在着秩序,那么,现代科学就不可能存在",而这种相信事物之中一定存在着规律或秩序的所谓本能信念正是基督教提供的。

西方学者关于近代科学与宗教关系的论述往往都有一定的宗教背景,如美国学者德雷伯在《宗教与科学的冲突史》一书中大肆渲染了宗教与科学的对立及教会对科学家的残酷迫害,但他对宗教的攻击仅限于罗马天主教,而对其他宗教派别的科学态度则给予了正面肯定。同样,一些倡导宗教科学和谐论的研究者也表现出了强烈的护教倾向。本书作者认为,对基督教会"神学解释"的批判是促使近代科学兴起和发展的主要原因。因为在天主教会主导下的西欧社会,基督教关于自然、社会及人的"神学解释"对社会生活的各个方面都有着广泛而深刻的影响,随着人们理性思维能力的提高,这些充满谬误与荒诞的"神学解释"不仅首当其冲地成为思想家们的批判目标,而且也激发了思想家们探索事实真相的强烈欲望。

以哥白尼提出日心说为例。公元2世纪,希腊天文学家托勒密总结出一个以地球为中心,日、月、行星和恒星天层均环绕它运行的同心圆宇宙体系(简称"地心说"),因为这种解释所刻画的天文图景比较直观,特别是符合基督教神学家所宣扬的等级宇宙观,因此1 000多年以来,托勒密的学说一直被基督教会奉为权威,并受到普遍推崇。但是自15世纪起,海外探险刺激了航海业的迅速发展,与航海业密切相关的知识因此而受到人们的普遍重视,而托勒密体系必须借助非常烦琐和复杂的计算才能获得与观测天象较吻合的结果,托勒密体系越

西方文化概论

来越不能令人满意。波兰神甫哥白尼对天文学很感兴趣,对托勒密体系的缺陷深有体会,受希腊天文学家阿利斯塔克关于地球围绕太阳转动设想的启发,他开始构思以太阳为静止中心、诸行星包括地球围绕太阳运转的宇宙体系,并试图给予数学上的证明。经过数年的潜心研究,他在《天体运行论》一书中系统地论证了他的日心说理论,但由于受教会的迫害,哥白尼直至临终前才同意公开出版他的这部著作。

人们注意到,哥白尼用于支持他的学说的论据,主要属于数学性质,就其难度而言,恐怕并不亚于托勒密体系。哥白尼在论证日心说时,其主要理论依据是毕达哥拉斯数学和柏拉图的哲学。在哥白尼看来,太阳在自然等级体系中居于最高的地位,它赋予事物以可见性和生命力,既然太阳处于如此显赫的位置,它就不可能围绕着地球旋转,所以,哥白尼更在乎作为理想目标的"完美",而观察只具有从属的地位。也就是说,地球的运动并不是哥白尼观察的结果,而是他所信仰哲学的一个推论。但是,由于哥白尼的观点颠覆了教会关于天文现象的"神学解释",加之航海界对托勒密体系的长期不满,于是哥白尼的"日心说"在欧洲立即产生了轰动:一方面,《天体运行论》出版不久就遭到了罗马天主教会的谴责,并被列入"禁书目录";另一方面,虽然哥白尼的日心说没有严密的科学论据,甚至还带有浓厚的理想和宗教成分,但他的天才预测却为后来的天文学家提供了进一步观察和思考的基础。

再以弗兰西斯·培根提出实验归纳法为例,培根并不是真正的自然科学家,他没有研究过数学,他甚至反对哥白尼的学说,但他却以另外一种方式对近代科学做出了杰出的贡献,这就是他对科学研究方法的探讨。促使他从事这项研究的动因是他对基督教神学所主导的传统学术研究方法的不满:一是学术研究仅仅依赖几本古书,比如,神学家将他们的视野仅局限于《圣经》,人文主义者则将他们几乎全部的研究精力集中在柏拉图、亚里士多德、西塞罗等人的身上。在培根看来,这些古代的哲学、科学并没有穷尽一切人类知识,并没有全部揭示自然的内在规律。这些古代科学不过是"科学的童年",它仅仅适合于古人的狭隘视野。培根因此说道,要是容忍"智力世界的界限"依然停留于古代狭小视野内,那将是人类的耻辱。二是经院哲学所奉行的亚里士多德的三段论演绎方法将学术研究引入歧途,他们过分相信三段论推理方法,"漠视事实与科学,在仅凭观察才能决定的事物上偏信推理","经院哲学家的一般气质,与其说是神秘的,莫如说是烦琐的与好辩的"。

针对传统学术研究中所存在的上述缺陷,培根相应地提出了自己新的知识

第一章 西方文化的孕育

观和方法论,即科学研究的目标和对象应该是大自然这本书,而不是古书,更不是《圣经》,科学研究应该以服务社会、服务人的现实需要为目的,任何超越人的实际感知能力之外的假设和抽象都不应成为科学的研究对象。为此,培根主张进行一次彻底的"智识修正":"我们需要驱除所有内在期望上的思想逻辑轨道,以及所有思想暧昧的荒谬语言。"在确定认识对象的基础上,他进一步指出,"一般说来,要窥探大自然之奥秘,除了实验之外别无其他门径可入",因为"弄清真相,不是从任何特定时代的吉运中达到的。运道变幻不定,而只有依赖自然和经验之光,那是永恒的。"所以,在科学研究领域,应当坚决排斥在神学研究领域中流行的亚里士多德的三段论演绎方法和那种求助于假设或奇迹的"魔术"。

第三,基督教与西方的教育。

在基督教会形成的初期,为了向新教徒宣传基督教的教义,各级教会曾兴办了许多教义问答学校。在这些学校中,除教授基督教教义外,还借鉴希腊、罗马的学校教育模式,开设了文法、逻辑、几何、天文和哲学等科目。而早期更多的教会学校——主教学校则是为了满足培养牧师、教育年轻人和训练唱诗班儿童这三种需要建立的。由于教徒要定期到教堂做礼拜,形成了一种包括讲道、教学和唱歌的礼拜仪式,于是主教就接收一些青年男子,教以礼拜仪式的各种基本要领;当音乐成为教堂礼拜中一个重要部分后,儿童唱诗班就为礼拜仪式所必需的了;当主教辖区内建立了许多分属教堂后,必须培养牧师到那里服务,于是主教教堂成为一个忙碌的教育活动中心。最后,每一种教育活动都发展成为在主教监督下的一个单独的学校:教给儿童学习及宗教基本功的文法学校;为边远教堂的牧师或其他神职人员培养年轻助手的神学校;训练唱诗班儿童的歌唱学校。

教会办教育并不是因为教育本身是好的,而是教会发现,不给信徒特别是不给教士以学习圣经和履行宗教职责所要求的那种文化,教会就不能做好自己高尚的工作。这样一来,教会学校就成为基督教会向儿童或新教徒普及和宣传基督教教义的一种重要工具,后来教会当局进一步要求所有的儿童都必须到教会学校中接受宗教训练。比如,在381年召开的康斯坦丁堡宗教会议就要求各级教会在人口中心设立学校,免费教育儿童,从而开创了西方义务教育的先河。但是,在西罗马帝国崩溃前后的极度动乱时期,像学校这样耗费大,又缺乏自卫能力的机构,不可避免地遭受损害,原先由罗马政府兴办的公立学校几乎都消失了;而教会也因自身地位不稳无力再大量兴办教会学校了,仅存的少数教会学校只办在修道院里,主要培养神职人员,教会中教士和修士因此成为当时惟

西方文化概论

一有文化的阶层。从法兰克人征服高卢至8世纪中叶,是西欧教育的低潮期。

随着基督教再次在查理曼帝国获得国教的地位,教会学校也开始复兴,同时,教会的教育思想也发生了很大的变化,早些时候教会对兴办学校存在着矛盾心态,一方面想利用学校传播和宣扬基督教教义,另一方面又担心知识破坏信仰,当倡导以理性论证信仰的经院哲学成为主流地位的神学思想之后,教会对理性、知识的排斥心态已成为过去,转而大力兴办学校,并将学校教育视为教会的垄断权力之一。到了12世纪,作为教会基本职责之一的普及教育的思想在教会法中也得到明确承认,1189年召开的第三次拉持兰宗教会议,不但为教士也为贫穷的学生做出了免费受教育的规定。"因为上帝的教会像慈母一样,有义务为贫困的人既提供与保养身体有关的必需品,也提供有益于灵魂的必需品,使不能得到父母财产帮助的穷人,不会被剥夺读书和深造的机会,每个大教堂都将把充足的俸禄给予教师,他将免费教同一个教会的职员和贫穷的学生,这样,既解脱了教师的困难,也为学习者打开了学习之门。"[①]

11~12世纪,工商业城市在西欧各地大量出现,由于市民阶层对学习实用知识的强烈渴望,城市中学校的数量迅速增加,并逐渐在中世纪的教育和学术领域占据了主导地位。这些新建立的城市学校与过去的主教学校没有什么两样,比如,所有的学校都由教会的牧师管理,学校的课程设置也紧密地遵循既定的传统。在越来越繁荣的城市里,随着各种教会学校及其学生人数日益增加,学校中的教师或学生逐渐成立了他们的团体组织,这种组织发展到顶点就是大学的出现,中世纪最著名的两所大学——意大利的波隆那大学和法国的巴黎大学就分别是在学生行会和教师行会的基础上建立的。中世纪大学的兴起,改变了西方教育制度,形成了主宰西方文化的专业知识分子阶层,造就了一批把基督教带进理性之海的哲学、神学家,也培养了一批管理教会和国家的行政人员和律师。特别是,它塑造了欧洲人说理论辩的思维习惯,形成了西方不朽的学术传统。

在中世纪大学的形成过程中,天主教会发挥了难以替代的作用和影响:其一,从中世纪大学产生的依据或途径看,绝大多数学校都是根据教皇的训令而创办,或者拥有教皇颁发的特许状,这些大学把获得教皇、教会的支持作为取得社会承认、民众认同、保护自己权力和地位的主要途径,天主教会也因此成为这些大学成立的最初审批机构和早期的庇护机关。其二,中世纪的大学相当一部

---

① 转引自网络文章:邓兴友著《人类主义教育原理》

第一章 西方文化的孕育

分是直接从教堂学校、主教学校或教会的其他学校发展而来的,巴黎大学就是这方面的典型。从巴黎大学建校史中我们看到,它至少是由三所教会学校发展而来的,一所是巴黎圣母院的大教堂学校,另两所分别是圣·根尼威夫教会学校和圣·威克多教会的学校。这些大学起初是作为中世纪的"行会""基尔特",甚至是作为宗教社团被教皇特许的,后来在中世纪社会的组织、政治精神、学术方面发挥了重要作用。其二,在中世纪大学的产生和发展过程中,许多大学的确立、巩固直到成名与基督教著名的神甫、修道士、传教士在学校的讲学和其他活动是分不开的。比如,波隆那大学的成名与修道僧格拉蒂安不无关系,在格拉蒂安来到波隆那之前,该大学默默无闻,自从格拉蒂安在 1140 年前后写下他的重要论文《原理》,全面论述新教会法以后,波隆那大学不仅成为全欧民法教育的伟大中心,而且成为教会法教育的伟大中心。

正如现代学者克里斯托弗·道森所说,"事实上,大学的创建和新兴宗教教会的形成,同样构成了中世纪教廷为基督教文明的智慧组织所做的意义深远的设计,并成为历史上规模恢弘的文化规划的最杰出例证之一,这已是毫无疑问了。"①

第五节 中世纪城市的商业文化

自古以来,城市就在世界各文明民族中普遍存在。统治者把其居住地变成政治中心、军事中心和文化中心,这类居住地就很自然地成为城市了,如我国殷商之大邑商,周之镐京、洛邑,古埃及之底比斯城,古巴比伦之巴比伦城等等。希腊罗马时代也出现了一大批著名的城市,如雅典、斯马达、科林斯、罗马、迦太基等,这些城市都曾经是独立的政治经济实体或共同体。但 11~12 世纪在西欧大量涌现的商业城市与此前其他文明地区存在过的城市有着明显的差异,具体来说,中世纪西欧商业城市市民那种重商逐利、为了利润和货币奋斗不已的冲动以及为此进行 系列制度创新的合理化行动的精神,是此前其他时代或其他地区的城市所没有的,而正是这样一种冲动与精神才造就了西欧独特的商业文化,也造就了近代的资本主义文化。正如一位近代学者在谈到中世纪西欧商业城市兴起的运动时所说:"这项运动是一个经济革命;我认为它比任何后来的革命更为重要,甚至也比文艺复兴运动和印刷术的文明和罗盘针的发现,或比

---

① (英)克里斯托弗·道森. 宗教与西方文化的兴起. 成都:四川人民出版社,1989:227

西方文化概论

19世纪的革命和由此而产生的所有产业上的革命更为重要。因为这些后来的革命,只是12到13世纪伟大的经济社会转化的从属后果而已。"①

一、中世纪城市的兴起

中世纪西欧商业城市的形成带有一定的戏剧色彩。西罗马帝国崩溃以后,西欧一片混乱,战火纷飞,灾荒遍地,古代文明的崩溃伴之以巨大的阵痛与灾难。在罗马废墟上建立的各日耳曼王国尚处于不发达的农业社会,贸易衰落,城市萎缩,农业活动压倒商业活动,消费经济代替了交换经济,白银取代黄金成为流通的货币,昔日的海港杂草丛生,城堡代替城市成为政治中心。加之8~9世纪,伊斯兰势力大举入侵西欧(697年阿拉伯人征服了迦太基,711年征服了西班牙,接着他们以此为基地,经常进入西西里、法国和意大利的沿海),使整个西欧和地中海地区基督徒的商业大受打击。自8世纪开始,西欧的商业陷入了极度的衰落之中,真正的商业实际上已经不存在了,商品交换和流动降至最低点,商人作为一个阶层已经消失,而依靠商人经营活动而存在的城市亦衰竭了。土地收入成了唯一的收入,所有的阶层,无论高低贵贱,均同土地发生着关系。

从9世纪开始,西欧的商业开始复苏。不仅如此,许许多多以商业贸易为核心产业的新型城市如雨后春笋般出现在西欧地区(最先出现的商业城市是威尼斯)。据马基雅维里的《佛罗伦萨史》记载,早在古罗马帝国崩溃时期,匈奴王阿提拉围攻阿奎莱雅,当地居民在进行长期抵抗之后认为自己的安全已无保障,就携带一切动产,逃到坐落在亚得里亚海(现名威尼斯海)顶端的几个无人居住的岩礁上避难,"这些人就是这样受危急处境所逼,离开条件很好的肥沃地区,住到了这个贫瘠的无益的地方。不过,由于大批人聚集在这个比较狭小的地区,在很短的时间内,就把这一带地方弄得不但可以居住,而且还很可爱。他们制定自己的法律和有用的规章制度。在意大利遭受蹂躏破坏的时候,这个地方的人却享受着安居乐业的生活"。②威尼斯人安居乐业的生活主要是拜商业所赐,虽然其资源贫乏,但航海却很方便,只有从事海上贸易才能够生存,并过上了富足的生活。

后来随着伦巴第人入侵、阿拉伯人兴起等一系列历史事件,地中海西岸与北岸相继丢失,但威尼斯人却因特殊的理环境而免于劫难。当查理曼帝国统治

---

① (美)汤普逊.中世纪经济社会史(下).北京:商务印书馆,1997:407
② (意)马基雅维里.佛罗伦萨史.北京:商务印书馆,1999:39-40

· 58 ·

第一章 西方文化的孕育

西欧时,威尼斯因和东罗马帝国(后期称为拜占庭帝国)的特殊关系,免于臣服于查理曼帝国,同时又由于它地处西欧,也得以置身于东罗马帝国的控制之外,威尼斯因此在两大帝国的对峙中巧妙地保持了独立自由的地位。威尼斯商业精神的兴盛也同它与东罗马帝国的密切联系有关,因为东罗马帝国是古代文明的直接延续,有较强的理性精神与经商意识,也有完备的商业组织和法律,这些可以使威尼斯在很高的起点上从事商业活动。而同一时期的西欧其他国家则主要受封建的精神支配,自然经济,自给自足,同商业精神相去甚远。

威尼斯商人最初主要从事与东罗马帝国的贸易。根据威尼斯与东罗马帝国于715年签订的一份通商条约,威尼斯的商人只要缴付正式批准的通行税,就可以在帝国各城市享有贸易自由。992年,东罗马帝国皇帝巴锡尔二世曾赐给威尼斯商人特权,使他们几乎垄断了君士坦丁堡与小亚细亚港口向西方运输的贸易。此外,为了报答威尼斯帮助帝国运输军队,皇帝还准许威尼斯商船缴付低于其他船只所付的港口税,威尼斯的船只因此频繁往来于希腊、小亚细亚和黑海的港口之间。而东罗马帝国坐落在欧亚两洲交界处,本身就是连接欧亚的大市场,因此威尼斯与东罗马帝国之间日趋繁荣的贸易就逐步升级为东西方之间的国际贸易。随着威尼斯海上帝国地位的确立,以经营瓷器、茶叶、丝绸、香料为主的东西贸易逐渐被威尼斯商人垄断。

威尼斯的迅速崛起对周边的相关地区产生了积极的示范作用。意大利本来就是西欧最少封建化的国家,又处地中海的要冲,从希腊时代起就是各地商品的重要集散地,在威尼斯的带动下,意大利地中海沿岸地区先后兴起了一大批从事国际贸易的商业城市,如米兰、热那亚、比萨、佛罗伦萨等。此外,同处于地中海沿岸的法国城市马赛、西班牙城市巴塞罗那也成为从事国际贸易的著名商业城市,中时期西欧地区的第一个商业城市群便首先出现在地中海北部沿岸地区。这些新兴起的商业城市,一方面积极参与东方的贸易,与威尼斯竞争;另一方面为了贸易,逐渐建立强大的商船队与海军,终于打败阿拉伯人,夺回了失控多年的地中海制海权。

中世纪时期西欧地区的第二个商业城市群出现在大西洋沿岸的佛兰德斯和尼德兰地区(即今天的法国北部、比利时和荷兰),与意大利商业城市大多因国际贸易兴起而不同,这一地区的商业城市主要是由乡村集市发展演变而成的。这一地区是中世纪封建化最典型的地区,以农奴劳动为主体的庄园经济占据绝对主导地位,庄园经济的最突出特点就是自给自足,但这种自给自足的经济是不可能长久维持的。一个庄园,不管范围有多大,有多少农奴,有多少工

西方文化概论

匠,也很难使每件物品都靠农奴和工匠生产出来,最明显的是盐和铁等物品,是生产和生活中不可缺少的,但由于自然条件的限制,不可能每个庄园都有盐井和铁矿,甚至并不是每个庄园都适宜种植葡萄和酿造美味的葡萄酒,这样,进行商品交换的集市的出现,就成了一种必然。但问题是,贸易集市在各个时代、各个地区普遍存在,而为何唯独出现在佛兰德斯和尼德兰地区的集市最终演变为独具特色的商业城市?这个问题的答案恐怕只有从日耳曼的社会习俗和社会制度中去寻找了。

长子继承制是中世纪时期西欧封建土地所有制下的一种财产继承制度,即封建主死后,他的所有地产由其最大的儿子一人继承,这种继承制度的目的在于确保地产的继承者继续向封主尽服军役的义务。"从封土的性质来说,它要求完整地继承下去。因为受封土是以一定的义务,尤其是军役义务为条件的……如果封土在几个继承人之间分割,则定会影响义务的实现。所以,封土不宜分割"。[1] 虽然长子继承制只是西欧封建制度的附属产物,但它却对此后西欧社会的历史演变产生了不容忽视的影响,西欧中世纪时期出现的许多重大事件,如城市运动、拓殖运动、十字军东征及殖民扩张等,均与西欧社会普遍实行长子继承制度有着一定的内在联系。

长子继承制对西欧社会所产生的最明显、最突出的影响是,大批人口(主要是农民家庭中没有财产继承权的诸子们)不断地从庄园中被排斥出来,"这些可怜的诸子们如何生活,实在是一大问题。其中少部分人可以进修道院或教堂担任圣职。但是农民,特别是农奴的儿子如果要进入教士行列,那是要付一大笔款的,一般人筹措不出,所以这条路只适合于少数人或极少数人。还有一条路就是到军队中。农奴不能当兵,不是骑士,到军中只能做些杂役、辎重运输或服侍骑士等,更多的是变成四处流浪、找寻工作的短工,农忙时节可以找到一些工作,其他时间则难以维生"。[2]

在西欧封建制度之下,这些没有继承权的农民子弟既不能在庄园中继续生活下去,也不能自行开垦庄园周围的森林、荒地或沼泽。因为在封建时代的西欧,并"没有无领主的土地",森林、沼泽也不例外,没有封建主的同意,连人身自由都没有的农奴子弟既没有财力也没有胆量在领主的土地上自行开荒耕种,大量的农民子弟只能沦为流浪汉。随着无业流浪汉人数的不断增加,对农奴负有

---

[1] 马克垚.西欧封建经济形态研究.北京:中国文库出版社,2009:10
[2] 马克垚.西欧封建经济形态研究.北京:中国文库出版社,2009:223

第一章 西方文化的孕育

保护职责的封建主不得不重视无财产继承权的农奴子弟的生计问题,解决问题的途径主要有三个:一是封建主允许农奴的份地由农奴诸子分割继承,这一做法在法国及西欧南部地区较流行;二是封建主在其城堡周围、教堂附近及桥梁渡口等交通要道开设集市,允许农奴子弟在此经商务工,这一做法在低地国家比较普遍,这些集市就是后来商业城市的雏形;三是封建主在森林沼泽之中或边疆地带开辟新的庄园或城镇,即新市镇,吸引农奴子弟来此开荒种田,从事贸易,英国及德意志地区大多采用这一做法,这些新市镇的中心区也逐渐演变为城市。

意大利商业城市的兴起也在无意间促成了这些地方性集市或新市镇向商业城市的转变,因为意大利城市所经营的东方贸易商品必须要通过一个庞大的分销网络才能够到达最终消费者的手中,而西欧封建主们主要为缓解人口压力而兴建的这些小集市或小市镇则适时地充当了意大利商业城市分销网络的作用,于是一些城市沿着联系最早的商业活动中心的横断道路建立起来,其中尼德兰城市的分布最为典型。10世纪,最早的城市开始在海边或默兹河、埃斯科河沿岸建立,12世纪时两条大河之间的道路旁也出现城市,因此,一幅着重标出商路的欧洲地图会与一幅着重标出城市的欧洲地图大致相吻合。这一地区的主要商业城市有布鲁日、根特、安特卫普、阿姆斯特丹等。

中世纪时期西欧地区的第三个商业城市群出现在波罗的海沿岸的德意志地区。德意志城市的形成始于11世纪,1250年神圣罗马帝国分裂为数以千计的诸侯小国,其中许多诸侯国就是拥有政治自主权的自由城市,这些自由城市为了发展贸易先后结成为城市同盟,如莱茵同盟、士瓦本同盟和汉萨同盟,其中以汉萨同盟最为显赫。以德意志城市吕贝克和汉堡为核心的汉萨同盟始于1230年左右,到14世纪时,这个组织到了它的全盛时期,入盟城市超过70个,几乎囊括了沿北海和波罗的海沿岸的所有德意志港口城市。酒、粮食、木材、毛皮、鱼类、矿石和金属品是这一地区城市贸易的主要商品,他们有时还把北欧的毛皮、鱼和海象牙带到黑海口岸,带到基辅、诺夫哥罗德出售,换取东方的丝绸、糖、香料、碧玉、化妆品及各种奢侈品。特别是诺夫哥罗德扼商路之要冲,地位几与西欧的威尼斯相近。

二、中世纪城市的自治运动

与东方其他地区相比,西欧城市最突出的特点是自由。

按照当时的惯例,在城市中从事工商业的农奴子弟仍然是农奴身份,但他

西方文化概论

们却不是真正的农奴,因为他们并不耕种领主的土地,自然也就不需要向领主交纳地租,尽管他们仍需向领主尽一定的义务,但他们毕竟与真正的农奴有区别。这样,自然而然地就出现了早期城市居民的模糊身份,他们既不是农奴,也不是自由民。如果说第一批兴建集市或城市的人的农奴身份和依附关系还比较清晰的话,随着越来越多身份不明的商人和手工业者移居到城市,城市市民原先的身份和依附关系更加模糊,城市市民就理所当然地成为不依附于任何人的自由人。后来,城市管理当局干脆规定,任何人,不论其以前是否为农奴,只要在城市居住满一年零一天,即可获得市民所享有的自由权利。所以从西欧封建制度建立的那一天起,就有相当数量的人被置身于这一体制之外,成为中世纪时期西欧社会体制外异己力量的主要成分。①

城市市民早期的模糊身份之所以能够演变为市民的自由特权,与西欧各国独特的民情传统和当时特殊的历史环境有着非常密切的联系。独特的民情传统主要体现为"自由"的传统,西方人的自由观念起源于希腊,并在希腊罗马的政治制度中得到了充分的体现,"意大利的城市居民截至11世纪末,还有足够的古典知识和法律训练,使他们设想自己是罗马人的缩影"。② 欧洲的新主人——日耳曼人也有着同样的"自由"传统,习惯法在日耳曼各民族中有着非常大的影响力,直到近代,习惯法仍然对西欧社会的各个阶层有强大的约束力,而日耳曼人所享有的自由权利大多包含在这些不成文的习惯法中。就市民自由权利的形成而论,西方古典时期的"自由"传统和日耳曼人传统的"权利"观念是城市市民积极争取自由权利的思想基础,也是封建主从最初默认到最终认可市民自由权利的文化基础,如果缺乏这种独特的文化背景,城市市民获得自由权利的事实是难以想象的。

独特的历史环境是指,西欧封建主兴办集市或城市的动机是以安置"富余"人口为主,获利次之。最初的城市基本上是贫民的天下,是农奴的天下,大多数封建主对城市内部事务采取的是放任自流的态度,除少数教会城市外,西北欧地区的大多数世俗贵族们既不在城市居住,也不任命官员来管理城市,封建领主在其领地内所享有的各种特权均没有引入城市,封建主只是形式上享有城市的宗主权。集市或城市的规章制度由市民们自主制定,集市或城市各种民事纠纷由所谓的"泥腿子法庭"自行审理。尽管封建主的庄园内仍然实行的是不自

---

① 厉以宁.资本主义的起源.北京:商务印书馆,2003:44
② 厉以宁.资本主义的起源.北京:商务印书馆,2003:78

第一章 西方文化的孕育

由的人身依附制,但他们却能够"容忍集市平等原则的存在,而且还采取种种保护措施以维持集市平等原则的实现"。① 正是由于以上原因,当城市制定法规赋予市民自由权利的时候,封建主大多予以默认。

具体来说,中世纪商业城市的自由主要包括:

第一,人身自由。农奴如果在城市住满一年零一天,即取得自由的身份,成为自由的市民,其过去的主人不能将其追回。人身自由的取得意味着市民的安全基本上得到保障,一些城市的特权证书上说明市民不得被任意传唤出庭,不得被强制逮捕,审讯之前不得监禁,在城市之外不受审判等。

第二,土地自由。所谓土地自由,就是城市领有土地的条件是自由的,领有者只向原领主交纳一定数额的货币地租,不与领主发生人身依附关系,不向领主负担沉重的劳役及其他劳役。土地自由意味着市民能够自由处分土地而不受干涉,他们可以出售、转让和抵押土地,也可以将土地转租出去,当然更可以继承。

第三,司法自由。表现为市民犯法领主不能干涉,只能由城市自己的法庭来处理,城市法庭是有别于庄园法庭及郡法庭的另一类法庭,法庭的主持者由市民选举产生,一般只有初级的民事审判权,法庭适用的法律是城市法,由城市习惯汇集而成,涉及城市生活的方方面面,如婚姻、继承、债务、抵押、借贷等。

第四,财政自由。城市与其领主达成的协议规定,每年向领主交纳一笔固定款项,以取代领主到城市征收各种捐税的权利,如市场税、法庭罚金、城市禁用权、产品专卖权等。一旦交纳了款项,领主便不能到市场任意收税,也不能主持城市法庭以收取罚金。

第五,贸易自由。城市的自由贸易特权一般也在特许状中得到承认,如定期举行市场或集市贸易、市民经商免交市场税等。

自治是中世纪商业城市自由权最突出的体现,自治权也是城市自由得以实现的根本保障,一般来说,城市自治权多以封建贵族或国王给城市颁布特许状的方式获得。这种特许状对于城市与封建贵族或国王而言带有契约性质,类似于王权不能随便侵犯封建贵族特权一样,贵族或国王对市民一旦特许之后也不能随便违反诺言,侵犯市民的权利。对于城市而言,这种特许状就是城市实行自治的宪法,对所有市民均具有约束力。特许状文本往往被放置于市政厅的档案柜内,外加了把锁,有时甚至镌刻在市政厅或教堂的墙壁上。如1111年亨利

---

① 厉以宁.资本主义的起源.北京:商务印书馆,2003:73

西方文化概论

五世所赐的"斯拜尔特权"宪章,曾以金字写在大礼拜堂的大门上。1135年,大主教阿达尔柏持所赐的马因斯宪章也是这样刻的。1198年的蒙德里马宪章则镌刻在市政厅墙壁上。一般而言,有远见的封建主看到属地商业繁荣对己有利,也会同意城市自治;没有远见的在大势推动下也不得不逐渐让步。在德国,当一个城市从国王或封建主那里获得某种特许状,其他城市会纷纷仿效:香槟的威廉"在1189年赐给波蒙居民一项著名的宪章,曾有很多地方加以模仿","波蒙的法律和布勒持厄的习惯法,是这样的出名,以致可以找出各有300多个模仿的例子"。

但是,随着城市的壮大,一些封建主为了获取更多的经济利益,滥用领主权,市民的自由权利不断受到侵害;同时,经济实力日渐强大的城市市民已不满足于特许状所认可的"自由"范畴,他们要求享有更多的自由权利,封建主与城市市民之间的冲突越来越多,越来越激烈,于是从12世纪开始,西欧商业城市掀起了轰轰烈烈的城市自治运动。最早的城市自治斗争出现在意大利的伦巴第地区,斗争最激烈的是法国的部分城市,如琅城、拉昂、图尔、康布雷城等,斗争的结果是一些城市相继成立了"公社"。但西欧大多数城市的"自治"过程并没有出现多少惊心动魄的斗争场面,而是在激烈的讨价还价与相互妥协中实现的。如英国城市通常是向国王交纳一定数额的固定款项,以换取国王赐予城市特许证书,给予一些权利,如经济管理权、司法权等。理查一世时期由于参加十字军远征需大量金钱,遂大量出卖城市自治的特许令,给各城市以自选市长的权利,到1377年,英国的自治城市已达42个,市民人口约占全国人口10%。

大多数西欧封建主在面对城市的自治要求时之所以选择适度的让步和妥协,一方面是迫于"城市自治"的大趋势,"封建主们不甘心自愿退出对城市的统治,但城市却不顾封建主的暴力,一直进行斗争"而且在少数城市反复出现惨烈场面,这极大地震撼了西欧的大小封建主,为了避免这种大规模流血冲突的再现,适度妥协就成为大多数封建主们最明智的选择;另一方面,斗争双方对"市民应享有自由权利"这一基本原则并无根本的分歧,斗争的焦点主要集中在对自由权利的范围界定上,所以容易达成妥协。正如一些研究者所指出的,"城市的自由不仅仅是封建的结果,也许日耳曼人的自由传统在其中发挥着巨大的作用"。[①] 也就是说,中世纪西方城市在早期所形成的自由和自治传统是城市市民进一步开展自治斗争和大多数封建主最终能够以和平方式赋予城市自治权力

---

① 黄春高.精粹世界史—西欧封建社会.北京:中国青年出版社,1999:302

第一章 西方文化的孕育

的思想基础和文化渊源。

三、中世纪城市的商业制度创新

城市与贸易是人类社会发展的必然产物,并不为西方社会所独有,但中世纪西欧商业城市在社会管理和经济贸易活动的制度创新或体制创新方面所取得的显著成就却是独一无二的,源自于商业城市的新体制或新制度对西方文化的形成产生了深远的影响。

前面我们已经提到,通过封建领主或国王给城市颁发特许状,中世纪时期西欧各国的商业城市均获得了不同程度的自由和自治权力。为了行使这种自由或自治权利,市民阶级建立了自治政府,制定法律法令,把人类头脑中所可能想象出的各种制度几乎都试行了一遍。这些制度形式多样,纷繁复杂,所体现的无非是广大市民作为城市公民自己参与城市管理的精神。一方面,为了方便行政管理机器有效运转,权力必须有一定的集中度。执政者可能是选举产生的市长、统领、执政、旗手、参事;也可能是某个团体或机构,如行政院、元老院、议会等;也可能是它们的结合。另一方面,集中也不能过了头,对掌权者必须进行监督、制约和分权。于是出现任期制、多元首制、直接选举或间接选举制、轮流任职制、抽签制等等。另外还有法院、税局、财政局、民兵队、领事馆等。相对于政治统治和社会管理方面的体制创新,西欧商业城市在经济和贸易制度方面的创新对后世的影响更大些,这种制度主要体现在以下四个方面:

第一,银行和信用制度的出现。银行金融、信用制度是现代经济的强大杠杆与工具,没有银行与信用,现代化运动是不可想象的,这样一种举足轻重的制度与机构,可以说直接从中世纪后期城市脱胎而来。古代的西方与东方都有银行,但距近代的银行制度相去甚远。古代银行主要承担储存、支付和发行货币的功能,这种业务在东方国家银行的信用转移是以存款人在银行有存款为前提的,中世纪银行也吸存资金和放贷,但都用于军事目的或消费目的,如供给王公们打仗,这种贷款往往以获得政治特权或经济特权为报酬。中世纪银行业发展的主要障碍来自于基督教的传统观念。按照这种观念,借款收取利息是一种罪过,应当禁止,这种观念在中世纪的西方社会不是仅仅停留在思想或观念层面,而且体现在世俗的法令中,借款收取利息被严令禁止。为此,早期的银行只好用一些变通的办法来收取利息,例如,以超期罚款的形式支付利息,或把利息说成工资或酬金,或以出售收租权等形式收取利息。

在 13 世纪以后,由于商业活动的迅速发展,贷款的运用额日益巨大,以至

西方文化概论

于人们最终公开要求获取利息,再也不用处心积虑地掩饰了。高利贷禁令被突破以后,银行可以理直气壮地放贷收息,但它不满足于此,而把主要注意力放在投资而不是纯粹收息上,在这方面,意大利各商业城市走在最前面,因为意大利是中世纪最早的商业民族,市民经济最发达,它率先创立大型金融商号,以"发展世界性商品贸易,同时发展世界性银行业务"。佛罗伦萨以组织完善的机构在整个欧洲扩展银行业务,与商业贸易齐头并进,它的羊毛业、呢绒业的发展很大程度上与银行业提供的强大支持有关。银行业的发展带来信用的发展。过去商人出行需携带相当数量的货币,很不方便,且兵荒马乱,极不安全,只好雇佣卫队保护。

后来人们在实践中渐渐发现,许多情况下用活支汇信或汇票更为方便,而不必把现金运来运去。虽说这在市场经济日益发展的情况下是顺理成章的事,但在人类的经济发展史上却是一种革命性的步骤,甚至可以是欧洲经济史上最重大的事件之一。从此一纸票据代替了现金的周转流通,有订货用的应付票据,有在应付款地区支取现金的普通票据,有在指定地区的应付票据,或在指定时间到期的即期支票。这些票据的出现为商品流通、货币交换与贸易往来提供了极大的方便。

第二,股份公司的出现。股份公司产生于商品贸易、市场活动中的合作,最初其形式很简单,如一个商人把自己的一些商品委托给小贩或出海旅行者,让他们去集市或异国出卖,所得利润双方平分。后来一些商人在从事某项贸易活动时,往往与生产者联合出资,全部投资划分成若干股份,利润根据股份多少按股息形式分配,这种形式广泛运用在航海贸易中。起初合伙人须承担无限责任,后逐渐演变为有限责任,只对那一部分负责。12世纪末,这种带有信托形式的合伙制成为更普遍的契约形式,代理商的权力相应增多。对外贸易的参与者也扩展到那些资金相对较少的人,人们不再把钱财藏之于密室而是用于商业投资和股份公司,庞大而组织完善的大公司应运而生。

相对于银行和信用制度的创新,股份公司的创新更伟大一些。这样一种新的经济形式便于集资,即把很多人的闲散资金集中到一起,形成拳头,能够干许多分散的单个人无法干成的事。由于实行股东之间风险共担,商业活动的风险性被大大降低。此外,股份公司还强化了资金、人力的交往与联系,对投资收益、利润关系、权利与责任做出合理安排,通过在市场上出售与转让股权,资金、资源实现了最优的配置,从而极大增强参股者的积极性与主动性,增强企业的活力与竞争力,推动经济以日新月异的面貌蓬勃发展。正因为上述原因,股份

第一章 西方文化的孕育

制通行至今经久不衰,构成现代企业制度的基本形式。

第三,保险业的出现。贸易活动,特别是海外贸易中存在的巨大风险,一方面催生了股份制公司的出现,同时也催生了保险业的形成。12~13世纪佛兰德斯地区的商业城市布鲁日就出现了某些为货物保险的活动,1310年曾成立了一家特许公司,专门出售商品海运保险和其他保险,这种保险减少了商品贸易的风险,因此很受欢迎。1318年在意大利城市比萨、1375年在葡萄牙都有海运保险存在。15世纪热那亚商人在布鲁日成立了一个正规保险公司,英国第一个保险机构成立于1601年。保险业的形成与完善,不仅推动新兴城市商品经济的发展,而且像金融信用与股份制一样,成为现代经济的基石。

第四,会计、统计制度的出现。过去家庭是从事商业贸易活动的基本单位,家庭支出与资本交易搅和在一起,记账只能是一笔糊涂账,城市经济兴起以后,原有的家庭经济形式已不能适应需要,而出现合伙制、委托制乃至股份制,账目越来越复杂,对收入支出记账的精度要求也越来越高,终于导致复式簿记的诞生。所谓复式簿记,是一种同时把握总账与分账、借方与贷方、收入与支出两方面平衡的记账方法,其特点是对每一经济事项同时做出相对应的两笔记录,同时按会计科目体系建立账户体系。从历史上看,复式簿记最初产生于12、13世纪的意大利北部,复式簿记的最早实例是热那亚财务官的记账簿,现存佛罗伦萨拉乌莱芝纳图书馆的14世纪初银行账户已注意从借贷双方的角度记账,虽然是很初步的。卢卡、帕乔利于1494年出版的《数学大全》一书中,论述了簿记在经营管理中的必要性,揭示借贷复式账法的基本方程式,即一人所有财物等于其人所有权总值。这个公式是后来一切借贷平衡公式的鼻祖,被西方会计学者奉为基本原则。复式簿记使市民经济的发展长上了翅膀,市场经济的蓬勃发展,资本主义的诞生乃至现代经济都与之密切相关。

统计学的兴起是经济技术创新的另一种体现。著名的中世纪史专家汤普逊指出,像威尼斯、热那亚、佛罗伦萨这样的意大利工商业城市,很自然地成为统计学文献的发祥地。14世纪的佛罗伦萨历史学家乔瓦尼·维拉尼曾对当时政府收入和行政管理支出及人口资料作过统计:1343年,政府收入为604 850金佛罗林,其中食物入城税90 200,酒税58 300,盐税14 450,契约登记费11 000,屠宰税15 000,城市周边居民所交各项费30万等等。行政支出则包括市长薪金、政府其他官员薪金、大使、公共场所开支、送信费和间谍费等。全部能上阵打仗的男子2.5万人,其中1 500人是贵族。全城人口总数为9万人,每年出生5 800人,有6所小学、4所中学,还有57座教堂、24所女修道院、10所男修

西方文化概论

道院、30所医院,羊毛工场超过200个。

事实上,佛罗伦萨的各种清单几乎每隔10年就重制一遍,并系统编排,制成表格。威尼斯最出色的历史学家马兰诺·萨努多1423年的统计资料与乔瓦尼·与维拉尼的统计同样出色。欧洲其他国家对统计学的重视比意大利晚些,但日趋重视是个普遍的现象。"时至1500年,欧洲的每一位大使都在尽一切可能地寻求有关驻在国的财政情报和其他统计资料,这已成为日常工作。各国政府如饥似渴地寻求这种统计知识"。[1]

---

[1] (美)汤普逊.中世纪晚期经济社会史.北京:商务印书馆,1997:631

第二章 西方文化的形成

第一节 近代西方社会的文化转型

所谓近代西方社会的文化转型,是指从基督教的宗教文化向世俗的理性主义文化的转变。在中世纪时期,天主教是所有西欧国家中唯一合法的宗教,所有的居民都是天主教徒,宗教已经渗透到普通百姓的日常生活中,无论是生老病死还是婚丧嫁娶,都要履行繁琐的宗教仪式,超过三分之一的人在修道院中度过了他们的青少年时代甚至终生。神学是人们思考问题的前提和基本出发点;所有的讨论,无论是关乎社会的还是关乎自然的,都是在神学的名义下进行的;所有的创新,无论是思想创新还是技术创新,都是以神学的形式展开的;所有的改革,无论是宗教改革还是政治改革,都是以纯洁宗教信仰相号召。但自14世纪开始,教会、教士甚至基督教的教义受到了社会各界越来越多的批判和质疑,这种批判和质疑逐渐发展为声势浩大的文艺复兴运动、宗教改革运动和启蒙运动。经过4个世纪的持续冲击,曾经是中世纪时期西方社会主流意识形态的基督教宗教文化开始没落,而在批判和否定基督教宗教文化中崛起的理性主义文化则成为近代西方文化的主流形态,西方文化由此实现了从宗教文化向世俗文化的全面转型。

一、教会统治的腐败

基督教会原本是教徒的一个自发组织,教会的日常开支主要依靠教徒的自愿捐赠。但随着基督教成为罗马帝国的国教和中世纪时期教权的鼎盛,教会接受的捐赠物迅猛增加,从查理曼帝国开始,教会向所有的教徒征收"什一税",以后又有所谓的"彼得便士",即所有的天主教徒每户每年向教皇交纳一便士的贡金。通过种种合法的或非法的途径,教会聚集了大量的财富或地产,根据一些西方经济史家的估计,中世纪教会土地的数量,约占西欧全部地产的1/3到1/2。

迅速增加的财富并没有使教会变得清廉,相反,教会所拥有的巨额财富却

西方文化概论

成为导致教会异质的腐蚀剂，也就是说，教会因此而变得更加贪婪。这其中的原因是，教会财富的快速增长刺激了教皇及各级教士的奢华与贪欲，比如，修道者不安于修道院内寂静淡泊的修炼生活，到院外追逐酒色，院内的宗教生活普遍废弛，修道"三绝"被置诸脑后，伊拉斯模说，"许多女修道院与公共妓院无甚差别"。教廷的生活也十分糜烂，有情妇有私生子的教皇不乏其人，在教皇宫廷里举行妓女裸体舞会，更是教廷历史上的丑闻。既然当教士就意味着拥有巨额的财富，当教士就意味着进入令人羡慕的特权阶层，利之所指，人必趋之，于是各级教会处处人满为患，最极端的例子是，教廷内仅教皇秘书一职就有3 000人以上。

为了养活这支人数急剧膨胀且生活日趋奢华的教士队伍，各级教会使出浑身解数从教徒身上搜刮钱财。以罗马教廷为例，他们从教徒或教士那里搜刮钱财的手段有：出卖圣职、出卖圣物、出卖赎罪券等。在中世纪的西欧，由于天主教会的宣传，人们普遍把"赎罪救灵魂"看作人生第一目标，凡是教会规定的赎罪办法，教徒们都坚信不疑，因此教会经常把募集捐款同赎罪联系起来，把教会为教徒赎罪的特权当作商品来买卖，这就是出卖"赎罪券"的由来。出卖"赎罪券"始于十字军东征初期，教皇动员人们参加十字军时说，人人都应该参加十字军，参加者的罪可以得到完全赦免。不参加也行，可以用捐款来支持十字军，同样能免罪，捐款的方式就是购买"赎罪券"。

但赎罪券很快就变了质，变成掠夺信徒财富的一种手段。教会让信徒自由购买赎罪券，不举行任何宗教仪式即可赦罪。教会赦免信徒的罪过，完全取决于向教会交纳金钱之多少。教皇印发的赎罪券，由推销者像推销商品一样，巡行于城乡，叫卖销售。在1470~1520年出版的某些价目表中这样规定："谁若杀害了父母、兄弟、姐妹、妻子或其他任何一个亲属，只要交纳5~7枚土耳其金币，便可洗净罪恶了"；"如果一人同时同案参与谋杀数人，只要交纳131枚利维利、14个苏和6个杰尼叶，就可免于任何惩罚"；"谁若杀害了妻子并想另娶，只要交纳8枚土耳其银币、两枚杠卡特，便可获准"。

此外，教会为了维持其宗教专制和既得利益，不仅抗拒改革，而且利用宗教裁判所对各种批判教会的异端派别进行残酷的镇压。据说宗教裁判所通常用秘密审判的方式惩处异端分子，任何一案，只要有二人告发即可成立，且不许被告人申辩。约翰·威克里夫是牛津大学的神学教授，他反对教皇权力至上论，反对教皇拥有大量产业，要求简化宗教仪式，建立独立于教皇的民族教会，教皇格利高里十一世对威克里夫的言论大为震怒，接连发出五道通谕予以谴责，并

第二章　西方文化的形成

命令坎特伯雷大主教逮捕威克里夫。由于英国国王出面保护,威克里夫得以安然无恙。1415 年康斯坦斯宗教会议判威克里夫思想为异端,下令烧毁其著作,并将其遗骸焚化扬灰。约翰·胡斯是布拉格大学校长,公开支持威克里夫的观点,结果被当作异端受到审讯,最后被活活烧死。"他成了一个不是为了任何特定的教义,而是为了人类的思想自由和良心自由的殉道者。"①

1348 年开始在欧洲蔓延的黑死病也许是导致罗马教廷宗教统治瓦解的第一块多米诺骨牌。当瘟疫来袭之时,"欧洲的人们除了逃离,几乎没有能力来克服危机,将近一半的欧洲人在这场瘟疫中丧命"。在黑死病肆虐期间,"行政不能帮助人们,经济制度也同样如此,各种福利的救济措施也没有起到作用,善良之心只是教士们守护在病人身边与病人一起等死。"②其实,黑死病并非发源于欧洲,而是由在印度等地经商的犹太人带入欧洲的,黑死病虽然在原发地印度和中东地区也造成大批人口和牲畜的死亡,但其危害远不及在欧洲所引发的灾难那么可怕。为什么同样的传染病会在亚洲和欧洲出现如此不同的后果?当时的人们或许并未自觉地思考这个问题,但经历了这次大灾难之后,欧洲的人们似乎意识到了强大政府的作用,在不知不觉之中,西欧各国君主的权威开始超过了教皇的权威,人们对国家的忠诚也超过了对教会的忠诚,教皇不仅失去了干预各国世俗事务的权力,各国的宗教事务也逐渐被置于本国君主的控制之下。

当基督教的神权统治合理性逐渐丧失、教会统治的负面影响日趋增大之时,当人们对教会、教士和教义的神圣感、神秘感丧失殆尽之时,对教会神权统治感到绝望之时,古典著作的大规模引入——特别是古典著作中所包含的乐观主义、理性主义——无疑给长期处于基督教思想禁锢中的欧洲人带来了一股清新空气。因此本是复兴古希腊罗马文化的文艺复兴运动逐渐演变为一场声势浩大的批判和否定教会神权统治的文化运动。

二、文艺复兴运动

文艺复兴运动是 14～15 世纪首先出现于意大利,随后蔓延到西方各国的一场以复兴古希腊罗马文化为主题的文化运动。

意大利文艺复兴运动兴起的直接原因是拜占庭帝国所收藏的古希腊罗马

---

① (英)H·G·韦尔斯.世界史纲.北京:人民出版社,1982:801
② 朱孝远.欧洲涅槃:过渡时期欧洲发展的概念.上海:学林出版社,2003:22

西方文化概论

典籍大量流入意大利而引发的古典文化研究热潮。自14世纪下半叶起,千年帝国拜占庭因受到信奉伊斯兰教的奥斯曼土耳其人的不断围攻而濒临灭亡,为了避免珍贵的文化典籍毁于异教徒之手,拜占庭帝国政府被迫将大量的文化典籍运往意大利各城市,其中就包括许多在西方早已失传的古希腊罗马典籍。同时一大批研究古典文化的拜占庭学者也来到意大利,受到了意大利人的热忱欢迎。如1393年君士坦丁堡的一个著名学者曼纽尔·克莱索洛拉斯从拜占庭帝国出使来到意大利,请求西方支援拜占庭帝国对土耳其人的战争,虽然意大利人对他的政治请求反应冷淡,但他在古典文化方面杰出的研究成就受到了意大利人的称赞,并且被挽留下来,在佛罗伦萨大学担承希腊古典文化的教授职务。

与欧洲其他地区相比,意大利与古典时代的联系要密切得多,古典文化特别是古罗马文化的影响时时处处都存在。古罗马的遗传和遗迹在意大利半岛随处可见,幸存下来的大型纪念性建筑时时提醒人们古罗马曾经有过的辉煌,生活在那里的人们与古典文化有着割不断的联系,正如但丁所言,"罗马城墙的石头值得我们尊敬,而建成这个古城的土地比人们所说的更有价值"。中世纪时期的意大利成为欧洲各大政治势力如神圣罗马帝国、法国、西班牙及教廷等进行政治和军事角逐的战场,意大利人深受外族入侵及政治动乱戕害,其民族自尊心和自信心受到极大的伤害。

现实的苦难使意大利人开始怀念、追忆他们昔日的辉煌,而大量古希腊罗马典籍的回流及大批研究古典文化的拜占庭学者的到来,使得长期埋藏在意大利人内心深处的罗马情结开始复苏。于是许多意大利学者开始主动到君士坦丁堡和其他拜占庭城市搜寻古希腊罗马作家的手稿,1413年和1423年间,有一个叫乔瓦尼·阿里斯帕的人,带回了近250本手抄本,包括索福克勒斯、欧里庇得斯和修昔底德的著作,许多希腊的古典文化,特别是剧作家、历史学家和早期哲学家的著作就是在这样的情况下开始传播到我们今天的世界的。随着越来越多的人加入到搜寻、收藏、翻译和研究古希腊罗马文化行列中,一个专门研究古希腊罗马文化的新学派——古典学派开始形成。古典学派是一群对希腊罗马文化着迷的文人学士,他们孜孜不倦地开展对古典文献的搜寻和研究,他们推崇的不仅仅是古典文学家如荷马和维吉尔的作品,而且对整个古代希腊罗马社会,包括它们的制度、思想、哲学、艺术等都怀有仰慕之情。

随着对古典文化研究的不断深入,一些意大利学者开始以古典精神为依据来批判教会的神权统治。于是以否定神性肯定人性、否定来世肯定人的现实生活为基本诉求的人文主义逐渐取代对古希腊罗马典籍的学术研究而成为"文

第二章 西方文化的形成

艺复兴"运动的主要内容,文艺复兴运动也开始从主要由文化人参与的一种知识活动变为一种全社会性的文化变革运动。教会神权统治腐朽和教士阶层的普遍腐败是中世纪后期西欧社会非常突出的现象,但在全民皆基督徒、基督教神学主导一切知识领域的大背景下,当时的西方人大多从宗教的角度探讨消除教会及教士腐败的可行性途径,如加强对教士行为的约束、用圣经的权威取代教会的权威等,从意大利人本笃颁布《本笃教规》、创立本笃派修道制度开始,致力于消除教会和教士腐败的改革派修会不断出现,如吕尼派、西斯特西安派、法兰西斯派和多明我派等,但是,这些修会的"努力"不仅没有净化腐败中的教会,甚至自身也卷入了追逐财富的浊流当中,反而加剧了教会的腐败。

文艺复兴时期出现的一些人文主义者则摆脱了在宗教体制内解决教会腐败的思维怪圈,开始借鉴古希腊罗马的理性主义精神来探寻消除教会腐败的新途径。基督教是一种以否定现实生活为主要内容的悲观主义宗教,这种悲观主义最早产生于犹太下层民众孤苦无助的心理,产生于罗马帝国后期各阶层民众日趋消沉的社会心理,他们对生活绝望,对社会绝望,对前景绝望,对自身绝望,他们企求解脱,但这种解脱只能在幻想中的天国实现。当基督教成为罗马帝国的国教进而成为中世纪时期最大的政治势力时,基督教教义所包含的这种悲观主义情绪开始成为西方社会的主流意识形态。随着古典著作的大规模引入,文艺复兴时期的西方人从古典著作中看到了一个迥异于中世纪宗教文化的希腊罗马文化,与强调盲目信仰、禁欲厌世的基督教价值观相反,理性、乐观和重视现实生活是希腊罗马古典文化的基本精神。

在希腊罗马理性主义和乐观主义精神的影响下,人文主义者大多将教会和教士的腐败归罪于教会所推行的禁欲主义。他们无情地揭露了教会与教士的腐败现象,如文艺复兴时期第一位伟大的诗人但丁指责教皇"日夜在那里以基督的名义做买卖",是"披着牧羊人衣服的贪婪的豺狼",是他把意大利变成了"苦难的住所"。在诗人游历地狱的过程中,看到昔日一些曾劣迹斑斑的教皇、主教正在地狱中遭受痛苦的煎熬。在《十日谈》中,上自教皇、主教,下至修士、修女都成了薄伽丘冷嘲热讽的对象。他指出,这些人虽然满口仁义道德,自称是上帝的代表,是清心寡欲的大圣人,是人们进入天堂的引路人,但骨子里却是最无耻、最荒淫的。他们过着糜烂的生活,满脑子考虑的是如何满足自己的钱欲和情欲,无恶不作,坏到了不能再坏的地步。彼特拉克甚至把教廷称作"恶毒的寺院""谬误的学校""谎言的熔炉""阴谋的牢狱"。

从反对禁欲主义的目的出发,人文主义者开始将视线从天国和上帝移至尘

西方文化概论

世和凡人,赞美人的世俗生活、颂扬人的理性和创造性、肯定人在现世中的价值和意义成为人文主义者另一叙述重点。人文主义者们虽然并不否定上帝的至高地位,但更强调人的自由意志,即人的理性,他们所采取的一个做法是避开上帝,把研究的重心从人神关系转移到人兽、人物关系,强调人与万物的区别,从而突出人的优越地位。他们认为,不能只把人与神相比,与神相比当然显不出人的伟大之处,应当把人与动物相比,这样就可以看出人的伟大和尊严。与动物相比,人的伟大之处在于人是有理性的,能够支配自己的行动,人可以按照理性自由地发展自身,而动物却不能。彼特拉克因此指出,在上帝的创造物中,人占据最高的地位,费奇诺则把人称为尘世的上帝。英国人文主义者莎士比亚借《哈姆雷特》主人公之口对人的热情赞美,更是脍炙人口的名言:"人是多么了不起的一件作品!理想是多么高贵,力量是多么无穷,仪表和举止是多么端正,多么出色。论行动,多么像天使;论了解,多么像天神。宇宙的精华,万物的灵长。"

意大利文艺复兴运动对人的尊严强调和对人追求美好生活愿望的肯定不仅通过一些人文主义思想家的理论著作体现出来,也通过一些文学作品、绘画作品、雕塑作品或建筑物体现出来。彼特拉克被称为文艺复兴时期第一个人文主义者,《歌集》是彼特拉克写给他心爱恋人劳拉的十四行诗。该诗在形式上具有中世纪行吟诗人所写的骑士爱情诗的某些传统色彩,但它克服了中世纪诗歌的抽象性和隐晦寓意,大胆地讴歌爱情、讴歌人间的世俗生活和美好的大自然。诗中把爱情和世俗生活紧紧联系在一起,把生活和大自然联系在一起,把写人的内心活动过程和爱情的实际经验结合在一起。同时,彼特拉克非常重视视觉的审美体验,他既擅长表现他所爱之人的精神品质之美,也特别擅长表现她的身体外形之美。

首先出现在意大利的文艺复兴运动很快就以不同的方式传播到欧洲其他地区,并产生了广泛而深远的影响。由于欧洲其他地区的社会、历史、政治、经济和文化等均有别于意大利,因此当文艺复兴运动在这些地区和国家出现时,运动的形式和内容均有所不同,从总体上来说,北方国家的人文主义者不像意大利人文主义者主要从希腊罗马的古典主义中寻找思想武器,而主要从原始基督教及其教义中探寻理论依据。总而言之,文艺复兴运动对近代欧洲的政治、经济、思想、科学和文学艺术等都产生了深远的影响,生活在文艺复兴时期的欧洲人已经深切感受到他们已身处一个与中世纪截然不同的新时代,文艺复兴运动所倡导的积极世界观使得他们对生活感到欢欣鼓舞和充满信心,正如生

第二章 西方文化的形成

活在那个时代的人所说,"现在,每一位有思考能力的人都要感谢上帝挑选他们生活在这一新时代,一个充满希望和前途的时代,它业已为过去上千年间世上可比拟的众多拥有高贵心灵的人而欢欣鼓舞"。①

三、宗教改革和宗教战争

　　人文主义者虽然并不否定宗教,但他们却是用种近乎无神论的纯粹世俗主义来批判教会,否定基督教的伦理观,但人文主义者关于人性世俗性和理性的主张却在意大利和阿尔卑斯山以北的欧洲地区引起了不同的反响。意大利人的宗教观念比较淡漠,所以具有无神化倾向的人文主义思想在意大利得到了普遍的认可,意大利的文人墨客(无论是世俗的思想家还是教会的教士)、王公贵族甚至教皇都不同程度地加入了人文主义者的行列。西北欧各国的民众有着比意大利浓厚得多的宗教感情,带有无神论倾向的意大利人文主义思想在西北欧各国人民中间没有说服力,也缺乏震撼力。虽然北方人文主义者对天主教会腐败现象的批判要比意大利的人文主义者尖锐得多,也深刻得多,但北方的人文主义者并不是通过褒扬人的世俗性和理性来否定或冷落教会出现的问题,而是趋向于从教会内部解决教会的腐败问题,因此主张回归《圣经》,以《圣经》的权威取代教会权威的福音主义赢得了大多数北方人文主义者的青睐。

　　虽然15~16世纪的西方人对天主教会的腐败统治非常不满,但任何企图从外部否定基督教及其教会组织的思想观点,对于全民皆教徒、宗教生活已经深入渗透到居民生活方方面面的中世纪欧洲人来说是不现实的,也是行不通的。人文主义者并没有提出切实可靠的根治教会腐败的良方,教会和教士的腐败问题依然存在,甚至更加突出。由路德领导的德国宗教改革运动实际是一次旨在消除教会腐败的内部变法运动,引发路德宗教改革运动的直接导火线是罗马教廷在德国的一次赎罪券销售活动。1517年10月31日,路德在符腾堡的万圣教堂(卡斯特勒教堂)大门上,贴出了《九十五条论纲》,提议口头或书面辩论赎罪券问题。其实,自赎罪券问世以来,它就一直受到教会内外许多人士的激烈批评,意大利人文主义者伊拉斯谟、胡司等人都曾猛烈抨击赎罪券,不过,路德对教会在赎罪券问题的指责和批判不像其他的批评者那样,仅仅指责教会滥用救赎权,而是根本否定教会拥有灵魂救赎的权力。

　　个人或个人的灵魂能否得到救赎是基督教所提出的最基本问题。按照基

---

① (美)拉尔夫.世界文明史.北京:商务印书馆,1993:809

西方文化概论

督教的原罪理论,人人都有罪,人类的罪有"原罪"和"本罪"之分,原罪是从人类始祖亚当、夏娃那里而来的,本罪则是由人现实生活中的种种贪欲所导致的,将人类从罪恶的深渊中拯救出来是基督教对所有信徒的许诺。基督教宣传说,基督教的创始人基督耶稣为了拯救信徒而献出了自己的生命,在其死后,他仍然将自己的血和肉奉献给信徒,教徒通过吃耶稣的肉、喝耶稣的血(在宗教仪式中分别用面包和红葡萄酒作为象征)而获得救赎,耶稣因而被称为救世主。那么,个人的罪恶怎样才能得到赦免?个人的灵魂怎样才能得到救赎?按照基督教早期的教义,一个人只要信奉上帝、信奉耶稣基督是救世主,并遵照耶稣基督的吩咐去做,他就可以获救,就可以进入天国,这就是保罗的"因信称义"理论,即"义人因信而生"。进入中世纪以后,教会为了强化其权力,把人的救赎问题同一些复杂的宗教仪式联系起来,突出了圣礼和教会组织的作用。一般说来,教会救赎教徒灵魂的方式是组织教徒参加各种宗教活动,督促教徒按照耶稣的旨意行事,并由教士为教徒祈祷,听取教徒的忏悔,从此教会垄断了人的救赎大权。

路德的突破口在于对人的救赎问题的顿悟。路德不相信罗马教会所宣扬的那套救赎理论,如果没有教会的帮助、没有宗教仪式,人怎样才能获得救赎?这个问题曾经困扰路德好几年,一次奇异的"塔楼体验"终于使路德茅塞顿开。"塔楼体验"的理论表述是:人单纯依靠信仰而获救,也就是说,个人的赦罪和得救完全依赖自己对上帝的信仰,完全依赖自己与上帝的神秘交流,交流的方式就是阅读《圣经》,因为《圣经》是上帝的语言,代表了上帝的真实意志,信徒只有通过阅读《圣经》才能够领会上帝的旨意。路德因此明确指出,信徒与上帝之间没有中介,也不需要中介,个人灵魂的救赎权由上帝直接掌握,教会、教皇及教士对此均无能为力,任何外在的宗教仪式和宗教活动均无助于灵魂的获救。路德从否定教会的救赎权开始,最终达到了否定赎罪券的现实目的,即既然教会并不拥有救赎信徒灵魂的权力,那么依附于教会救赎特权之上的赎罪券显然就是多余的。在《九十五条论纲》中,路德将他对赎罪券的批判归纳为以下三点:(1)赎罪券能够免除教会的惩罚,不能免除上帝的惩罚。(2)真正悔改的基督徒无须赎罪券就能得到上帝的赦免。(3)真正的善功是对上帝的坚定信仰、荣耀和恩典的神圣福音。

在否定教会救赎权的基础上,路德系统地提出了他的宗教改革理论。路德指出,实际上存在两种教会,即精神教会和世俗教会。精神教会是存在于天国和信徒头脑中的教会,这是一种无形的教会,是信徒与上帝和基督进行对话和

第二章 西方文化的形成

交流的场所,在这个教会中,每个信徒都是自己的教士,耶稣基督是这个教会的首领。而存在于现实世界中的教会,即世俗教会,只是信徒集会和交流宗教心得的自发性组织,对信徒灵魂的获救没有任何帮助,它是一种与其他社会团体无异的宗教团体,不应该拥有任何精神或世俗的权力或特权。至此,路德道出了他进行宗教改革的基本思路——使教会、教士远离权力和特权,使教会成为一种纯精神性的组织,是消除教会和教士腐败的根本途径,用他的话说就是,"基督徒的真正归宿并不在这个世界,基督徒应该抛弃现世所有的权力和财富,以真诚的心态信仰上帝,才能最终实现进入那个令人神往的天堂之国"。在他看来,罗马教会违背了基督教的根本宗旨,将信徒及信徒的组织(即教会)引入了一条以极其贪婪的手段追求世俗权力和世俗财富的罪恶之道,结果使基督教的信徒离天国之门越来越远。

路德理论的震撼力不仅来自于他的结论——从根本上否定了教会制度存在的合理性与合法性,更来自于他所采用的方法。路德将他否定教会权力的结论建立在纯洁基督教信仰和强化基督教信仰的基础之上,相对于人文主义者所倾向的对教会权力的异教徒式的否定(即从非宗教的立场去否定基督教的教义或教会的作用),路德的方法更能为具有浓厚宗教情感的西欧人所接受。犹如一石激起千层浪,路德的学说在西欧产生了爆炸性的影响:一方面,路德的学说因否定教皇及教会的权威而招致罗马教廷的激烈反对,教廷组织一些神学家严厉驳斥路德的"谬论",并竭力鼓动德国皇帝镇压路德及其支持者的反叛行为。另一方面,路德的学说在广大信徒中引起了热烈的反响,其著作在各地广泛流传,那些对教皇和教会权势不满的德意志诸侯及地方贵族首先从路德的学说中看到了希望。按照路德的理论,诸侯们不仅可以名正言顺地拒绝罗马教廷和帝国皇帝利用宗教名义对其内政干涉,而不存在任何亵渎上帝和基督的顾虑,更重要的是,诸侯们可以借此将领地内的各级教会组织和教会财产置于自己的控制之下。对于普通信徒,路德理论的影响也是极其深远的,正如海纳克所言,"路德将宗教从一系列复杂的赎罪行动、乐善好施和甜言安慰中,从严厉的法规和胡乱的施恩赦免中,从巫术和盲从中解救出来,并赋予它一种高度浓缩的形式。"[①]

路德宗教改革运动的直接后果导致了自中世纪以来西欧宗教大一统局面的瓦解:一方面,经过宗教改革运动的冲击,罗马教廷及其各级教会的权威受到

---

① 陈纲.西方精神史(下).南京:江苏人民出版社,2000:216

西方文化概论

人们的普遍质疑,教会进行宗教统治的根基开始动摇,世俗王权不仅因此而摆脱了教权的制约,而且将教会置于王权的控制之下,实现了教会的民族化。另一方面,路德等宗教改革派因与罗马教会在教义方面存在无法弥补的裂痕而最终与罗马教会决裂,并建立了自己的宗教组织,即"新教",西北欧的许多国家和地区都成为新教信仰区。1525年路德倡导的改革教会首先在萨克森公国内建立,1530年前后,德意志的许多诸侯都建立了新教教会,与此同时,路德的新教组织形态开始越出德国疆界,传播到丹麦、挪威、瑞典等北欧国家。此外,路德的宗教改革思想还引发了其他国家或地区的宗教改革运动,如加尔文在瑞士的宗教改革、英国在亨利八世主导下所进行的宗教改革等。至此,罗马教廷对西欧各国宗教事务的垄断以及利用其宗教垄断干涉世俗权力、控制民众社会生活的局面彻底瓦解。

其实,所谓的新教并不是一个统一的宗教,而是在宗教改革中脱离罗马天主教会而形成的各个新宗派的总称。具体来说,新教有三大基本派别,分别是路德的信义宗、加尔文的归正宗和英国的安立甘宗,此外还有大量的宗派。据不完全统计,至1650年,西欧大约有近180个新教宗派[①],他们大多来自欧洲下层社会,反映被压迫者世俗的或精神的需求。无论是以罗马教廷为代表的天主教会还是新出现的各新教宗教都无一例外地继承了基督教的宗教极端主义传统,所谓宗教极端主义,就是固执地认定自己的信仰是唯一的真理,拒绝承认任何与自己的信仰相冲突的宗教观点,并运用一切手段打击、迫害,甚至从肉体上消灭宗教异己。

与天主教会相比,新教各派别所实行的宗教极端主义有过之而无不及。斯特拉斯堡的布塞尔主张,新教国家政府应对信仰"邪"教者斩草除根,他说这种人较之谋杀者更邪恶,即使其妻儿子女牲畜也应一并摧毁。1537年1月18日,奥格斯堡市议会颁布了一项命令:禁止天主教徒的礼拜,天主教徒在8天之后如不改信新教将被驱逐出境,所有教堂及修道院的财产将由军队接管。在所有新教国家中,奉行宗教极端主义最典型的当属加尔文统治下的日内瓦共和国,在他的统治下,日内瓦只容许一个宗派即加尔文教存在,不信奉加尔文教者,便是异端,不但是亵渎上帝,而且是背叛国家。任何怀疑加尔文宗教学说的人,都会受到严厉的惩罚,甚至可能被处以极刑,西班牙医生塞尔维特就因反对加尔

---

① Southern R. W. Western Society and the Church in the Medieval Ages. Penguin Books, 1986. p.73

第二章 西方文化的形成

文的预定论而被日内瓦的法庭判处火刑。

宗教改革时代是一个充满激情的时代,又是一个思想狭隘的时代,宗教极端主义大行其道,宗教迫害活动此起彼伏。当信仰冲突与政治和经济利益混淆在一起的时候,纯粹的信仰冲突很快就演化为复杂的政治较量,因信仰不同而引发的冲突威胁着每一个国家的政治统一和社会稳定,"保持国民信仰的一致"被当时的大多数世俗统治者视为维护其统治的当务之急。于是狂热的宗教徒和冷静的政治家为了各自的信仰和利益不约而同地投身于为信仰而战的宗教战争中,西欧因此进入了长达一个多世纪的宗教战争时期。几乎所有的西欧国家都不同程度地卷入了宗教战争的漩涡,这一时期先后爆发的宗教战争有:德国的宗教战争(1516—1555)、法国的雨格诺宗教战争(1562—1596)、英国的清教徒革命(1640—1653)和三十年宗教战争(1618—1648)。在宗教战争中,骇人听闻的宗教迫害和宗教屠杀事件层出不穷,千千万万的无辜百姓仅仅因信仰原因或流离失所,或死于非命。

从当时几场主要宗教战争的结果看,宗教妥协与宗教宽容似乎最后都成为战争各方共同的,也是无奈的选择。1555年,经过30年的宗教战争后,德国的天主教诸侯和新教诸侯达成了一项妥协,就是《奥格斯堡和约》,这个和约的核心内容是"教随国定",即德意志的每个诸侯国有权力确立自己国家的宗教信仰,尽管个人仍然没有信仰自由的权利,但人们却可以通过迁往他乡的方式间接地获得选择自己的宗教信仰。1598年,当胡格诺教徒亨利最终在法国的宗教战争中胜出并登上法国王位(即亨利四世)之后,随即做出了两项意义非常重大的决定,一是改奉天主教,二是颁布"南特敕令",给胡格诺教徒以信仰自由和举行宗教活动的自由。尽管亨利四世的上述决定只是一种权宜之计,但"南特敕令"的颁布却正式开启了西欧社会世俗化的进程。英国的清教徒与国教徒在经历了近一世纪的相互斗争、相互迫害之后,激进的宗教情绪终于为平和的现实主义态度所取代,1689年英国议会通过《宽容法》,正式确立了宗教宽容的原则。

四、西方社会世俗化

如前所述,中世纪的西欧社会是一个宗教氛围极其浓厚的社会,宗教意味着迷信,宗教意味着愚昧,因此宗教占主导地位的中世纪时期被认为是欧洲文明史上最黑暗的时期。然而,近代震撼世界的科学革命、工业革命和政治革命正是从这个宗教氛围极其浓厚的社会中孕育出来的。那么,近代的西方人是如

西方文化概论

何走出蒙昧的宗教时代而步入理性的科学时代呢？

文艺复兴运动应该是西方人努力摆脱宗教束缚的第一次尝试，针对基督教以神性否定人性、以天国否定现实世界的教义，人文主义者大张旗鼓地宣扬人的尊严、人的价值和人的力量。意大利人文主义者曼内蒂为了回击教皇英诺森三世所著的《论人的渺小和对尘世的蔑视》，专门撰写了《论人的尊严与卓越》一文，高度赞扬了人的自我创造、人的自由意志以及人在改造世界方面的作用，相应地，神的作用、神的权威退到了一个次要的地位。但正如前面已经提到的，对于全民皆教徒、宗教生活已经深入渗透到居民生活方方面面的中世纪欧洲人来说，人文主义者用近乎无神论的世俗主义来批判教会、否定基督教伦理观的做法是行不通的。

路德宗教改革的目的是消除教会的腐败，进而强化基督教的信仰，但是，令路德没有想到的是，宗教改革的实际后果却是大大地淡化了西方人的宗教信仰，这是因为在宗教战争中，不同信仰的宗教派别之间相互迫害、相互杀戮，而众多的宗教派别使得在一个国家被视为真正信仰的宗教到另一个国家就可能成为万恶不赦的"异端邪说"，同时，不同宗教派别在国家政治斗争中的胜与负，可能使昨天还处于国教地位的宗教今天就沦为邪教，这一切势必导致居民宗教信仰的混乱。

出于对加尔文火烧塞尔维特行为的愤慨，德国思想家卡斯特利奥曾匿名出版了一本驳斥加尔文谬论的小册子《论异端》。他说，异端与正统是两个相互对立又相互依赖的词汇，没有正统也就无所谓异端。那么，什么是正统的教义和正统的教会？一些人或教派自我标榜为正统并不可信，因为即使是当时公认的异端"再洗礼派"也坚持认为他们是真正的和真实的基督教徒。公正地说，《圣经》似乎应该是区别正统与异端的唯一标准，但任何人对《圣经》都会有不同的解释，这种争论已经有一千多年了，而且这种争论还将永远地持续下去，因为"宗教的真理是在它们神秘的性质之中"。既然不存在绝对的正统，自然也不存在绝对的异端，"对一个天主教徒来说，一个加尔文派教徒当然是一个异端"。卡斯特利奥的结论是，异端是由人们的错觉造成的，无论是天主教会还是新教教会，追捕异端的行为都是非常荒谬的，只有一件事能把基督徒从宗教极端主义中拯救出来，这就是宗教宽容，"让我们彼此宽容吧，让我们不要谴责别人的信仰吧"。

奥皮塔尔是一位精明的政治家，在1560~1573年期间担任法兰西王国的首相。他曾坚信"一个信仰、一个法律和一个国王"自古以来就是法兰西王国的

第二章 西方文化的形成

基础,但是,随着宗教冲突的不断升级,他开始意识到:尽管宗教统一具有毋庸置疑的价值,但是为强制推行宗教统一所付出的代价却正变得祸害无穷。于是他指出,虽然说政府有责任维护国家的既定宗教,而政府更为迫切的任务则是"维护百姓的和平及宁静的生活",当这两种责任出现冲突时,他愿意考虑将王国的命运与天主教信仰的命运分开。在目前的危机中,除了准许两个教会,即一个罗马天主教会和另一个新教教会并存之外,别无其他办法,这是因为"我们此时此刻要毁灭新教徒必然会连同我们自己也同归于尽"。① 著名政治思想家博丹在《国家六论》也提出了类似的观点:一切宗教纷争归根结底都应该被看作与政府的要务无关。君主应该尽量不去理会并避免所有这种争论,应该绝对避免使他自己被迫"沦为争论的一方",将国家的安宁与任何具体宗教的命运截然分开。只要发现良好的秩序与宗教的统一相冲突,保持良好秩序就必须永远被看作是当务之急。

从实际效果看,宗教改革与宗教战争成为继文艺复兴之后推动西方社会世俗化的第二次冲击波。以纯洁宗教信仰为最终目的的宗教改革运动和以实现宗教统一为基本目标的宗教战争不是强化了西方人的宗教信仰,而是彻底淡化了中世纪以来西方人浓厚的、虔诚的宗教信仰,英国著名历史学家汤因比对宗教战争的后果及其历史意义作过十分恰当的评价:"在宗教战争时代,所有西方基督教互争雄长的各种派别,只图有利于一时,不惜容忍甚至要求使用政治力量,以便把自家的教义强加于敌对教派的信徒,这种现象表面上好像为其教会争取大众的信心。"②曾经神秘莫测的基督教教义、宗教礼仪、教会和教皇的权威、高贵博学的僧侣甚至至高无上的《圣经》在各教派的相互攻讦中,其虚伪性、欺骗性和愚昧性暴露无遗,虽然神学家们出于各种各样的目的,似乎表现出前所未有的宗教虔诚,但广大信徒的宗教意识却日趋淡漠。

西方社会的真正世俗化是在17~18世纪实现的。首先是许多思想家以科学的态度对基督教信仰的本质和作用进行了深刻的剖析。荷兰哲学家斯宾诺莎在《神学政治论》一书中对基督教的圣经进行了科学化的考证和解释,他不是从教义的角度而是从历史的角度来研究圣经的,在仔细考察了圣经各编作者的生平、学历、写作动机等之后,他发现圣经"是有错误的,割裂了的,妄改过的,前

---

① (英)昆廷·斯金纳.近代政治思想的基础(下).北京:商务印书馆,2002:355
② (英)汤因比.历史研究(中).上海:上海人民出版社,1997:308

西方文化概论

后不符的"。① 虽然斯宾诺莎声言《圣经》仍然是上帝的经典,但他解读圣经的这种方法,已经使圣经的权威大为动摇。此外,斯宾诺莎一直致力于将宗教信仰与哲学(即世俗知识)分开,他认为,基督教信仰旨在教人服从与虔敬上帝,而哲学的目的在于寻求真理,宗教信仰只能求之于圣经与启示,而哲学是根据原理,这些原理只能求之于自然。因此,在宗教信仰(即神学)与哲学之间是"没有联结或密切关系的"。②

英国政治思想家洛克在1685年出版的《论宗教宽容》一书中,从宗教的角度、理性的角度、政治的角度对宗教宽容的必要性进行了系统的阐述。洛克借鉴宗教改革思想家和反宗教改革思想家的观点,对国家权力和教会的权力进行了严格的区分,即国家权力是由人民通过社会契约的方式建立的,国家的强制权力只能用于保障公民的生命、自由和财产安全,而教会则是人们自愿结合的社会团体,其目的在于以自己喜好的方式礼拜上帝,教会的权力仅限于对信徒进行规劝、训诫以及驱逐出教会,在任何情况下,教会都不得行使强制权力。洛克的主张同时剥夺了国家和教会干涉个人信仰的权力,将信仰的权利完全交给个人来支配,对于教会来说,绝不应"因为他人属于另一教会或另一宗教以任何方式危害其公民权利的享受。(因为)他作为一个人而享有的一切权利以及作为一个公民而享有的公民权,都是神圣不可侵犯的"。③ 对于国家来说,"无论是异教徒、伊斯兰教徒,还是犹太教徒,都不应当因为他的宗教信仰不同而剥夺其社会公民权"。④

随着西方人逐渐认识宗教信仰是纯粹个人的事务,与政治无关,与伦理道德无关,与人类的前途和命运无关,教会所拥有的精神统治权、司法裁判权及对教徒生活方式的控制权开始失落或被国家权力机构所剥夺。宗教战争之后,"教会不仅失去了社会领导地位,也失去了吸引有才能雄心的人为其服务的能力"。⑤ 教会渐渐地从政治舞台上淡出,成为一个纯粹的宗教社团,政教分离因此成为近代所有西方国家遵奉的基本政治信条,一些国家甚至明令禁止在公共活动中加入任何宗教仪式。与此同时,在西方社会,世俗精神代替了宗教热情,

---

① (荷)斯宾诺莎.神学政治论.北京:商务印书馆,1982:177
② (荷)斯宾诺莎.斯宾诺莎书信集.北京:商务印书馆,2009:201
③ (英)约翰·洛克.论宗教宽容.北京:商务印书馆,2009:12
④ (英)约翰·洛克.论宗教宽容.北京:商务印书馆,2009:46
⑤ 丛日云.西方政治文化传统.大连:大连出版社,1996:47

第二章 西方文化的形成

世俗事业成为几百年来基督教生活经历积累的紧张与精力最佳的发泄渠道,"其结果是加强了文艺复兴人文主义的精神,并且为惊人的科技成就打下了基础……到了十七世纪末,西方已经表现出可以继承世界上的精神与资源的丰富特征。"[1]

第二节 近代西方的科学革命

在中世纪时期,神学是唯一的知识,一切真理都在《圣经》之中。希腊人关于自然理性、社会理性和人的理性的哲学思考都被统一在神的理性之下,但是,人类知识和技术的进步,神的理性越来越难以包容名目繁多的自然规律。随着教会权威和神学权威的动摇,16世纪的自然科学家们开始大胆地探讨超越神的意志的自然法则即自然规律,一些人文学者也冒着亵渎上帝的恶名着手论证不受神的意志支配的社会法则即自然法。1543年,已处于弥留之际的波兰天文学家哥白尼终于下决心将他的早已完成的一本天文学著作——《天体运行论》交付出版。在这部书中,哥白尼首次提出了"日心说"理论,即太阳是宇宙的中心,地球、月亮及其他星球都围绕太阳旋转,从而否定了长期以来被西方人所接受的亚里士多德-托勒密"地心说"理论,当代著名的科学史学家托马斯·库恩则将这本书的出版称为"哥白尼革命"。

一、基督教的自然观

犹太哲学家、神秘主义者斐洛(前25—40)是基督教自然观最早的阐述者,他对《创世纪》的隐喻解经,将希腊哲学融入宗教神学之中,也使上帝那原本不着边际的精神被说成是理性可予把握的"逻各斯"。

古希腊人认为,自然现象并不是无序的,世界或宇宙必然存在一种内在的且不改变的规律,所有的自然现象始终都受到一种永恒法则的支配,这种支配自然现象的永恒法则就是"逻各斯"(logos)。"逻各斯"这一概念是由希腊自然哲学家赫拉克利特提出的一个哲学概念,他认为,不管人们有无意识,人们思想、行动所遵循的言语规则就是万物本身的规则,即"逻各斯"。柏拉图称他的整个学说都基于逻各斯,凡与之相符合的就是真,而与之不相符合的,则被认为是不真。在亚里士多德的著述中,逻各斯常常作为"言语""比例",甚至更多地

---

[1] 丛日云.西方政治文化传统.大连:大连出版社,1996:47

西方文化概论

作为"理性"来使用。希腊人对于逻各斯的理解如同中国人对于"道"的理解一样,众说纷纭,莫衷一是。但就是在这种不断阐释发挥过程中,逻各斯的涵义得到了充实,并具有了宇宙(自然)规律的含义,"逻各斯即是以知识为基础的规律、法则和秩序,在把特殊例证统摄于普遍性之下并使之服从于普遍性的过程中,思想实现了对种种特殊例证的统治,它不仅能理解它们,而且能影响它们,控制它们"。①

希腊化时期的斯多噶学派将逻各斯理解为神。他们认为,宇宙的一切都服从于神及其神圣的理性法则:在人类的社会生活方面,神的理性法则体现为道德命令——自然法;在自然方面,神的理性法则又体现为自然界的规律。斐洛继承了斯多噶学派的逻各斯概念。他认为,逻各斯是上帝智慧和理性的化身,是神赋予宇宙的法则。逻各斯被上帝"说"出来的时候,就决定了宇宙的秩序,一旦"道成肉身"(指耶稣基督),基督又成了新的立法者,"所有理性和公正思考的人们,无不分享着基督这个普遍的逻各斯"。②

奥古斯丁认为,造物主的意志即被造物的本性(亦即自然),凭上帝意志发生的事不会违反自然,上帝的意志与自然规律是一回事。奥古斯丁经常引用《圣经》中上帝创世并安排世界秩序的说法,认为万物之运动都是在"寻找自己的正当位置":万物依它们与天地的远近程度,排列成从混沌物质到精致形相并与物质和精神相对应的宇宙序列;上帝创世之时就已经把它们潜在地联系在一起,而随着时间的推移逐渐显现出来。所以上帝这个绝对的"一"包含了万物的"多"。

爱尔兰神学家厄里根纳著《论自然的区分》,区分了四种"自然":创造而非被创造的自然,其实就是上帝;创造而又被创造的自然,即内在于上帝的理念;被创造而不能创造的自然,即宇宙的万事万物;创造又不被创造的自然,一切事物的最终目的,还是上帝。厄里根纳认为,万物出自于上帝,最后又归于上帝,"上帝是起源、中介和归宿。他是起源,一切有本质的事物皆来自他;他是中介,因为这些事物在他之中,并通过他存在与运动;他是归宿,一切事物都朝向他运动,追求宁静的境界和稳定的完善"。这意味着自然是一个循环,自然运动就是上帝的自我运动。

在上帝创世论和上帝支配论的指导下,中世纪的人大多带着神性的"有色

---

① (美)马尔库塞.单向度的人.上海:上海译文出版社,1989:150
② 肖巍.自然的法则:近代革命观念的一个解读.上海:复旦大学出版社,1998:148

第二章 西方文化的形成

眼镜"解释自然、解释万物。在基督教神学家的作品中,我们经常可以看到这样的描述:"地球是中央的球体,其中的四元素原本是谐和而有秩序的,自亚当堕落以后便凌乱了。地球周围有充满空气、以太阳和火的几层同心圈,这些圈里有恒星、太阳与行星,被四种天风挟持着运行,这四种天风又与地上的四种元素和人身中的四种体液有关,天堂是火层以外最高的苍穹,地狱在我们脚下的地球之内。"①希腊天文学家托勒密曾提出了一个以地球为中心,日、月、行星和恒星天层均环绕它运行的同心圆宇宙体系,因为这个体系所刻画的天文图景比较直观,特别是符合了中世纪经院主义阿奎那-亚里士多德的等级宇宙观,1 000多年来一直被视为天文学的权威模型,受到普遍的推崇。

简而言之,基督教的自然观就是:世界万物(自然)是由上帝创造的,支配世界万物的永恒法则即逻各斯源于上帝的理念或理性,反映自然运动状况的自然规律和反映人的社会生活的自然法都是上帝理性的体现。

二、哥白尼的探索

自15世纪起,海外探险刺激了航海业的迅猛发展,与航海密切相关的天文学因此受到人们的普遍重视,由于托勒密体系必须借助非常烦琐和复杂的计算才能获得与观测天象较吻合的结果,托勒密体系越来越不能适应时代发展的需要。

波兰人哥白尼很早就立志钻研天文学,他曾两度到意大利学习天文学,并研究改进托勒密体系的可能性。1512年回到波兰后,他一面在大教堂任职,一面致力于天文学研究,受古希腊天文学家阿利斯塔克(约前310—前230)关于地球围绕太阳转动设想的启发,哥白尼开始酝酿以太阳为静止中心、诸行星包括地球围绕太阳运转的宇宙体系,并试图给予数学上的证明。1514年,哥白尼在一篇名为《概观》的论文中,描述了一种可供选择的方案,相对于非常复杂的托勒密体系,这是一篇简短的、没有多少烦琐计算的导论性文章,该文已经提出有关日心体系的构想,并以手稿本的形式流传开来。随后哥白尼在《大体运行论》一书中,系统地阐述了他的日心说理论,但由于害怕来自教会方面的迫害,哥白尼一直没有出版这部著作,直到其临终前,才接受朋友们的请求,同意公开出版他的《天体运行论》。

在《天体运行论》的第一卷,哥白尼概述了他的日心-宇宙体系,包括自然哲

---

① (英)丹皮尔.科学史及其与哲学和宗教的关系.北京:商务印书馆,2009:135

西方文化概论

学的观念,规定了宇宙中心和新的天球顺序。这一卷虽然篇幅不长,却集中了哥白尼学说的精华,后五卷则充满了眼花缭乱的几何图式和形式论证,就难度而言,恐怕并不亚于托勒密体系。哥白尼学说最明显的特点就是地球运动的假设:这个宇宙的中心靠近太阳,围绕太阳中心,"行星(包括地球)依次运行的规律以及整个宇宙的和谐"都能得到很好的说明。"静居在宇宙中心处的是太阳。在这个美丽的殿堂里,它能同时照耀一切。难道还有谁能把这盏明灯放到另一个、更好的位置上吗?有人把太阳称为宇宙之灯和宇宙之心灵,还有人称之为宇宙的主宰……太阳似乎是坐在王位上管辖总绕着它运转的行星家族……"[①]哥白尼证明了匀速圆周运动组合,能够解释大量已知的天体现象,并使行星及其轨道的顺序和大小配合得相当紧密。

  人们注意到,"哥白尼用以支持他的学说的论据,主要属于数学性质。他认为一个科学学说是从某些假说引申出来的一级观念。他认为真正的假说或者定理必须能够做到下面两件事情:第一,它们必须能够'解释现象',说明所观测到的天体运动。第二,它们必须不违背毕达哥拉斯关于天体运动是圆周的、均匀的论断"。[②] 托勒密体系不能很好地满足这两个要求,于是哥白尼提出了一个新的宇宙模型构想。然而,哥白尼在致力于颠覆旧的宇宙体系之时,实际上却恢复了一个比托勒密更古老的传统。他曾小心谨慎地指出,他关于日心体系的建议——让地球和其他行星围绕固定不动的太阳旋转——并不是什么新思想,而是古代某些权威所认可的。

  哥白尼在论述日心说时,其主要理论依据是毕达哥拉斯 - 柏拉图哲学。根据柏拉图主义,太阳在可见世界所起的作用,同至善的理念在理想王国的作用一样,它赋予事物以可见性和生命力,在自然等级体系中居于最高的地位;如果太阳处于如此显赫的位置,它就不可能围绕着地球旋转。所以哥白尼更在乎作为理想目标的"完美",而观察只具有从属的地位,也就是说,地球的运动并不是哥白尼观察的结果,而是他所信仰哲学的一个推论,"这个柏拉图主义的思想构成了哥白尼革命的历史背景。它不是从观察开始,而是从一个宗教的或神话的观念开始"。[③]

---

  ① (波)哥白尼.天体运行论.武汉:武汉出版社,1992:24
  ② (英)斯蒂芬·梅森.自然科学史.上海:上海译文出版,1980:118 - 119
  ③ (英)卡尔·波普尔.猜想与反驳:科学知识的增长.杭州:中国美术学院出版社,2003:268

第二章　西方文化的形成

从表象观察,哥白尼运用严谨的数学计算否定了托勒密的地心说体系;从本质上看,哥白尼实际上是用柏拉图的哲学理念否定基督教的自然观。哥白尼革命既是一场天文学领域的革命,更是一场观念领域的革命。这是因为哥白尼所提出的"地球及其他行星均围绕太阳旋转"的日心学说并不是他实际观测天象的结果,而是用数学的方式计算出来的,他用以反驳托勒密的地心学说的,实际上只有一个理由,那就是数学上的和谐、优美和简洁。日心说的主要困难在于人们很难相信地球每时每刻都在运动,同样也无法解释为什么地球上并没有形成一股持续的东风,为什么垂直上抛或下落的物体并没有向西移动。对于这些疑惑,哥白尼并没有在他的理论中给出令人信服的合理解释,他甚至无法解释地球被挪到了非中心的位置,又是什么力量维系了以太阳为中心的宇宙。

所以说,哥白尼"远不是一个想用全新的理论代替传统理论的革命者,而只是想取消托勒密引入的一些改革——特别是偏心等距点——以便回到古希腊天文学家建立的原则上来"。[①] 不过,我们不得不承认,虽然哥白尼的日心说没有严密的科学论据,甚至还带有浓厚的理想和宗教成分,但他的天才式预测却为后来的天文学家提供了进一步观察和思考的基础。由于受到哥白尼"日心说"理论的影响,16世纪的天文学研究取得重大突破,并成为近代科学革命的先声,这是哥白尼所没有想到的。

哥白尼能想到的是他的理论可能引发另一场革命,正是出于对这场革命后果的担心,具体地说,是担心遭到反对这场革命的当权者——教会的迫害,哥白尼直到临终前才下决心公开出版他的《天体运行论》。实际结果也没有出乎他的意料,《天体运动论》出版不久就遭到了罗马天主教会的谴责,并被列入"禁书目录"。因为在教会看来,地球运动而太阳不动的说法与《圣经》明显抵触,而这个学说居然被广泛传播,不少人竟把它当作真实的东西来理解。哥白尼理论的追随者布鲁诺因信仰哥白尼的日心说而被烧死在罗马的鲜花广场,伽利略也因同样的原因而受到宗教裁判法庭的迫害。所以,正是哥白尼惊世骇俗的天文学观念,而不是他所采用的具体演算方法和排列出来的星表,构成了所谓"哥白尼革命"。

美国当代著名的科学史学家托马斯·库恩在其享誉学界的《科学革命的结构》一书中指出,哥白尼革命是一场标志"人的宇宙观念和人与宇宙关系观念转变的"革命,它包括:天文学基本概念的变革;"人对自然的理解"的根本变革

---

① (美)霍尔顿.物理科学的概念和理论导论(上).北京:高等教育出版社,1987:30

西方文化概论

(在牛顿那里达到了顶峰);并因此而成为西方价值观念变革的一个重要部分。正如库恩所指出的,哥白尼与先前的天文学研究不同,他的研究与当时的社会环境有关,日心说触动了在欧洲长期占统治地位的宗教观念,这才是它引起广泛轰动的主要原因。

三、哥白尼开启的近代天文学革命

如果单从科学层面而论,哥白尼的"日心说"并没有提出任何新的思想和观点,面对漏洞百出的托勒密体系,哥白尼不是用更精确的天文观测来否定它,而是用一种更古老的观念——"宇宙和谐"或"数学和谐"等来取代它,用一种更加抽象的数学演绎来否定它。根据哥白尼学说编制出来的星表,虽说比以往的有所改进,但其可用的观测数据甚少,而且也不可靠,因此远不能准确地表示行星的实际运行情况。所以说,哥白尼革命,更准确地说,应该是一次观念上的革命,日心说的时代意义不在于向托勒密的天文学体系提出了挑战,而在于向将这一体系神圣化的教会权威提出了科学的挑战。

但是,用更长远的眼光来看,哥白尼革命对天文学研究乃至整个自然科学的影响,要远远超过其挑战基督教传统和教会权威在社会领域所产生的影响力。这是因为,正是哥白尼的"日心说"把人们带到近代科学革命的入口处。"自然科学借以宣布其独立并好像是重演焚烧教谕的革命行为,便是哥白尼那本不朽著作的出版,他用这本书(虽然是胆怯地而且可以说是只在临终时)来向自然事物方面的教会权威挑战。从此自然科学便开始从神学中解放出来,科学的发展从此便大踏步地前进,而且得到了一种力量,这种力量可以说是与其从出发点起的(时间的)距离的平方成正比的"。[①] 但是,哥白尼学说本身还不足以构成近代科学的革命。真正实现天文学乃至近代科学全新变革的,乃是以哥白尼为起点,并与开普勒、伽利略、牛顿这些名字联系在一起的工作。

丹麦人第谷·布拉赫不愿接受哥白尼的日心学说,他试图通过实际的天文学观测否定哥白尼的结论,在他经营的天文台里,连续多年不间断地对天象进行仔细观测,并对各种天象作了详细的记录。他还以前所未有的精确度测定了许多重要的天文数据,但他所提出的第谷体系,即地球固定不动,太阳和月亮围绕地球旋转,其他行星则绕太阳旋转,被认为是天文学理论的倒退。

德国天文学家开普勒在第谷观测数据的基础上提出了著名的行星运动三

---

① 肖巍.自然的法则:近代革命观念的一个解读.上海:复旦大学出版社,1998:203

第二章 西方文化的形成

定律,即"椭圆路径定律"、"等面积定律"和行星周期平方与轨道平均半径立方成正比关系的"和谐定律"。前两者通过研究火星运动得知行星运行于椭圆形轨道,从而解决了哥白尼理论与第谷观测数据之间的8'误差(即椭圆轨道与正圆轨道相差的弧分),他自诩就凭这8'之差,引起了天文学的全部变革;但更令人赞叹的是第三定律成功地把行星运行的时间(周期)—空间(轨道平均半径)关系结合在一个公式里,为后来牛顿发现万有引力定律做了必要的准备。

意大利科学家伽利略坚信哥白尼的日心说理论,但他并不像哥白尼那样,仅仅通过数学计算和推理的方法抽象地论证日心理论,他凭借自制的天文望远镜从天体观测上有力地证明了哥白尼体系符合观测实际。他根据观测到的太阳上黑子的移动推测太阳本身也在自转。他还观测到金星的位相,证明金星是在地球轨道平面内绕太阳运行的。除了用观测来证明外,伽利略还撰写了《关于托勒密和哥白尼两大世界体系对话》,试图从理论上为哥白尼的理论辩护。伽利略因此而两次受到宗教裁判所的审判,1633年,这位70岁的老人受到教会的侮辱、刑讯和威胁,最后不得不在"悔罪书"上签字,表示"公开放弃、诅咒和痛恨地动说的错误和异端"。但是当伽利略下跪发誓后站立起来时,嘴里还在喃喃地说"可是它还在动呀"。

哥白尼相信造物主所创造的天体沿着圆轨道做匀速运动,符合数学的和谐原则,哥白尼不满意托勒密体系使用过分复杂的辅助性假设,那样天体就不再表现为均匀的圆周运动了;他始终希望用一种优美的方式来协调天文学现象,即复归到古希腊均匀的、永恒的圆周运动,用复合圆周运动的方式来说明天体运行;上帝创造的宇宙是完美的,天体的球形(圆形是最完美的几何形式)及其匀速运动不容置疑,一切运动的变化只能受那个不变的原动力(上帝)的指使。

作为哥白尼学说的忠实信徒,开普勒是一个更加相信宇宙秩序和谐的天文学家和占星家,他一生为寻找宇宙创造者的原始设计可谓不遗余力。在开普勒看来,"数学解释了和谐、有序的最简单最原始的因素,整个宇宙就是通过这些因素建立起来的,其中各个部分都具有适当的形式"。如果说有一个概念贯穿于他的工作始终,那这个概念就是"和谐"。他对和谐宇宙一往情深,无论行星的轨道、占星术的星相,还是音乐的谐音,所有这些优美的比例关系统统体现了上帝创世的和谐原型,就像"上帝要求人们倾听天文学的音乐"一样。哥白尼、开普勒以数学为钥匙,开启了一个近代科学的新"范式",开始着手编写一部近代科学的"新词典",天地之间自然运动并不追寻某种目的,而是由某种动力所驱使的观念逐渐为人们所接受。

西方文化概论

伽利略立论的根据是观察,是与确证数学构思相联系的实验控制方法。他至少在两个方面推进了哥白尼学说:一是用新的观察事实加强了日心说的经验基础,他亲自制造了许多观测仪器,如显微镜、望远镜等,对太阳、金星、木星等星球和星系的运动规律进行精密的观察,验证了哥白尼关于太阳是宇宙的中心、地球围绕太阳旋转的论断,他还进一步观测到太阳本身在做自转运动;二是引进了物理学的证明,即用动力学的观点,特别是力学相对性原理回答了反对派的责难。伽利略告诉人们,由于惯性作用,在匀速运动的船上物体降落的情景与在静止不动的船上是一样的,地球本身的匀速运动地球上的人也感觉不出来。从而正确地解释了地球上的人为什么感觉不到地球旋转的难题。

如果说哥白尼、开普勒的天文学仍然具有很强的理想色彩而缺乏坚实的物理学基础,那么伽利略用他改进的望远镜对准天空,寻找新天文学的确凿物证,终于使近代科学走上了正轨。以伽利略为代表的近代科学本质上是实证的、经验的,它宁愿接受无情的事实,而不在乎对象是否"完美"——科学的结论必须与所观测到的东西相一致,既不是由于上帝的意志,也不是建立在柏拉图数字上,或亚里士多德文字上的不切实际的空想。伽利略认为,所有运动都必须服从统一的物理学原理,他认为人们不能擅自了解上帝的目的,但却可以研究上帝达到目的的确切方式。伽利略关注的是以物理学的"范式"取代(而不是修修补补)形而上学的"范式",他坚信上帝的思想中包含着所有的自然规律,研究科学的人煞费苦心偶尔得知这些规律,就是上帝存在的证明,而且是上帝的直接启示。他所概括的动力学基本定律,是科学推理和实验检验的结果,而并不考虑它们是否符合常识。

天文学研究领域在16~17世纪所取得的辉煌成就直接或间接地推动了其他学科的革命性变革,出现在天文学研究领域的科学研究方法被广泛应用于各个学科;与此同时,各个学科都涌现出一大批杰出的科学家。譬如,英国科学家牛顿(1642—1727)在伽利略等人研究成果的基础上创立了奠定经典力学基础的牛顿运动定律;在开普勒等人的研究基础上发现了万有引力定律,使哥白尼天文体系的科学基础更加稳固。在化学方面,英国人罗伯特·波义耳(1627—1691)区别了混合物和化合物,并为化学元素、化学反应及化学分析下了最初的定义,把化学从点金术中分离出来;他创立了著名的气体定律,即"波义耳—马略特定律"。在医学方面,英国的哈维(1578—1657)发现了许多生理现象,揭示了心脏在生命过程中的功能,发现了血液循环现象,证明了血液由心脏输出,按同一方向运行。

第二章 西方文化的形成

天文学革命及其随后全面的科学革命对基督教的信仰权威和教会权威形成致命的最后一击。尽管教会仍然一如既往地压制科学,但在科学革命中所形成的科学理性却赢得了越来越多的支持者和追随者。哥白尼的日心说虽然被教会认定为"异端邪说",哥白尼的追随者却越来越多,而且这些科学的信徒以比哥白尼更执着的精神追求科学的真理,甚至不惜奉献自己的生命。布鲁诺是第一个为科学而殉难的人,伽利略因坚持日心说而曾两次受到教会法庭的审判,但科学革命的步伐并没有因此而停下来。

第三节 近代西方的商业革命

在上一章的"中世纪城市的商业文化"一节中,我们对西欧中世纪时期的商业活动已经有过详尽的介绍。简而言之,在中世纪早期,西欧的商业活动曾极度萧条,商品交换和流通降至最低点,但从10世纪开始的商业复兴不仅使西欧的商业活动摆脱了萧条,而且使西欧的商业贸易进入了一个前所未有的繁荣时期:首先是在西欧社会出现了一个人数庞大的职业商人阶层;其次是新兴商业城市的大量涌现,在11~13世纪,西欧各国新建了大约5 000个城市或城镇;第三是两大贸易区(即地中海贸易区和北海与波罗的海贸易区)的形成和各种商业城市同盟的建立;第四是商人和商业在整个社会经济结构中的地位及影响力大幅提升。中世纪时期西欧的商业繁荣为近代西方商业革命奠定了坚实的基础,从中世纪后期开始,西欧的商业体制出现了巨大的变化,一系列新的商业制度和经济制度逐步确立,并出现了商业控制手工业生产的趋势,即资本主义萌芽的出现。从15世纪末开始的地理大发现,为西欧商业贸易的跨越式大发展提供了契机,商业因其所创造的巨额利润而成为各国政府重点扶持的主导产业,商业对其他产业的支配及影响日趋强化,以商业资本为主导的资本主义生产方式因此成为近代西方各国最普遍的经济体制。在学术界,通常将16~17世纪时期因商业活动而引发的一系列经济和社会变革称为商业革命。

一、商业的扩张

中世纪西欧商业的空前繁荣大大提升了商人在社会中的地位和商业在经济生活中的重要性,随着新的商业体制在西欧的实行,西欧的商业活动实现了由简单地以货易货的传统贸易模式向以金融、保险、商业法和公司管理为主体的多元性现代商业模式的转变,商业也因此成为西方第一个实行现代化经营与

西方文化概论

管理的产业,商业逐渐取代农业而成为社会财富的主要创造者。为了获取更大的利润,日渐强大的西欧商业从中世纪末期开始经历了一个急剧的扩张过程,西欧商业的扩张主要体现在以下两个方面:

1. 商业资本向商品生产领域扩张

中世纪商业城市的大量涌现虽然开创了西欧前所未有的商业繁荣,但是在14世纪以前,城市商业贸易的繁荣并没有改变西欧自给自足经济体制的基本特征,而只是部分提高了商业在这种经济模式中的地位,这是因为对于14世纪之前的绝大多数城市商人而言,他们的商业活动仍然属于自然经济体制的一部分,即生产者生产什么,商人就只能销售什么;生产者生产多少,商人就销售多少。商业对农业和手工业生产仍然有很大的依附性。但从14世纪开始,情况出现了变化,意大利的一些商业城市在长期的商业活动中积累了巨额的资本,并建立了一个庞大的贸易网络。于是实力雄厚的商业资本为了实现利润的最大化,开始摆脱对农业和手工业的依附,主要表现为商业资本家或自己投资设厂从事商品生产,或以提供贷款和销售商品为条件,要求生产者按照商人的规格、质量、数量和时间要求生产商品。随着商业资本大规模地投入商品的生产领域,商业的经营观念和经营模式也逐渐渗透到商品的生产过程之中,由此开创了一种新的生产方式——资本主义,马克思因此将佛罗伦萨等城市出现的经济形态变化称为资本主义萌芽。

14~15世纪西欧资本主义的萌芽,主要表现为手工工场的出现,这些手工工场有一些是从行会手工业演变发展而成的。手工业者不断分化之后,少数富裕起来的行东为了求得更大的发展,不愿意受到行会的约束,开始突破行会的规章制度。他们设法添置生产工具、增加雇工人数、使用新技术,极力扩大生产,并且按照自己的需要采用更有利的销售形式。另一些手工工场的出现则是商人资本直接控制小生产者的产物:中世纪城市的手工业者,一般都被组织在行会之中,但在城郊及广大农村地区,还散布着许多小手工业者和大量从事家庭副业的农民,于是在城乡之间渐渐产生了包买商人,这些人直接从乡村的手工业者手中收购产品,同时向他们供应原料。以毛纺织为例,这种分散型手工工场的具体情况是,富裕的商人们先到市场购买大宗羊毛原料,然后交给分散在各处的家庭手工业者梳洗纺线,商人们收取了毛线后再分给家庭手工业者分别织成毛呢,收取成品后,再组织染色和包装以及出售。

与传统的商品生产方式相比,手工工场不仅体现为生产规模的扩大和生产产量的增加,更体现为经营方式的根本改变。马克思指出,传统商品生产者生

第二章 西方文化的形成

产商品的目的,是用出售商品所得来的货币换取自己所需要的其他生产或生活用品,这个过程可以描述为从商品到货币再到商品,即 W—G—W 公式。而商业贸易所遵循的则是从货币到商品再到货币的另外一个公式,即 G—W—G' 公式,获取利润是商业经营的最终目的,而商人获取利润的主要方法是贱买贵卖,为卖而买。在商业资本逐渐控制商品生产过程之后,流行于商业领域的 G—W—G' 公式也成为商品生产所遵循的普遍规律,即商品生产不再以满足生产者的生活需要为目的,而是以追求商业利润为目的,从事商品生产只是商业资本家追逐商业利润的另一种途径。

从客观效果看,商业资本进入商品生产领域,不仅为商业资本开拓了新的增殖途径,也极大地促进了商品生产产量、技术和效率的提高。其一,由于商业资本的介入,具有资本主义性质的手工工场的生产规模远远超过传统的行会手工业作坊。以毛纺织为例,最普遍的是雇用 500 人至 700 人的工厂,大手工工场场主斯添普在 1564 年曾租用奥斯尼修道院当作坊,雇用了 2 000 多名工人进行呢绒生产。其二,由于生产规模的扩大,大多数手工工场都实行精密的内部分工协作,工人分为不同的工种,各自使用不同的劳动工具,专门完成一道工序或从事一个部件的制造,最后将其装配起来把工作全部完成。为了降低生产成本,一些工序由工人们在其家里完成,即工场主或包卖商将原料分发给个体小生产者,这些个体小生产者按照所要求的规格加工,并被给与计件工资。

此外,商业资本的大规模投入,为新技术、新设备在商品生产中的应用提供了可能。以采矿业为例,在 13～14 世纪时,西欧的采矿技术是非常落后的,当时采用的原始技术只能开采矿床的表层,表层的矿产采完之后,矿坑必须向深处挖,而排水是一个关键问题,靠小生产者们自身携带的简陋工具是无法再深挖的。加之矿石开采出来后,需要就地冶炼,否则把矿石运出来又会遇到交通运输的困难,但冶炼炉、风力风箱这样的设备不是小生产者自己能够制造的。技术上的困难只有领先增加投资才能解决,商人们拥有较多的资本,有能力垫支各项费用,于是商业资本开始向采矿业渗透,通过向矿主提供贷款或赎买矿业公司的股份等方式,商人们逐渐获得了各个矿业公司的控制权,西欧 15 世纪以后采矿技术的进步证明了资金投入的重要性。

2. 商业市场向全球范围的扩张

15～16 世纪的地理大发现为西欧商业的扩张提供了另外一个机遇。地理大发现的重大事件主要发生在 15 世纪末至 16 世纪初:葡萄牙人巴托罗缪·迪亚士于 1487 年沿西非海岸向南航行,到达非洲的西南端好望角;1497～1498

西方文化概论

年,葡萄牙贵族瓦斯科·达伽马率领160个水手乘3只帆船绕过好望角,驶进印度洋,终于到达印度马得拉巴海岸上的加里库城——印度同阿拉伯贸易的中心,从而发现了通往印度的新航路;意大利热那亚人哥伦布在西班牙国王斐迪南和王后伊萨白拉的批准和积极支持下,于1492年率领90个人和3只帆船从西班牙的巴罗斯湾出发,横渡大西洋,发现了美洲的西印度群岛;葡萄牙贵族麦哲伦在西班牙国王的支持下,率领265人在1519年自西班牙出发,越过大西洋,经南美海峡进入太平洋,到达菲律宾群岛,麦哲伦本人在征战中被杀,余众渡过印度洋海面,再绕道非洲西海岸返回西班牙,这次全球航行的完成,开辟了东西方交通的新航路。

随着历次海外航行,欧洲人陆续发现大批地区。到16世纪末,欧洲人对陆地面积的了解,比14世纪时增加了5倍,这使得欧洲与外界经济联系的范围空前扩大,商业资本获得了无比广阔的活动场所。欧洲商人的经商范围由传统的地中海及大西洋沿岸扩展到世界各地,贸易额和商品种类都大大增加,一些先前没有运销西欧的新产品如烟草、茶叶、咖啡、可可和其他一些殖民地产品也开始运销西欧,而商品的运销量也空前增加。例如,胡椒是中世纪贸易的重要商品之一,但把胡椒运销到欧洲的威尼斯商人过去在亚历山大里亚收购的胡椒量每年不超过200吨,在通往印度的新航路发现后,每年运抵葡萄牙首都里斯本的香料(包括胡椒在内)就达到7 000吨。商业服务的对象也发生了变化,从供应西欧封建领主、贵族、骑士、僧侣奢侈品改变为运销大宗商品供广大居民消费,满足广大西欧居民的生活需要。

在17世纪中,荷兰在西欧商业国家中占最重要的地位,后来英国取代荷兰成为西方最大的商业国家。英国的对外贸易额1700年约合5 900万美元,到1789年则猛增至3.4亿美元,在不到100年的时间内增加了近5倍。次于贸易额增长的是新商品的增加,西欧国家原来的消费物品种类不多,如今许多日常食用的物品就是当时从外面引进的,如马铃薯就是16世纪时从美洲移植的,玉米是哥伦布从美洲带回西班牙的。自从在中美洲、西印度发现糖蔗以后,食糖在西欧被大量食用,荷兰人从中国人那里学会饮茶,茶叶于是成了世界贸易中的一个重要项目。烟草最早当作一种药材从西印度运入,后来几乎成为欧洲人习惯用的嗜好品。

在欧洲与美洲的贸易中,人口贸易是比较特殊的一项,从非洲往巴西与西印度群岛贩运奴隶构成了跨洋贸易的一部分。17~18世纪,奴隶贸易发展到顶峰,形成了三角形的贸易路线,即欧洲、非洲与西印度群岛之间的贸易。奴隶贸

第二章 西方文化的形成

易的巨额利润引起了激烈的竞争,17世纪时共有8个欧洲国家在西非争夺地盘,先前由葡萄牙人和法国人所掌握的向西属殖民地提供劳动力的垄断权最后让给了英国人。奴隶贸易使非洲在15~19世纪损失了大约2.1亿的人口。

在跨洋贸易发展的同时,欧洲地区之间的贸易也越来越频繁。地中海地区的贸易以意大利北部诸城市为中心,将西欧、中欧与近东联系起来,打破了基督教与伊斯兰教之间的隔阂。大西洋、北海、波罗的海贸易区因为盐和谷物而紧密相连。法国和葡萄牙是两个互相竞争的海盐供给国,而北海和波罗的海地区则是海盐消费国;波罗的海是出名的粮仓,而且盛产鲱鱼,随着葡萄牙、西班牙,尤其是荷兰人口的增加,谷物短缺现象越来越严重。因此在这些贸易区之间从西到东的主要商品是盐,而从东到西的是粮食。进入市场的商品种类和数量大大增加,贸易机会增多,商业利润也因此而成倍提高。

综上所述,地理大发现后的300年间,西欧的商人奔走于世界各大洲,把欧洲原有的区域性市场同亚洲、美洲、非洲、大洋洲的许多国家和地区的地方性市场联结起来,出现了以西欧为中心的世界市场。

二、重商主义

重商主义是当时新兴民族国家所普遍采取的经济政策。

在专制王权的确立过程中,城市商业贵族曾给国王政府提供了大量的财政资助,以供国王购置武器、建立常备军、镇压封建贵族的反叛。对商业资本来说,为了清除封建割据对商业资本活动的限制,确保商业交通特别是海上贸易的安全和商人在国内外市场上的利益,要求必须建立统一的强有力的中央集权国家;而对封建国王来说,为了削弱封建领主的力量来加强自己的权力,同时为了维持庞大的军队和豪华的宫廷生活,也需要得到商业资本的支持,因而十分关心加强商业资本的力量。于是封建国王和商业资本家在共同追求货币的基础上建立起联盟,竭力推行狂热追求金银货币的重商主义政策。重商主义既是封建末期同商业资本结合的新兴民族国家政权为了积累货币而采取的经济政策,又是商业资本思想家为这一政策进行总结论证的经济理论。

从理论上说,由于当时商业资本支配着一切,而商业资本所采取的货币资本的循环,即 G—W—G',事实上也是当时资本运动的唯一形态。而 G—W—G' 公式中所给予的提示则是,流通支配着生产,而不是生产支配着流通;货币的增殖,表现为买卖行为的结果,即流通的结果;增加的财富正好表现为额外的货币。所以,作为商业资本的意识形态,必然会把财富等同于货币,把财富的增长

西方文化概论

归结为流通的结果。重商主义者从民族国家的立场出发,认为国内贸易不会增加一国的财富,只有发展输出商品以换回金银货币的对外贸易才能确实增加一国的财富,而对外贸易的原则是少买多卖和少支出多收入。

为了在对外贸易中增加货币流入,就必须实现贸易出超和顺差,国内的商品生产应服从于外贸出口的需要,应鼓励和发展有利于出口的本国工场手工业,限制或禁止外国商品进口。早期重商主义者和晚期重商主义者在如何实现贸易出超和顺差方面有着不同的观点:早期重商主义者非常注重货币的直接积累,主张国家以法律、行政手段禁止货币外流和金银出口,鼓励通过对外贸易的少买多卖吸收外国货币,使本国货币增加并贮藏于国内,以贮藏货币于国内的形式达到积累货币财富的目的。晚期重商主义允许货币输出国外,扩大对外国商品的购买,但必须保持商品的输出超过输入,为此,他们主张大力发展在国外市场高价推销商品的工场手工业。但无论是早期重商主义者还是晚期重商主义者,他们都无一例外地主张政府应积极干预经济生活,鼓励和发展有利于出口的本国工场手工业,限制或禁止外国商品进口,以保证本国货币财富的稳定增长。

在实践上,"重商主义"理论主要体现为一系列的贸易保护主义政策,重商主义的理论在15~17世纪的英国和法国政府政策中得到了突出的体现。英国是个没有金银矿的国家,为了增加国家的货币储量,英国政府一方面严禁金银外流,如英国爱德华四世于1478年把输出金银定为大罪,另一方面则发展对外贸易,最大限度地争取对外贸易的出超。对国内主要生产出口商品的企业,英国政府给予政策、税收等方面的优惠,甚至给出口商品发放补助金,但对出口商品所需的各种原料如羊毛等则限制出口;对于进口商品往往征收高额进口税,高到差不多禁止的程度,但对国内不生产或产量不够的工业原料则允许自由进口。英国政府甚至还规定,外国商人必须将出售货物所得的全部货币用于购买当地的商品。

在17世纪中叶,英国政府为了保护本国工商业利益与扶植新兴的航运业,颁布了《航海条例》,这个法令的目的是确保殖民地原料对英国的供应和英国商品对殖民地市场的垄断。条例规定,一些北美殖民地的土产如食糖、烟草、棉花与靛青等只可供应英国,凡是产品输入英国,只能由英国船只或输入地区的船只运送,从英国出口的商品,只能由英国船只运送。《航海条例》理所当然地引起了当时的航海大国荷兰的不满,条例1651年颁布后很快就引起了英荷之间的战争,因荷兰战败,被迫遵行这个条例。

第二章 西方文化的形成

　　法国在柯尔培担任财政大臣期间执行了一套完整的重商主义政策。柯尔培采取了一系列奖励出口与限制进口的方针,据他自己说:"对工业品原料应降低进口税,对本国工业品出口应降低出口税。"1677年他把英国和荷兰呢绒的进口税率提高了1倍,花边和饰带等法国擅长生产的装饰品的进口税率也提高了1倍。为了增加出口,柯尔培颁布了许多提高出口商品产量和质量的措施,在这方面最突出的成就是建立了许多"皇家手工工场"。在他当政的20多年间(1661—1683),大的"皇家手工工场"由68个增加到113个,生产地毯和装饰品的安比林和萨望果皇家手工工场曾名噪一时。他一方面积极招揽各国技术工匠到法国,教导法国工人学习新技术,颁布内容非常详尽的商品质量法令(法令甚至规定到所织布的长度、宽度、韧度等细节),并严格进行检查监督;另一方面,他多次发行国家公债,为相关的生产企业筹集资金。为了降低商品生产成本,他甚至不惜牺牲农民的利益,强行压低粮食价格。

　　为了最大限度地扩张殖民地贸易,欧洲主要国家在17世纪纷纷建立各种商业垄断公司,例如,英国经营对外贸易的特许公司莫斯科公司、近东公司、几内亚公司和英国、法国、荷兰、丹麦设立的东印度公司、英国伦敦公司等联合股份公司。这些公司从有关各国政府那里获得各种特权和补助金,成为进行海外殖民掠夺和资本原始积累的工具,其任务是夺取世界市场,排除其他国家在国际贸易中的竞争或奴役和掠夺殖民地人民。

三、商业推动西欧经济结构的转型

　　自中世纪以来,西欧商业城市在商业经营体制方面的一系列创新,如银行信用制度、会计统计制度的普遍建立和保险公司、股份公司的出现等,使西欧的商业在众多的经济产业中率先实现了产业升级,为商业在近代西方的突破、发展奠定了基础。15~16世纪是西欧商业的大发展时期,先是商业资本开始向商品生产领域渗透,开启了商业资本主导手工业生产和农业生产的所谓资本主义化过程,资本主义生产方式不仅为商业资本开辟了新的增值途径,也极大地提高了手工业和农业的产量和生产效率。

　　地理大发现后,西方人开辟了到达美洲和亚洲的航线,西方商人的经商范围由地中海区域扩展到大西洋及世界各地,巨大的市场需求不仅刺激了商业贸易的飞速发展,亚洲、美洲和非洲的大量奢侈品或土特产,如香料、丝绸、瓷器、茶叶、咖啡、可可等大量运抵西欧,欧洲的一些传统优势产品如呢绒也在海外找到了广阔的市场,同时也极大地刺激了西欧工业的飞速发展,工业生产开始从

西方文化概论

城市向广大的农村地区蔓延,西欧由此步入了一个所谓的"原工业化"时代。

面对海外市场需求的增长,欧洲原有的以行会生产为组织的城市工业开始了面向农村的转移,在广大农村出现了家庭工业。这种类型的家庭工业的发展进程就是原工业化,按照美国学者富兰克林·门德尔斯的解释,原工业化"主要是一种农村制造业活动的扩张",这种制造业绝大部分的劳动力由有地的农民和无地的农业劳动者组成。这些农民家庭在从事农业生产的同时也从事工业生产活动,他们的工业产品主要销往海外市场,市镇商人以外包制的方式以及其他形式组织农民家庭手工业生产。原工业化是在生产技术水平没有突破的前提下,仅以改变生产组织和劳动关系的方式对市场需求变化做出的反映。

之所以会出现家庭手工业为主的原工业化的兴盛,一方面是西欧传统的城市手工业满足不了日益扩张的世界市场的需求,另一方面是当时的产品生产中,特别是纺织品的生产中,劳动力价格仍然是主要成本,为了降低生产成本,商人们必须寻找最廉价的劳动力来生产这类产品,于是拥有大量剩余劳动力的农村地区就成为生产这类产品的理想场所。在原工业化生产中,城市商人居于主导性的地位,因此有学者认为城市商人是原工业的催化剂,因为他们拥有资本、商业关系和专业知识,并能与市场相协调。

原工业化最典型的生产组织方式是外包制。以呢绒生产为例,一些富裕的呢绒商到市场上购买羊毛,然后分发给在各自家中工作的纺工,让他(她)们纺成毛线,呢绒商付给纺工工资后收走毛线,再把毛线分发给在各自家中工作的织工织成粗呢,并给织工付工资。然后,这些粗呢还要经过精整、漂洗等工序,才成为合格的可以出售的呢绒。后面这些工序大多集中在呢绒商设立的简陋厂房中,由若干雇佣劳动者进行生产。此外,也有一些农民家庭从市场上购得原料,经加工后直接将产品拿到市场上出售,然后由中介商人转售给大城市的商人以供出口。在这种情况下,生产者和商人之间的关系与外包制的形式非常相似,如生产者与商人签订长期合同,将产品卖给契约商人。

由商业资本主导和支配的原工业化生产,极大地促进了西欧手工制造业的发展,在原工业化的推动下,欧洲出现了一大批生产制造中心,如佛兰德尔地区的亚麻纺织业、英国西部和北部地区的呢绒制造业、瑞士西部地区的金属加工业等。随着商业资本渗透和控制的生产领域越来越多,西欧的经济体制逐渐实现了由自给型生产方式向交换型生产方式的演变。原工业化实行的结果是,继商业之后,工业生产也实现了产业的转型和产业的升级,而且工业逐渐取代商业成为西欧的主导产业和社会财富的主要创造者,工业资本家逐渐取代商业资

第二章　西方文化的形成

本家而成为社会财富的主要拥有者。在17世纪,西欧各国都不同程度地开始了从商业立国转向工业立国的转变,而各国所推行的重商主义政策则进一步加速了这个转变过程的实现,晚期的重商主义者实际上已将关注的重心从贸易转向生产,如柯尔培所执行的一系列重商主义措施都立足于促进商品产量和质量的提高。

第四节　近代西方的政治革命

1640年,一场以推翻专制王权、建立民主政治为目的的资产阶级革命在英国率先开始,由此拉开了近代西方政治革命的序幕,在随后的两个世纪内,几乎所有的西方国家都爆发了以改变政治体制为基本诉求的政治革命。在有的国家,如法国、美国、西班牙等,这种政治革命是通过血腥的暴力冲突实现的,而在另外一些国家,如德国、意大利等,则通过自上而下的政治变革完成了从传统政治体制向新型政治体制的转变。通过一系列的政治革命或政治变革,所谓的民主制度成为西方各国最普遍的政治体制,而自由、民主、人权等则被西方人视为天赋的、不容置疑的政治理念。

一、专制王权的扩张

中世纪时期的西欧,流行的是一种多元政治体制,国王、教会、贵族和自治城市四种政治势力相互对立、相互制约,无论哪一方都拥有根据历史传统、宗教教义或成文契约而享有的不可剥夺的政治权力和特权。同时,无论哪一方都没有完全否定其他三方的绝对权力,也不拥有完全压倒其他三方的绝对优势。中世纪的西欧因此而形成四足鼎立的政治格局,任何两方或三方的联合都足以制止出现一方独大的政治局面。中世纪时期欧洲诸侯割据的状态也使得任何一个强国或大国都难以实现欧洲的政治一体化。正是这种相互对抗、相互制约的政治局面孕育了近代欧洲人的权利意识、自由意识、平等意识和民主意识,成为近代欧洲向自由、民主、平等和充分保障个人权利的新的政治体制过渡最根本的民情基础。

但是,西欧中世纪时期的这种多元政治格局在给未来新体制提供有效的文化支持之前,却先给欧洲社会带来了深重的灾难:1348年开始蔓延的一种瘟疫——黑死病,在一个世纪之内,夺去了超过一半以上欧洲人的性命。其实,黑死病并非发源于欧洲,而是由在印度等地经商的犹太人带入欧洲的,黑死病虽

西方文化概论

然在原发地印度和中东地区也造成大批人口和牲畜的死亡,但其危害远不及在欧洲所引发的那种可怕的灾难。为什么同样的传染病会在亚洲和欧洲出现如此不同的后果,当时的人们或许并未思考这个问题,但是,当瘟疫来袭之时,"欧洲的人们除了逃离,几乎没有能力来克服危机。在黑死病期间,世界似乎不是属于人的,而是属于危机的。恰恰在这个意义上,我们看出了封建制度的赤贫。行政不能帮助人们,经济制度也同样如此,各种福利的救济措施也没有起到作用,善良之心只是教士们守护在病人身边与病人一起等死"。① 经历了这次大灾难之后,欧洲的人们似乎意识到了强大政府的作用,在欧洲主要国家均出现了一种不自觉地强化王权或君权的趋势。在英国、法国都出现了一些强势君主,如英国的亨利七世、法国的路易十一。15世纪末至16世纪初,西班牙和葡萄牙以强大的王权为后盾,在一场开辟新航路的探险活动中不仅从东方及新大陆获得了巨额的意外之财,而且迅速成为欧洲的强国。西、葡的突然崛起无疑进一步刺激了欧洲其他国家强化王权、建立民族国家的进程。

与此同时,一些思想家也开始冲破中世纪传统政治观念的束缚,竭力为正在崛起中的专制王权呐喊、助威,马基雅维里是最早意识到这种历史趋势的思想家,在马基雅维里之后,在西欧的思想领域出现了一大批为君主的专制权力进行辩护的思想家,如德国的宗教改革思想家马丁·路德,法国的让·博丹,荷兰的格老秀斯,英国的塞尔登、菲尔默、霍布斯及英国国王詹姆斯一世,他们分别从宗教神学、国家主权、历史传统和自然法的角度论述了建立强大的世俗权威或君主专制政权的必要性和紧迫性。

王权扩张的结果是,自中世纪以来所形成和维持的国王、教会贵族、封建贵族和城市贵族之间的权力均势局面被打破,君主的权力不仅摆脱了教会权力的约束,而且中世纪以来一直对王权形成有效制约的习惯法、宪政制度以及贵族特权也被国王们一一突破。② 王权的急剧膨胀使得各个社会阶层均不同程度地感受到其传统的权利日益受到国家权力的压制甚至粗暴践踏。因此君主权力的扩张理所当然地受到教会贵族、封建贵族和工商业新贵族的抵制,也受到了普通公民和基督教信徒的反对。其中,城市工商业贵族的态度比较特殊,在王权扩张的早期,他们出于商业利益的考虑与王国政府结成政治同盟,成为专制王权的坚定支持者;但随着绝对专制王权的确立,城市工商业贵族和新兴资产

---

① 朱孝远.欧洲涅槃:过渡时期欧洲发展的概念.上海:学林出版社,2003:22
② (英)活顿.神授王权与民主.Hannondsworth,1986:284

第二章 西方文化的形成

阶级的政治和经济权益也不断受到王国政府的侵害或剥夺,于是城市工商业贵族和新兴资产阶级逐渐从专制王权的坚定支持者转变为反抗专制王权的急先锋。

二、16～17世纪西方的反专制主义思潮

耶稣会是天主教顽固势力的代表,耶稣会的思想家们顽固地为教会的权力和教皇的权威进行辩护。但耶稣会的思想家们也清醒地意识到,罗马教会无论如何也不可能恢复其以前的权威,世俗政权摆脱教会的控制和支配已是不可挽回的必然趋势了。于是耶稣会的思想家退而求其次,他们将维护"教会的独立"(教会既然不能再居于世俗政权之上,但至少应保持独立于世俗政权之外,而绝不能处于世俗政权的管辖之下)作为主要的目标。为此,他们分别论证了教会和国家的起源,试图证明这是两种性质完全不同的权力机构,有着不同的形成途径,有着不同的社会功能,有着不同的权力范围,彼此不可相互替代,也不能一方支配另一方。

耶稣会的思想家们指出,教会的最高立法权应始终由教皇掌握,这是因为教会"权力的钥匙"是由耶稣直接赋予彼得的,教皇作为彼得的继承者,自然对整个教会有着不容置疑的统治权。耶稣会士莫利纳说,"教会中根本不会有任何人可以免受教皇的权力管辖"。在分析和论证教会权力的同时,耶稣会的思想家又从自然法的角度对世俗政府权力的起源、功能和目的等问题进行了详尽的论证。耶稣会思想家认为,与由耶稣直接创立、直接授权的教会权力不同,世俗君主的权力并非由上帝或耶稣授予的,而是人们根据自然法建立的,"国王的权力在性质上和来源上都是世俗的"。[①] 为了证明国家权力的世俗性,这些耶稣会的思想家们综合罗马法学家和基督教神学家的相关论述,着手从人类早期的"自然状态"中探讨国家权力起源。依照他们的想象,自然状态是全人类在亚当犯罪后一直到创建政治社会这段时期内所处的情境,这是一个人人自由的状态,任何人对任何人都没有管辖权。但他们又坚持认为,自然状态并不是一种纯粹的无法无天状态,相反,自然状态下的人们始终受自然法的支配。

虽然所有人始终有能力领悟和听从自然法的支配,但是所有人又不可避免地是堕落的动物,倘若没有一种权力来强行贯彻自然法的支配作用,任何伤害都绝对不能适当地避免。既然人们不可能在一个自然的社区里维持正义,同意

---

① (美)萨拜因.政治学说史.北京:商务印书馆,1986:442

西方文化概论

建立一个国家从而使每个人获得更大的自由权就成为所有理性人必然的选择。苏亚雷兹说,"人类有一种强有力的几乎不可抗拒的动机要建立政治社会",作为理性的人,他们必然能够"出于共同的赞同,通过社会的单一的纽带,并且为了彼此互相帮助的目的,以便为所有人实现一个单一的政治目标而结合成一个单一的政治团体"。① 耶稣会的思想家由此得出结论,"政治权力毫无疑问来自自然法",国家的"统治基础不是存在于神的恩典,而是存在于自然"。所以,由万民通过社会契约而被授予强制权力的世俗政府,没有权力也没有可能去支配、控制由耶稣亲自建立和授权的教会。

随着民族国家的兴起和专制王权的出现,贵族在政治、经济、司法和社会地位方面的特权地位逐步丧失,无论是世俗贵族还是教会贵族,或是城市贵族都不再拥有抗衡王权的经济或军事实力,传统的贵族政治开始衰落。但根深蒂固的特权意识又使得贵族阶层特别是封建贵族不肯轻易屈从于专制王权,他们利用各种借口进行武装反叛,如16世纪的部分法国贵族利用宗教改革之机,发动了反抗专制王权的起义——胡格诺宗教战争;都铎王朝初期的英国贵族不时以王位继承为借口,不断发动反对专制统治的叛乱;但都以失败告终。于是国王与贵族之间的斗争形式逐渐由以前的武装较量改变为"法律之争",传统的封建法或习惯法成为贵族们维护自身权利、限制王权扩张的理论依据,而"依法"捍卫仍然由贵族掌握或控制的各种等级会议、议会或法院的权力和权利就成为双方斗争的新焦点。

在英国,随着新兴贵族阶层(乡绅和城市工商业资产阶级)的崛起,贵族与专制王权的矛盾再度激化,由新兴贵族控制的下院表现出越来越强烈的独立性,在亨利八世时期所确立的国王、上院、下院"三位一体"的政治体制到都铎晚期的伊丽莎白时代已难以和谐相处,下院贵族经常指责国王滥用权力,限制或侵犯臣民传统的自由权利。由于下院几乎在每届议会上都对政府的政策发起攻击,所以伊丽莎白很不愿意召开议会,伊丽莎白在位45年,只召开了10次议会,会议总时间为140周。她曾对西班牙大使说,如果能通过其他途径找到钱,她绝不会召开议会。在女王去世之后,来自苏格兰的詹姆斯一世继承英国王位,詹姆斯一世是一个顽固的专制主义者,他曾于1598年出版了一部名为《关于自由君主制的正确法律》的著作,竭力鼓吹君权神授和绝对的君主专制统治。在入主英国之后,他无视英国的政治法律传统,否定议会的权力和权利,企图建

---

① (英)昆廷·斯金纳.近代政治思想的基础(下).北京:商务印书馆,2002:234

第二章 西方文化的形成

立凌驾于议会之上的君主专制统治,因而受到议员们的一致抗议,于是詹姆斯一世一次又一次地解散议会,以后干脆实行无议会统治。国王的倒行逆施激起了英国大多数人的不满,乡绅、工商业贵族、律师、激进的清教徒组成了一个反对专制王权的大联盟,维护议会的权力和权利成为这个大联盟中所有政治派别的共同目标。

在法国,自1562年始,法国的加尔文教徒(也称胡格诺教徒)和以王国政府为首的天主教集团爆发了长达三十余年的宗教战争。宗教战争进行过程中,胡格诺教派的思想家提出了人民反抗专制君主的权利问题,并逐渐形成一套较完善的理论体系。1579年,著名的胡格诺思想家莫尔奈以朱理·布鲁塔的笔名出版了《论反抗暴君的自由》一书,在这本书中,莫尔奈从两个方面系统阐述了民众反抗暴君统治的合理性与合法性。为此,他提出了所谓的"双重契约观"。在莫尔奈看来,国家与社会的设立依据了两种契约:一种契约以上帝为一方,以国王和人民为另一方,而另一种契约则以人民为一方,以君主为另一方。莫尔奈说,神之所以要与民众签订这份圣约,是因为他深知将维持教会这一至高无上的责任"交给某个单独的十分凡俗的个人是危险的",因此决定不仅要授予国王统治权,而且还要授予"国王下面的行政长官"统治权,以保证国王的职责得以充分履行。

莫尔奈更强调国王与人民所签订的"社会契约"。按照莫尔奈的理解,国家是通过全体民众与被推选出来担任统治者的国王签订社会契约的方式建立的,这个契约采取的形式是"国王和民众共同做出的誓言"。在社会契约中,民众同意将他们原始的自由权利转让给国王,由国王及其政府统一行使,而且承诺将有条件地服从国王的命令,这个条件就是国王所颁布的命令必须是公正的、合法的。同时,国王也向民众做出绝对的承诺:永远维护民众的福祉。莫尔奈说,这个契约具有十分强大的效力,任何故意违反契约的国王可以被称作"暴君",而违反这一契约的民众则被称作"叛逆"。

三、英国与法国的资产阶级革命

英国资产阶级革命与法国资产阶级革命是西方各国17~19世纪一系列政治革命中最具影响力的两场政治革命。

新航路开辟以后,欧洲的主要商道和贸易中心从地中海区域转移到了大西洋沿岸。英国人利用有利的地理位置拓展对外贸易,进行殖民掠夺。在此期间,由工场主、商人、银行家和农场主等组成的新兴资产阶级成长起来,有些贵

西方文化概论

族虽然保留着贵族头衔,但也从事一些资本主义性质的经济活动,他们被称为新贵族。17世纪时,英国国王竭力推行封建专制,鼓吹"君权神授",认为国王的权力是神授予的,不可违抗,资产阶级和新贵族的权利受到侵害,他们利用议会同国王展开斗争。

1640年,英国国王查理一世召集议会开会,希望能够筹集军费,镇压苏格兰发生的人民起义。会议期间,议员们对国王的独断专权进行了猛烈的抨击,要求限制国王的权力,从而掀开了英国资产阶级革命的序幕。查理一世非常恼怒,派兵去抓捕反对他的议员,结果挑起了内战。几年以后,经过反复斗争,克伦威尔率领的议会军队打败了国王军队,取得了最后胜利。1649年,查理一世被推上断头台,英国成立了共和国。随后,英国又出现了克伦威尔的专制独裁,他竭力维持资产阶级和新贵族利益,完全不顾人民的死活,他对内下令镇压掘地派,对外镇压爱尔兰人民起义。1653克伦威尔驱散议会,自任英格兰、苏格兰和爱尔兰的"护国主",成了英国的无冕之王。1658年9月克伦威尔去世后,他的儿子理查·克伦威尔继任护国主,但理查上台仅八个月,即在军官集团逼迫下,辞去护国主职务,护国政府随之解体。

1660年初,苏格兰驻军司令蒙克率军进入伦敦,他搜罗长老会派和保王党分子组成"新议会",并通过决议,要求流亡在国外的查理一世的大儿子查理二世迅速回国。4月4日,查理二世在荷兰布雷达发表宣言,声称他复位后将保障革命时确立的土地、财产关系,允许信仰自由,保证赦免反对王朝的人。同年5月1日,英国国会正式宣布,查理二世为英国国王。查理二世登上王位后,即背弃《布雷达宣言》,对革命进行反攻倒算,声言凡参加审判其父查理一世的"弑君者",均不得赦免,必须从严惩办。顿时,白色恐怖笼罩整个英国。查理二世死后,他的弟弟詹姆士二世继位。他一上台,便公开宣布信仰天主教,释放大批被监禁的天主教徒,由他们出任军职。后又颁布《信仰自由宣言》,废除了限制天主教的法律,企图将天主教变为国教。

斯图亚特复辟王朝的倒行逆施,不仅激起英国人民的反对,引发了农民和手工业者的大规模起义,同时也引起资产阶级和土地贵族的强烈不满。不过,这时的英国资产阶级再也不敢依靠人民,采用革命手段来进行斗争了。于是他们向国王信奉新教的长女玛丽和她的丈夫、荷兰执政的威廉发出呼吁,要求他进行武装干涉,以政变的形式推翻斯图亚特复辟王朝。1688年11月,威廉率领着1.2万名士兵以及由600艘舰船组成的庞大船队在英国登陆。23日深夜,众叛亲离的詹姆士二世在大军压境、大势已去的情况下,依靠夜幕的掩护,逃往法

第二章 西方文化的形成

国,斯图亚特复辟王朝就此寿终正寝。

为了确保国家政权能够保障资产阶级的利益,将无限的君主权力限制在宪法范围之内,就在威廉和玛丽加冕的同一天,英国国会通过了《权利宣言》,10月又颁布《权利法案》,规定:今后英国国王必须是国教徒,取消国王中止法律的权力,未经国会同意,国王无权征税;和平时期未经国会同意,国王无权招募和维持常备军;国会选举必须自由,臣民有权向国王请愿;议员在议会中的言论,在会外不受任何机关的弹劾和质问,国王必须经常召开议会会议等。《权利法案》和《王位继承法》,确立了英国君主立宪制的基本原则,它虽保留国王的形式,但又用立法手段限制国王的权力。由于这次推翻复辟王朝的统治是没有民众参加的不流血的宫廷政变,所以被资产阶级史学家称为"光荣革命"。

18世纪,在法国封建专制制度和等级制度日益腐朽的形势下,出现了启蒙思想家伏尔泰、孟德斯鸠、卢梭等。他们揭露、批判旧制度的腐败现象,提出了"自由""平等"的口号。他们反对封建专制制度,提出人身自由;反对封建等级制度,要求政治平等;他们还激烈反对封建精神支柱天主教会。他们的学说启发人们反对封建传统思想和宗教束缚,为资产阶级革命作了思想动员并贯彻于革命的始终。

1789年5月,由于财政困难,法王路易十六被迫召集三级会议,企图向第三等级征收新税,但第三等级纷纷要求限制王权、实行改革。6月,他们毅然决定将三级会议改为国民议会,路易十六准备用武力解散议会,巴黎人民于7月14日起义,攻占了法国象征封建统治的巴士底狱,法国大革命爆发。8月26日制宪会议通过《人权与公民权宣言》(简称《人权宣言》)。确立人权、法制、公民自由和私有财产权等资本主义的基本原则,宣布人与人生来始终是自由的,在权利方面是平等的,财产权是神圣不可侵犯的。议会还颁布法令废除贵族制度,取消行会制度,没收并拍卖教会财产。1790年6月,制宪议会废除了亲王、世袭贵族、封爵头衔,并重新划分政区。成立大理院、最高法院,建立陪审制度。制宪议会还没收教会财产,宣布法国教会脱离罗马教皇统治而归国家管理,实现政教分离。

1791年6月20日,路易十六乔装出逃,企图勾结外国力量扑灭革命,中途被识破押回巴黎。部分激进领袖和民众要求废除王政,实行共和,但君主立宪派则主张维持现状,保留王政。9月制宪议会制定了一部以"一切政权由全民产生"、三权分立的宪法,规定行政权属于国王,立法权属于立法会议,司法权属各级法院,法国成为君主立宪制国家。1792年4月,法国抗击外来武装干涉的

· 105 ·

西方文化概论

战争开始,路易十六的反革命面目充分暴露,立宪派的保守妥协态度愈加不得人心。7月11日立法议会宣布祖国处于危急中,1792年8月10日巴黎人民第二次武装起义打倒波旁王朝,推翻立宪派的统治。由普选产生的国民公会于9月21日开幕,并成立了法兰西第一共和国,1793年1月21日,国民公会经过审判,以叛国罪处死了国王路易十六。

相对于英国来说,废除专制王权后的法国革命历程更加动荡、曲折,先后经历了雅各宾派的恐怖统治、拿破仑的帝国统治及波旁王朝的复辟、拿破仑帝国的复辟和工人阶级政权"巴黎公社"的建立,直到19世纪末期,在应对迫在眉睫的世界大战危机面前,民主共和体制才在法国最终确定下来。

四、新型政治体制在西方的确立

随着英国、美国、法国、德国和意大利等国相继完成政治革命或政治改革,以民主政治为基本特征的新型政治体制逐渐成为西方各国普遍的政治制度。

首先,在这种政治体制之下,公民个人的权利得到了前所未有的肯定与保护,如美国人在《独立宣言》中非常明确地宣布:"我们认为下面这些真理是不言而喻的:人人生而平等,造物者赋予他们若干不可剥夺的权利,其中包括生命权、自由权和追求幸福的权利。为了保障这些权利,人类才在他们之间建立政府,而政府之正当权力,是经被统治者同意而产生的。当任何形式的政府对这些目标具破坏作用时,人民便有权利改变或废除它,以建立一个新的政府。"

也就是说,国家政府是民众为了更好地维护其自然权利而通过缔结社会契约建立起来的,保障民众的各项权利因此就成为国家政府的最基本职责,各国的宪法及其他法律都详细地罗列了应当受到国家权力尊重和保护的各项公民权利。比如,美国宪法就规定,国会不得制定关于下列事项的法律:确立国教或禁止宗教活动自由;限制言论自由或出版自由;剥夺人民和平集会和向政府请愿申冤的权利;人民的人身、住宅、文件和财产不受无理搜查和扣押的权利,不得侵犯;不经正当法律程序,不得被剥夺生命、自由或财产;不给予公平赔偿,私有财产不得充作公用。

其次,在这种政治体制下,公民被赋予了形式多样的参政、议政和监督政府的权利,即所谓"人民主权"。简单来说,"人民主权论"的主要内容可以归纳为以下五点:一、国家权力的建立必须得到人民的普遍同意,"任何统治者在就位之前必须得到万民的同意",而社会契约是人民表达这种政治意愿的基本途径;二、国家的统治形式即政体由人民决定,政体不存在优劣,只要能保护人民自由权利的政体就是好的政体,只要能使大多数人民过上幸福生活的政体就是理想的政体;三、国家的主要公职人员应该由人民直接或间接选举产生,普遍的选举权与被选举权则是公民最基本的政治权利;四、人民是政府活动的裁判者和监督者,洛克曾明确指出,人民只要发现权力的被委托人违背人民的意志,就可以罢免被委托人,而不管被委托人是最高立法机关还是行政权力;五、人民拥有合法的政治反抗权,"如果国王不为人民利益办事,人民有权收回自己的权力,撤换国王。如果国王残暴不仁,肆意踩躏人民,侵害人民利益,则人民有权废除暴君,甚至处死国王"。

第三,在这种政治体制下,政府的权力受到严格的限制,各国宪法和法律都对政府的职责和权限作了非常明确而详细的规定。此外,为了防止政府权力的扩张或腐败,西方各国普遍采用分权制衡的政府模式。以美国为例,政府权力被分割为立法、司法和行政三种权力,而这三种权力则分别由国会、最高法院和总统行使,而美国宪法又在国会、最高法院和总统之间设置了错综复杂的制约关系,使得任何权力分支想独断或滥用权力几乎不可能。

第五节 近代西方人的观念革命:理性主义的兴起

近代理性主义的兴起源于对基督教神学的批判和否定。

理性是希腊罗马古典文化的主导观念。在古代世界,没有一个民族像希腊人那样具有杰出的理性品质,古希腊人以理性为尺度研究自然、社会和人生,不仅创造了光辉灿烂的古典文化,而且为西方科学和哲学传统奠定了基础。当基督教成为欧洲社会的精神权威之后,希腊罗马古典文化的理性精神受到了压抑或者抛弃,基督教历史上第一位最杰出的神学理论家奥古斯丁一方面用理性方法为基督教建立起一个相对完整的神哲学体系,另一方面又竭力用信仰否定理性,贬抑人的认识能力,认为人自身无力达到对上帝真理性的认识,这种认识只有靠神启、靠信仰才能获得。

但是,随着天主教会和各级教士的日趋腐化,基督教神学的信仰权威开始受到人们的怀疑和批判:先是中世纪的个别神学家如爱尔兰的约翰·司各脱公然蔑视奥古斯丁的预定论,他争辩说,理性和启示二者都是真理的来源。法国神学家阿尔贝得也极力颂扬人的理性,认为除圣经为真理之源外,逻辑推理是通向真理的唯一道路。教会虽一再谴责和处罚理性思考,但终不能将其扼杀,于是一些神学家开始探寻调和信仰与理性冲突的有效途径。阿奎那以经过他

西方文化概论

"稍加篡改"的亚里士多德哲学为立足点,把对一个个教义问题的论证,综合成一个神学大体系,在这个神学体系中,理性有了一席之地。尽管经院哲学家始终强调信仰支配理性,理性是神学的婢女,但他们对理性的有限肯定为理性摆脱神学的束缚乃至完全取代神学打开了一个缺口。

一、近代理性主义的萌芽——人文主义

人文主义是文艺复兴时期出现于西欧各国的一种文化思潮。从表面上看,人文主义兴起的直接背景,是随着十字军的东征和拜占庭帝国的覆灭,大量的古希腊罗马文化典籍流入意大利,在意大利随即出现了一场轰轰烈烈的翻译、介绍和研究古典文化的热潮,人文主义思想在很大程度上就是对希腊罗马古典精神的一种当代表述。但是,人文主义绝不是一种纯粹的文化复古思潮,相反,它是中世纪后期西欧政治格局的剧烈变化在思想文化领域的体现。

13世纪是罗马教会的全盛时期,教皇的权势达到顶峰,但是到了14世纪,教权又迅速走向衰落。随着城市经济发展,市民阶级兴起,市民从本身经济发展的需要出发,拥护国王,要求国家统一,于是,王权开始强大起来,并对教权发起了强有力的攻势。而导致教权衰落的深层次原因则是在教权主宰西欧的时代,西欧政治分裂、经济停滞(城市经济的有限繁荣只是中世纪整体经济萧条与落后状态下的一个例外)、社会动荡、思想僵化。教会权力的没落使得基督教信仰在意识形态领域的权威开始动摇,自中世纪以来"信仰支配理性"的格局也因此发生了变化,先是一些反经院哲学的神学家主张放弃通过理性证明信仰的努力,后来一些人文主义思想家开始用理性的态度审视、批判甚至否定基督教的信条。

人文主义者首先对教会的腐败进行了理性的批判。文艺复兴时期第一位伟大的诗人但丁,将他批判的矛头首先对准教皇,他指责教皇是"披着牧羊人衣服的贪婪的豺狼",是他把意大利变成了"苦难的住所"。在《十日谈》中,上自教皇、主教,下至修士、修女都成了薄伽丘冷嘲热讽的对象,他指出,这些人虽然满口仁义道德,自称是上帝的代表,是清心寡欲的大圣人,是人们进入天堂的引路人,但骨子里却是最无耻、最荒淫的。不过,人文主义者所抨击的并不是神职人员对现世生活的追求,而是他们的虚伪。在中世纪以及在文艺复兴时,教会一直在宣传:僧侣最圣洁,比社会其他阶层的人高贵,因为他们履行了俗人难以做到的"顺从、守贫和禁欲"。正是这三条守则使僧侣成为不同于其他社会阶层的特殊等级,他们应该更多地得到神的恩典和社会的尊重。

第二章 西方文化的形成

意大利人文主义者布鲁尼于1417年写了一篇《论伪善者》的论文,他认为僧侣都是些傲慢、贪婪和虚荣的人,他们穿戴长袍大帽"绝不是为了防寒或避暑,而是为了掩盖自己的恶德",所以,僧侣是所有品德败坏的人中最最危险的人,对他们应该像"对人类的大敌一样,发起一场无情的,全面的斗争"。但布鲁尼又明确指出:"我不责备有益的规劝和号召为上帝服务。但我憎恨伪装,我希望在那些宣传圣洁和虔诚的人身上,看到符合于他们说教的生活。用气度、姿势、步态和言语来表现洁白无瑕,而在内心里隐藏着丑恶的缺点;严厉地斥责别人的罪过,而轻易地原谅自己的罪过;只是在外表上装成是一个有道德的人。然而并不想成为这样的人,这样做的目的是欺骗人。——我认为这是卑鄙的,可耻的,应该受到蔑视。正因为如此,我谴责你,揭露你、咒骂你这个伪善者。"

另一位人文主义者瓦拉在《论僧侣的誓言》一文中则对教会所宣扬的顺从、守贫和禁欲等所谓美德进行猛烈抨击。瓦拉指出:"顺从只不过把自己当作婴孩给监护者或教导者照顾,这是弱小、无知和对自己缺乏信心的一种精神症状。有能力指导、教育和把别人置于自己影响下的人,为什么要听命于别人呢?"顺从在实质上"是一种奴役的形式"。教会"颂扬的贫穷,是这样一些人的贫穷,他们有食物,有衣服,有床,有房子和其他十分牢固而永远不可能失去的东西的保障"。因为教会在宣传把自己的钱财分给别人时,同时又在攫取别人的钱财,教会有自己的财产。最后,瓦拉指出禁欲不值得奖励。"婚姻人人都当尊重,床也不可污秽。"他又引用《圣经》中的一段话说明禁止嫁娶出自魔鬼的恶意。禁止教士结婚,只会导致教会的腐败。

人文主义者并没有分析导致教会腐败和教士堕落的经济原因,而把它仅仅归结为教会所推行的禁欲主义。在他们看来,基督教义过分强调上帝的伟大和全能,过分贬低人的地位和人的价值是导致禁欲主义流行的根本原因。教会的腐败、教士的虚伪和教廷的宗教专制促使人文主义者开始对基督教及其教义进行反思,古希腊罗马的作品则为人们提供了反思的思路和途径。在这些古典作品中,他们发现了一个令人惊讶的新世界,古希腊罗马人崇尚人和自然的理性精神,与中世纪崇尚神权和禁欲主义的基督教文化形成鲜明对照。在这种思想影响下,他们开始将自己的视线从天国和上帝移至尘世和凡人。

人文主义者虽不否定来世的幸福,但他们却把来世看作很遥远的事情,在他们看来,重要的是现世的幸福。彼特拉克就明确地宣布:"我不想变成上帝,或者居住在永恒中,或者把天地抱在怀抱里。属于人的那种光荣对我就够了。这是我祈求的一切。我自己是凡人,我只要求凡人的幸福。"拉伯雷在其著名

西方文化概论

小说《巨人传》中,塑造了一个特来美修道院作为他心目中的理想社会形式。在这里不存在高大的围墙,男女老幼都可以自由出入。修士修女不必彼此分开,他们可以相敬相爱,甚至可以光明正大地结婚。修道院内没有任何清规戒律,也没有烦琐的宗教仪式。惟一的院规就是"想做什么就做什么"。因为人人都有一种趋善避恶的天然本性,如果压抑这种本性,只能激起人们的反抗,相反,如果顺应这种本性,人们就会得到全面的发展。

人文主义者在肯定人生价值的同时,也肯定了人性的自由。他们大多承认天命,但要求给人的自由意志留下活动余地。但丁虽然相信上帝为人们安排的命运,但认为命运并不是不可改变的必然性,否则劝善惩恶就没有必要了。"不能把我们的自由意志消灭掉。我认为,正确的是:命运是我们半个行动的主宰,但是它留下了其余的一半,或者几乎一半归我们支配。"[①]人如果正确地认识了客观事物的规律,是完全可以对抗命运的,是可以预防命运带来的不幸的。所以,作为具有高贵理性的人,就应该独立自主地掌握自己的命运,应该做自己的主人,应该肯定自己的尊严,而不应自轻自贱。

人文主义者从揭露教会腐败、批判教会禁欲主义的立场出发,颂扬人的理性、人的价值,但是,我们却不得不承认,人文主义者对教会的批判是肤浅的,仅仅停留在现象层面之上。他们没有对否定人的理性的基督教教义进行清理,也就是说,人文主义者对天主教会的批判只涉及教会或教士腐败现象等问题,并没有涉及教义问题。对于中世纪后期的欧洲人来说,他们所倡导的理性主义类似于空中楼阁,缺乏说服力,但他们却开启了近代理性主义的先河,"从此,人类所从事的各项革命事业和各种改革工程莫不是直接或间接地为了人文主义思想的现实化而进行不懈的社会实践,因而这些实践最明显的特征即是对宗教及其世界的叛逆"[②]。

二、神学理性主义

与人文主义者不同,宗教改革思想家马丁·路德则是通过否定经院哲学的神学教义来达到批判天主教会神权专制的最终目的的。对于中世纪后期的西方人来说,路德的批判具有透彻的说服力和震撼力,很快赢得了众多的信徒。但路德以及后来的加尔文等新教思想家的宗教学说实际上是对奥古斯丁宗教

[①] (意)马基雅维里. 君主论. 北京:商务印书馆,2009:118
[②] 徐文俊. 理性的边缘. 广州:中山大学出版社,2000:1

第二章 西方文化的形成

观点的重新阐述,如"因信称义""预定论"等,也就是用曾被经院哲学所否定的教父哲学再来否定经院哲学,经院哲学中有限的理性思想也被路德等人全盘否定,路德等新教思想家实际上又回到了基督教早期所倡导的盲目信仰主义。

历史不可能完全重复,但往往会表现出惊人相似的一幕。路德、加尔文等人重新阐释奥古斯丁的"因信称义""预定论",有着与奥古斯丁截然不同的宗教动机和社会背景。他们不是全盘复原了奥古斯丁的教父神学,他们甚至没有像人文主义者那样使用"复古"或"复兴"的口号,他们实际上是在当时的社会背景下对基督教教义的又一次创新,其意义等同奥古斯丁、阿奎那等人曾经进行过的系统革新。

路德、加尔文等人虽从主观上否定人有自由意志,却在客观上论证了人的思想自由。正如贝尔德所说"当宗教改革者们痛斥理性,宣布他们无条件地服从《圣经》之时,从一个非常确实的意义上来说,他们是理性主义者。他们与传统、经院学者、教会决裂,以一种我们现在难以理解的胆略,把宗教的命运掌握在自己手中"。在路德的理论中,人与上帝之间实际上进行了一笔交易,在这笔双赢的交易中,上帝以赋予人外在的自由为代价,换取了人对上帝的绝对忠诚和绝对信仰,除上帝外,人不得承认任何其他权威,除了上帝及其化身耶稣基督,人不可能得到其他的救赎,除了《圣经》,人没有任何与上帝沟通和交流的途径。

在这笔交易中,人得到的更多,人以形式上的绝对不自由换取了实质上的绝对自由,从此以后,任何外在的权威都不足以对人的自由构成障碍,上帝成为人拥有自由权利的护身符。路德这种"以形式的不自由换取实质性自由"的新观念,实际上是中世纪后期西方人社会心态的真实反映。新兴工商业城市的崛起、市民阶层的形成,特别是新航路发现之后给欧洲提供的千载难逢的发展机遇,均要求人们摆脱基督教传统观念对人性的束缚,使他们可以名正言顺地进行生产、贸易、殖民和科学研究。但是,基督教信仰及文化的长期熏陶又使得他们形成了虔诚的宗教意识,他们一时难以接受直接否定基督教信仰的人文主义观点或无神论观点,能在不背叛上帝或更忠于上帝的前提下,获得一定程度的自由意志和自由权利,对他们来说可谓一箭双雕。

路德的学说使西方人在保持宗教虔诚的前提下获得了思想的绝对自由,一举解决了长期困扰基督徒的信仰与理性、信仰与自由的内在冲突问题。在路德之后,西方人特别是新教徒,从表面上看似乎比过去任何时候都更虔诚。但在信仰上帝、荣耀上帝的外表之下,各种各样与基督教义相矛盾、相冲突的新思

西方文化概论

想、新观念以"上帝意志"的神圣面具而获得了合法的身份,西方人的观念实际上离宗教越来越远。经过一段时期的体制内孵化之后,这些新思想逐渐脱去了宗教外衣,显示出它们反宗教的理性主义、自由主义和个人主义真面目。

加尔文的宗教学说在很大程度上是路德这一思路的延续。一方面,他极力贬低人的智慧,否定人生的价值,将人视为"上帝未完成的和半途而废的工艺品断片",人不可能有独立的意识,人甚至不是为自己而活着,人类生活的唯一目的就是荣耀上帝。这种具有浓厚宿命论色彩的人生观表明,加尔文是一个彻头彻尾的非理性主义者和反人文主义者,也是一个十足的厌世主义者。另一方面,加尔文所崇拜的上帝却是一个彻底的理性主义者,它是一个超然于现世之外的神,但这个神关注的却是现世的生活,他利用其神圣的权威命令基督徒做好自己的每一项工作,要求基督徒用自己现世的成功来显示他们对上帝的忠诚,并且还要美其名曰"荣耀上帝"。

长期宗教战争的结果不是强化了西方了人的宗教信仰,而是彻底淡化了中世纪以来西方人浓厚的、虔诚的宗教信仰。英国著名历史学家汤因比对宗教战争的后果及其历史意义作过十分恰当的评价:"在宗教战争时代,所有西方基督教互争雄长的各种派别,只图有利于一时,不惜容忍甚至要求使用政治力量,以便把自家的教义强加于敌对教派的信徒,这种现象表面上好像为其教会争取大众的信心。"[1]曾经神秘莫测的基督教教义、宗教礼仪、教会和教皇的权威、高贵博学的僧侣甚至至高无上的《圣经》在各教派的相互攻讦中,其虚伪性、欺骗性和愚昧性暴露无遗,虽然神学家们出于各种各样的目的,似乎表现出前所未有的宗教虔诚,但广大信徒的宗教意识却日趋淡漠。

之所以有这样的结果,是因为宗教分裂导致在西欧的各个国家出现了各不相同的宗教信仰。据不完全统计,1650年西欧大约有大大小小180多个新教派别。在一个国家被视为真正信仰的宗教到另一个国家就可能成为万恶不赦的"异端邪说",同时不同宗教派别在国家政治斗争中的胜与负,就可能使昨天还处于国教地位的宗教今天就沦为邪教,这一切势必会导致居民宗教信仰的混乱。宗教信仰的混乱可能会激发神学家的斗志,但对广大的普通信徒来说,只会使宗教在他们生活中的重要性下降,或宗教活动仅保留了外在的形式,其本质已被其他的目的所取代,比如做礼拜成为人们进行交际和娱乐的一种方式。人们越来越用一种理性、务实的方式看待宗教信仰和宗教活动,思想家们关于

---

[1] (英)汤因比.历史研究(中).上海:上海人民出版社,1997:308

宗教宽容的呼吁和政治家们实施的有限宗教信仰自由政策均是在社会实践中探索出来的理性成就。

三、科学理性主义

16世纪至17世纪的天文学革命及科学革命对基督教的信仰权威和教会权威形成致命的最后一击。尽管教会仍然一如既往地压制科学,但在科学革命中所形成的科学理性却赢得越来越多的支持者和追随者:哥白尼的日心说虽然被教会认定为"异端邪说",哥白尼的追随者却越来越多,而且这些科学的信徒以比哥白尼更执着的精神追求科学的真理,甚至不惜奉献自己的生命。布鲁诺是第一个为科学而殉难的人,伽利略因坚持日心说曾两次受到教会法庭的审判,但科学革命的步伐并没有因此而停下来。

与科学革命相伴随的是科学理性主义的兴起,英国思想家弗朗西斯·培根无疑是第一位科学理性主义者,他的代表作《新工具》也堪称"理性时代"的第一部作品。其实,培根并不是一位真正的自然科学家,他没有研究过数学,因此没有能掌握当时科学发展的钥匙,他甚至反对哥白尼学说,他根本不知道近代解剖学的先驱维萨留斯的工作,但他却以另外一种方式对近代科学做出了杰出的贡献,这就是对科学研究方法的探讨。正是非科学家出身的培根总结出一种对近代科学发展至关重要的研究方法——实验归纳法。作为非科学家的培根之所以关注科学研究方法的探讨,源于他对当时盛行的学术传统的不满,在他看来,这种学术传统不仅无助于真正的学术发展,而且有害于学术研究的进步。因此培根对中世纪的学术传统进行了全面的批判和否定。培根认为,传统的学术研究存在许多缺陷:

一是学术研究仅仅依赖寥寥几本古书,比如,神学家将他们的视野仅局限于《圣经》,人文主义者则将他们几乎全部的研究精力集中在柏拉图、亚里士多德、西塞罗等人的身上。在培根看来,这些古代的哲学、科学并没有穷尽一切人类知识,并没有全部揭示自然的内在规律。这些古代科学不过是"科学的童年",它仅仅适合于古人的狭隘视野。因此,培根说道,要是容忍"智力世界的界限"依然停留于古代狭小视野内,那将是人类的耻辱。

二是经院哲学所奉行的亚里士多德的三段论演绎方法将学术研究引入歧途。经院哲学家皓首穷经,殚精竭虑,讨论一些荒诞无聊的问题,如天堂里的玫瑰花是否有刺,亚当被创造时几岁,身高多少,不吃奶吃什么……经院哲学家过分相信三段论推理方法,"漠视事实与科学,在仅凭观察就能决定的事物上偏信

西方文化概论

推理"。"经院哲学家的一般气质,与其说是神秘的,莫如说是烦琐的与好辩的"。霍布斯和洛克继培根之后对这种传统的、冷僻难懂、空洞重复的研究方法进行了批判。但直到洛克的著作《人类理解研究》(1689年出版)问世,亚里士多德以及那些对他主要思想不厌其烦地加以注释的人的著作才被取代。

三是自然哲学家所推崇的完全超越人的感觉和经验的假设。培根说:"有三种科学假以理性和科学之名,其实是靠想象和机智蛊惑人心。这三种假科学即是占星术、自然幻相术、炼金术。"他承认这些科学的目的也可能是高尚的,是企图控制自然,使之为人类服务。但是,他们的方法和途径都是错误和虚幻的,他们惯于用"隐晦的语句或利用道听途说和诈骗的方法"来掩饰这些错误和虚幻。

针对传统学术研究中所存在的上述缺陷,培根相应地提出了自己新的知识观和方法论。培根认为,科学研究的目标和对象应该是大自然这本书,而不是古书;科学研究应该以服务社会、服务人的现实需要为目的,任何超越人的实际感知能力之外的假设和抽象都不应成为科学的研究对象。他公开宣扬要把学术研究的兴趣从超自然的启示性知识的领域转到自然科学知识的领域,属于信仰范畴的神学研究自然也就被排斥于科学(或学术)研究的范畴。在培根那里,神学与科学和哲学之间的界限日渐清晰,建立在人的理性感知基础上的科学终于获得了不受神学制约的独立地位。

在确定认识对象的基础上,培根进一步提出了一系列有关研究方法的思想。他认为科学方法(真正可靠的)只能是实验,在科学研究领域,应当坚决排斥在神学研究领域中流行的亚里士多德的三段论演绎方法和那种求助于假设或奇迹的"魔术"。为此,培根主张进行一次彻底的"智识修正":"我们所拥有的人类知识,只是混杂与难消化的东西,由许多轻信与意外以及第一次吸收时即为不成熟的许多概念所组成。因此在开始时便须尽我们所能,澄清心中所有的先入观念、偏见、假设和各种理论……在科学中没有魔术的帽子,任何从著作中得知的事务,都必须放入观察或实验中。"①

培根相信理论的确定性可以用归纳法得出,只要按照正确的方法循序渐进,就能建立确定的理论。他说:"弄清真相,不是从任何特定时代的吉运中达到的。运道变幻不定,而只有依赖自然和经验之光,那是永恒的。"显然,培根所理解的科学、"真正的学术"也就是我们称之的"实验科学"。"一般说来,要窥

---

① (美)威尔·杜兰.世界文明史——理性时代.北京:东方出版社,1999:137

第二章　西方文化的形成

探大自然之奥秘,除了实验之外别无其他门径可入。"科学发展不仅导致真理的发现,而且科学技术的发明、发展将推进整个国家的经济生活,从而导致工商业的繁荣。恰恰在这个意义上,作为政治活动家的培根竭力提倡全社会对科学事业的支持,要全社会承认科学的力量,为此他提出了著名的"知识就是力量"的口号。很显然,在培根看来,科学是一种无限的进步活动。

法国人笛卡尔在哲学、科学、数学方面都具有很深的造诣和重要贡献,但是无论作为哲学家或是数学家、科学家,笛卡尔所关心的问题主要是科学方法。同培根一样,他也对经院学术传统深恶痛绝,同样致力于为新科学提供一种新方法。培根在否定经院哲学对权威绝对信仰的传统时,提倡真正的权威不在古人的书堆中,而在自然界中,进而提倡实验方法以求真知。笛卡尔读培根的《新工具》,大为赞赏。然而,他并不同意经验是一个可靠的出发点。他指出,经验从高度复杂的对象开始,而经验感觉本身是不可靠的,因此,以经验为基础进行推理很容易产生错误。

既然笛卡尔认为经验感觉是不可靠的,并且认为经验推理(指培根提倡的归纳法)也是易错的,那么真正可靠的方法又是什么呢?这就是数学的推理演绎。笛卡尔提出,数学之所以比其他科学确切,是因为数学仅仅处理一些纯粹而又简单的对象,严格的数学推理为科学提供了一个可靠的基础。笛卡尔所说的数学推理方法就是从某种可靠的原理出发,运用严格的数学演绎方法,我们就可获得可靠的全部科学真理。所以笛卡尔方法论原理的首要问题就是确定最可靠的"第一原因"和"真正原理",换句话说,就是确定严格的数学演绎的基点。

在笛卡尔看来,这种作为基点的"第一原因"和"真正原理",既不是古人的权威著作,也不是经验感觉。那么究竟是什么呢?笛卡尔断言,这些观念来自直觉,即"由明晰的和注意的心灵在理性之光下产生的那些无疑的概念"给出。"无疑"对笛卡尔说来很重要,只有"无疑"才可靠,才简单明了,其他一切均可怀疑,只有我在怀疑这件事实实在在,无可怀疑。由此笛卡尔提出了在人类智慧长河中最晦涩的命题,被笛卡尔本人称为最明晰的、无可怀疑的"真正原理"——"我思故我在"。在他看来,不存在任何知识、观念是不可以怀疑的,以此类推,"怀疑"本身是否可怀疑呢?怀疑本身意味着思维及思维者的存在,所以对"怀疑"的怀疑(思维)本身就肯定了"怀疑者"的存在,因此怀疑者的存在即理性的人的存在是确凿无疑的事实,是可以作为数学推理的起点,所有的理论都应由此推出。

西方文化概论

四、哲学理性主义

正是从理性人的存在这个基本圆点出发,笛卡尔用理性原则构建了一个完全不同于基督教神学的新世界观,笛卡尔也因此成为近代理性主义的集大成者。在笛卡尔时代,基督教的神学世界观非常盛行,按照这种神学世界观,世界是上帝创造的,因此万物都体现了造物主的目的,世界秩序则体现上帝的善意。上帝是最高的善,世界万物都以追求这种至善的境界作为最终的目的。

笛卡尔则坚持以人类理性所能够理解的方式解释世界的起源,他有一句名言:"给我物质和运动,我将为你们构造出世界来。"为此,他应用机械力学原理论证了天体的起源过程:原初物质是一种混沌状态,进行着一种旋涡式的运动,随着运动的进程,物质分化出土、空气和火三种元素。旋风式的旋转运动把重的物质——土——甩出中心而形成行星,轻的元素则留在中心而形成太阳。行星的旋转引起了新地方的旋风,形成了一些与我们的太阳系不同的太阳系。笛卡尔的宇宙形成说无论在科学和哲学上都是伟大的创举。

英国著名哲学家霍布斯也提出了相似的哲学见解。霍布斯比照几何学的演绎结构,从最基本、最普遍的概念出发,推演出一套无所不包的哲学体系:宇宙是所有物体的集合。"运动"不仅是万物的基本特征,而且是万物"普遍的原因",揭示运动基本规律的一般原理不仅适用于物质实体,而且适用于人的心灵和社会秩序。于是"运动"概念就成为贯通和连接霍布斯理论体系的逻辑纽带,按照"运动"原理,他从论述物质实体的外部运动进入到论述人的内部运动,这就是人的"感觉"——趋向或逃避运动对象的欲望或嫌恶。霍布斯又从人的感觉推演出各种各样的情感与动机:对有利于生命的刺激产生"欲望",并力图加强;对不利于生命的刺激产生"嫌恶",并极力避免。由人性动力产生的普遍规则是:生命总是本能地处于保持和增强生命力的状态,即自我保护是一切人类行为的根本规则,也是人类行为的最终价值要求和标准,凡有利于这一价值的就是善的,不利于这一价值的就是恶的。

近代理性主义者在对自然界进行理性解释的同时,也开始用理性的方法解释人类社会的发展和演变。格老秀斯是近代自然法理论的创始人,他涉足自然法研究的最初目的是想以自然法思想为荷兰的海外利益进行辩护,因为对于当时的欧洲人来说,自然法的"真理性"与"合法性"不容置疑,以自然法为理论依据的辩护词显然更能为大多数人所接受。但传统自然法理论所固有的浓厚宗教色彩显然与他非常功利的主观愿望有相当大的差距,面对两难困境,格老秀

第二章 西方文化的形成

斯选择了一种折中方案:在不改变自然法基本概念即"自然法是人类理性的体现"的前提下,运用严密的几何学推理论证方法,对自然法的基础、内容及功能重新进行界定,使之成为一种"保护个人权利"的法律。

但是,自然法只是"写在每个人脑海里和心里"的理性体现,也就是说,"维护自己的权利""尊重他人的权利"只是一种符合所有人利益的理性原则,其本身不具有强制性。虽然人类的理性要求人们尊重他人的权利,特别是要求人们尊重正在形成中的财产权,但人本身所固有的自利本能使得人们很容易滋生对物质财产的无穷贪欲,自然法难以真正约束人们不侵犯他人的权利。同理,自然法也不可能真正成为自己权利的保护者,自然法并不是真正意义上的"法律"。那么,如何使只有内在约束性的自然法原则成为具有强制约束力的真正法律呢?

格老秀斯首先从自然权利中推论出一个人人平等的自然状态。在自然状态下,不存在任何我们今天所熟知的成文法,人们只受自己良知和理性的支配,而不受任何外在法律的约束,人人享有独立、自由和平等的绝对权利。不过,自然状态并不是什么理想社会,而是一个令人恐怖的无政府状态,人们的物质生活极其贫困,个人权利不能得到有效的保障,因此,从自然状态向政治社会的演变成为所有智力健全的人们必然的选择。"尽管人们要为过社会生活而受到某种程度的约束甚至受到一定的损失,但人的社会性本能仍然会促使人生活在社会之中"。

格老秀斯认为,个人通过社会契约将自己的自然权利转让给社会和国家是实现这种转变的基本途径。这是因为,随着物质财富的增加,人们之间因生活用品的运输、储存和分配等问题而引发的冲突日趋频繁和激烈,作为自然状态下的唯一"法律",自然法本身并不具有外在的强制力,难以制止甚至惩罚各种侵害他人权利的"非法"行为,所有人的权利随时都可能受到他人的侵害,于是,一个由政府管理的有序社会成为所有智力健全者追求的共同目标。这个由每个人转让其自然权利而形成的政府,拥有自然状态下任何人都不曾有过的绝对强制权,依靠政府的这种绝对权力,原先只有内在约束力的自然法原则获得外在的强制性。

在社会和国家建立之后,自然法本身已不再独立存在,自然法的基本原则主要体现在由统治者所颁布的国家法中。正是借助国家法的外在形式,自然法获得了实实在在的强制力,也只有在国家或社会状态下,个人的权利才能得到根本的保障。另外,格老秀斯特别强调,国家权力是典型的"人造之物",国家的

· 117 ·

西方文化概论

所有权力均来自于人民,国家不拥有个人原先不曾享有过的自然权利,国家权力的职能在于保护公民的生命及财产安全,维持和平的社会秩序,应该去除基督教会为国家和国家法律所附加的宗教职能和道德职能,使国家成为一个纯粹为保障公民利益而存在的政治实体。

这样一来,在对自然状态、自然权利的论述中,格老秀斯为个人的权利设定了必然性的起源模式,并明确指出,每个人都天然地拥有绝对平等的自然权利;在对自然法与国家法的论述中,自然法、国家法相互补充,相得益彰,为个人权利筑起一道坚强的法律保护屏障;在对国家权力、主权者职责及个人义务的论述中,他进一步为个人权利的实现增加了一道强大的政治保护屏障。

第三章 西方文化的发达

第一节 民主政治的发展与社会保障制度的确立

一、民主政治的发展

19世纪末20世纪初,资产阶级代议制的建立是这一时期民主政治发展的第一个表现。英法等国进行了议会改革。1911年,英国通过的议会法剥夺了上议院对财政案的否决权,对下院其他法案的否决权也被剥夺,只是延缓两年实行;同时政府同意给下院议员支付薪金,使得工人议员和收入较低的议员可能进入议会。法国实行参议院的民主化,取消终身制,参议员任期9年,每三年改选其中的1/3。德国也通过法令,给帝国国会议员按月发给薪金。就连专制制度较顽固的沙皇俄国也在1906年首次建立议会,这就是国家杜马。代议制较之专制制度是民主政治的一个大的进步。

资产阶级民主政治发展的重要表现是选举权的扩大。主要资本主义国家都进行了选举权的改革。英国1872年决定实行秘密投票,1884年的选举法使选民人数扩大到成年男子的3/4,1885年进行了选区代表分配改革,扩大了乡村的席位,1906年的选举法规定拥有较多财产的人在选举时不能投两次以上的票。与此同时,妇女争取选举权的斗争也迅速兴起。1903年成立的妇女社会政治联合会在1912年和1914年发动了争取选举权的暴力活动,迫使议会不得不多次讨论妇女选举权问题,1918年30岁以上的妇女终于获得了选举权。

在美国,掀起了要求实行直接预选议员、表决权、罢免权的选举改革活动,结果是一些州重新修订了宪法,另一些州则通过了修正案,这类修正案在20世纪初达900多条。[①] 南达科他州在1898年、犹他州在1900年、俄勒冈州在1902年相继规定公民的创制权、否决权,1914年20个州采用这一做法。1902年密西西比州首先推行强制性直接预选法,1913年威斯康星州也采用该法,1912年

---

① (美)莫里森.美利坚共和国的成长(下).天津:天津人民出版社,1991:374

西方文化概论

已有30个州做出同样的规定,1913年直接预选法作为第十七条修正案写进联邦宪法。1916年仅有罗得岛、康涅狄各及新墨西哥州没有采用直接预选法。1908年俄勒冈州规定公民有罢免权,1914年已有10个州做出类似的规定。罢免权最初仅用于行政官员,后来亚利桑那州把这一权限扩及于司法官员,科罗拉多州则规定可以撤销司法判决。与此同时,妇女的选举权也得到批准,1900年已有五个州给予妇女选举权,1918年通过了宪法第十九条修正案,禁止各州以性别为由拒绝给予选举权。

其他各国也陆续扩大了选举权。德国1882年和1912年两次放宽选举权,接近男子普选权。法国早在1870年就已确定了男子普选权。意大利1882年的选举法使选民的数量大大增加,1912年又实行了成年男子普选权。瑞士在1874年、西班牙在1890年、比利时在1893年、荷兰在1896年、挪威在1898年、奥地利在1907年开始实行男子普选权。日本也在1890年把选举权给予10%的人口,芬兰、挪威还给予妇女选举权。

资产阶级政党制度的逐步形成是这一时期资产阶级民主政治发展的又一重要表现。英国的两党制自1867年改革后日臻完善,这不仅表现在自由党和保守党交替执政的局面已经初步形成,更重要的是两党的组织水平大大提高,形成一套比较严密的组织体系。两党建立了地方组织:1878年自由党地方组织已有100个,1887年多达700个;保守党的地方组织也由1875年的475个协会和228个支部增加到1876年的共800多个。两党的全国性组织也建立起来了,保守党成立了"保守党协会和宪政协会全国联合会",自由党建立了"自由党全国总会"。自由党还建立了自己的中央总部——自由党登记协会。两党党魁和议员督导员制也逐步形成,格拉斯顿曾是自由党党魁,索尔兹伯里则是保守党党魁。两党议会督导员的主要职责是收集各类政治情报,提供各种有关议会的咨询,组织本党议员参加辩论,监督本党议员在投票中采取同样的立场。在19世纪末20世纪初,英国两大政党大体上形成了各自的从党魁、议会督导、中央总部、政党全国性组织直到政党地方组织的较严密的组织系统,党员的党性与组织性明显增强,政党投票率随之提高,1860~1894年,自由党政党投票率由59.8%增加到86.9%,保守党由57.3%增加到94.1%。[①]

美国两党业已形成交替执政的局面,1877~1917年10届总统中共和党8届,民主党2届;20届国会中,共和党在15届参议院和9届众议院是多数派,而

[①] 阎照祥.英国政党政治史.北京:中国社会科学出版,1992:284-297

第三章　西方文化的发达

民主党在4届参议院和10届众议院中是多数派。两党的组织和纪律水平有了一定的提高,但较之英国的两党制,美国的政党从组织上来说要松散得多。1912年共和党发生分裂,反对塔夫脱的一派在西奥多·罗斯福的领导下建立了进步党,其纲领主要是赞同妇女最低工资、童工法、工伤赔偿制度和社会保险,支持选举权改革。民主党同年也进行政纲改革,支持制定反托拉斯法和议员直接预选制,承认工会的合法地位。两党政纲的改革顺应了时代要求,两党间的差异逐渐减小,一致性不断增加。民主党总统威尔逊指出"民主党也是进步派",并说他的党"实际上执行了1912年进步党的全部纲领"。①

与英美两国不同的是,法德两国形成了多党制。德国的政党组织在19世纪中期已依稀可见,60年代几个主要的大党已初具规模,70年代后多党制逐渐形成,其中主要有以下几个:保守党,代表普鲁士地主利益,主张专制主义、普鲁士主义、军国主义和贸易保护主义;德意志国家党,代表普鲁士以外的大地主大资产阶级的利益,鼓吹祖国高于党,拥护帝国,支持俾斯麦;民族自由党,代表非普鲁士人及新教徒的利益,拥护中央集权,反对教权,该党开始时是自由派左翼,后渐向右转,成为一个自由性渐弱、民族性日强的党派;进步党,代表城市商业资产阶级、手工业者、小商人、小官吏、知识分子的利益,主张真正的议会制,反对军国主义、贸易保护主义和国家干涉主义;中央党,不代表特定的阶层,主张绝对的联邦制,各邦拥有绝对的自由,天主教独立于国家之外。德国形成多党制的根本原因是统一运动的不彻底性,统一后的德国存在各种各样的差别和利害冲突,从而形成代表不同利益的党派,这些党派中"没有一个政党能够统治德意志帝国和普鲁士;没有一个政党有足够的力量能进行调停"。②

法国是多党制的典型,这种多党制的初步形成是在第三共和国时期。第二帝国垮台后,法国政治势力大致可以分为两个派别:一派是保王党为首的右派,他们被称为保守党,另一派是以共和派为首的左派,常被称为共和党。随着1875年宪法的颁布及共和制的确立,保守党的力量逐渐下降,共和党的势力不断增长。但是共和党人并非一个统一体,它可划分为温和共和党人与激进共和党人。温和派主张采取比较保守的政策,而激进共和派则主张激进的政治、经济、社会改革,温和派被称为共和党右派,激进派则被称为共和党左派,1901年共和党左派组成"激进社会党"。1902年前右派一直是议会多数,1902年后左

---

① （美）阿瑟·林克等.1900年以来的美国史.北京:中国社会科学出版社,1983:154
② （美）科佩尔.德国近现代史(上).北京:商务印书馆,1987:218

西方文化概论

派开始成为议会多数。1901年法国通过结社法后,各种政治组织纷纷建立,除激进社会党外,尚有共和民主联盟法兰西社会党、法国社会党、共和同盟等,多党制的局面逐渐形成。这种政党体制的最大特点是任何一个政党都没有足够的力量控制议会的多数,而必须与其他党派联合组成政府,以大党为主的党派联合构成法国政治生活的主要内容,这在1889年的布朗热事件、1898年的德雷福斯事件中已明显表现出来,在1902年的选举中,为击败右翼势力,激进社会党、共和民主联盟和社会党组成左翼联盟,取得选举的胜利,在议会中形成以激进社会党为主的议会多数。到第一次世界大战前,法国政党格局基本形成,议会各党开始按照本党性质入座,"坐在右半边的政党中,已经没有保守党了,全是1880年以前的共和党各派,还有那些自号左派的政党;坐在左半边的完全是1880年以后组成的政党,他们采用新的标签,激进社会党和统一激进党,法国社会党和统一社会党"。①

维新后的日本虽然存在明显的藩阀政治,但是政党政治也开始出现。1881年自由民权运动中,日本政府决定开设国会,开始建立各类政党。1884年板垣退助建立了自由党,1885年大隈重信建立了改进党,这是代表民主力量的两个党;福地源一郎建立了立宪帝王党以对抗自由党和改进党。1889年宪法颁布后,1890年召开国会,反对政府的一派被称为民党,支持政府的一派被称为吏党,民党作为反对党存在到甲午战争时。甲午战争后日本政党进入一个新的时期,各种政党纷纷建立,主要有1898年的宪政党和宪政本党,1900年的政友会和1901年的国民党,还有1913年的立宪同志会及1916年的宪政会。这些政党大致可划分为两大派别:一个是政友会,这是当时最有势力的党派,多次控制内阁和议会,它代表地方富有的阶层,主张扩大开支、增修铁路、改良港口,这种政策被称为积极政策,并成为政友会的一贯政策;非政友会各党主张废除纺织品消费税、通行税、盐业专卖税,减轻营业税。19世纪末20世纪初,政友会的主张适应了日本经济与军事发展的需要,因此几乎一直处于"执政党"的地位,其他各党处于"在野党"的地位。总的来说,这一时期日本的政党制度仅仅处于开创阶段,各党派组织纲领不明确,政党格局不稳定,政党政治深受藩阀政治的影响。日本政党制度形成时期的上述特点,对后来日本形成多党存在、一党专政、执政党垄断政治、在野党长期在野的局面具有重要的影响。

现代文官制度在主要资本主义国家建立起来,成为这一时期资产阶级民主

---

① (法)瑟诺博斯.法国史.北京:商务印书馆,1964:330

第三章 西方文化的发达

政治发展的重要内容之一。19世纪末以前,主要资本主义国家的官员人事制度大都采用恩赐官职制和政党分赃制。19世纪末文官制度开始出现根本改革,现代文官制度逐步建立起来。英国在这一方面走在前面,早在1852年格拉斯顿就曾指派屈威廉调查英国的文官状况,第二年提出"关于建立英国常任文官制度的报告",建议采用公开考试制度择优录用文官,但遭上院否决未能推行。1855年帕麦斯顿提出第一个文官录用法,并成立了文官考试委员会,为推行文官制奠定了基础。1870年格拉斯顿政府提出第二个文官法,规定除高级文官外,一切文官皆须参加公开考试,择优录用,文官分高级和低级两等,高级文官负责政策的执行,低级文官负责处理日常事务,所以,通常把1870年作为英国现代文官制度确立的年代。1890年英国又对文官制度进行改革,在原二等中各分三级,并增加抄写员一级,二等文官升入一等的时间由原来的10年减为8年。1912~1915年英国政府对文官制度再次进行改革,取消等级,一律采用行政级别,考试课程与学校课程相结合,文官升迁综合测评,不再仅凭部门长官的推荐,使得英国的文官制度逐步完善。

美国的文官改革在19世纪50年代就已开始,1853年美国国会就试图把文官分为等级并通过考试择优录用。60年代一些议员多次提出议案,主张仿效英国进行文官制度改革。70~80年代,改革步伐加快,1871年格兰特政府指定一个文官委员会,该委员会在1873年制定出文官规则,把文官分为四等,并规定了文官录用和升迁的办法。各地文官改革的团体纷纷成立,仅文官改革协会就在33个州建立了583个分会,发行呼吁改革的文件50多万份。①

1883年总统阿瑟批准彭德尔顿的改革方案,推行新的文官制度:文官须参加公开考试,合格者经见习符合要求可成为正式文官;文官不得参与政治活动,不得接受各类捐款;成立由总统直辖的文官委员会负责考试工作。后来又对文官的级别、见习期、升降、考试科目、报名资格等做了明确的规定。现代文官制度在美国建立起来。

除英国和美国以外,19世纪80年代加拿大和法国也不同程度地进行了文官制度的改革,采用了公开考试的方式录用文官。1887年日本也颁布了文官考试与见习规则。公开考试、择优录用为核心的现代文官制度较之恩赐官职制与政党分赃制是一个很大的进步,它有利于提高文官的素质和办事效率,有利于政策的稳定。

民主政治在19世纪末20世纪初的发展还表现在其他一些方面。在地方

---

① (美)范里珀.美国文官制度.纽约,1958:78-93

西方文化概论

政府改革方面,逐步实行地方官员的选举制,并建立了市政委员会等市政机构,1910年美国的100多个城市建立了市政委员会,1914年增加到400多个城市。在英国,1888年的地方政府法通过后,60个郡和62个区建立了议会。① 在法国,1884年的市政厅组织法把市长、副市长的中央任命制改为市议会选举制。这些改革使主要资本主义国家的地方政治逐步走向民主化。社会生活的民主化也在发展,在英国取消了宗教测验,非国教徒也可进入牛津和剑桥大学学习。在法国,取消了公众集会时的集体祈祷。在德国,俾斯麦进行了长达10年的"文化斗争",对德国的宗教势力是一个不小的打击。在美国,20世纪初,杜波依斯领导了黑人民权运动,迫使最高法院做出判决,宣布俄克拉荷马州和马里兰州宪法中的"祖父条款"无效(该条款规定,只有1862年1月1日享有选举权的人的后裔才有选举权)。1917年,最高法院又判定路易斯安那州的一项种族隔离法无效。社会生活的民主化有利于推进政治生活的民主化。

二、现代社会保障制度的开端

工业社会的发展带来了一系列的社会问题。首先是贫困问题。在英国,据调查,25%~30%的城市人口生活于贫困之中。② 在美国,1880~1910年产业工人的年均工资低于650美元,农业工人工资低于400美元,全都低于维持正常生活所需的工资数。失业是另一个主要社会问题。英国工会会员的失业率1879年为10.9%,1909年为8.7%。③ 法国工人的失业率为10%以上。④ 美国工人的失业率1880~1910年为10%。劳动强度大,工作条件差,劳动时间长,工伤事故不断发生,普鲁士矿工的死亡率为2.77‰,煤矿工人死亡率为2.82‰。⑤ 1906年法国北部库尔里耶煤矿的一次事故夺去1 100个矿工的生命。在美国,1907年仅铁路工人就发生4 534次死亡事故和87 644次伤残事故,1912年制造业死亡事故高达11 338人次,伤残事故达1 363 080人次。

社会问题的加剧要求政府采取有效的措施予以解决,经济发展带来的物质财富的增长也为推行社会保障措施提供了经济基础。19世纪末20世纪初,主

---

① (美)罗伯兹.英国史.广州:中山大学出版,1990:344
② (英)罗布克.1850年以来近代英国的缔造.伦敦,1982.73
③ (美)哈里斯.失业与政治.牛津,1984.274
④ (法)米盖尔.法国史.北京:商务印书馆,1985:464
⑤ (苏)梁波斯基.外国经济史.北京:三联书店,1963:390

第三章 西方文化的发达

要资本主义国家纷纷制定各类社会立法,逐渐建立起一套具有现代意义的社会保障制度,这就是以社会保险为核心的现代社会保障制度。

德国是最早实行社会保险制度的国家。1883 年德国颁布《疾病保险法》,对工资劳动者实行强制疾病保险,费用由雇主承担 30%,雇工承担 70%。1884 年颁布《工伤事故保险法》,推行费用全部由雇主承担的工伤保险制度。1889 年的《养老保险法》规定,对 75 岁以上的工人及公务员提供养老金,费用由国家、雇主及雇工三方分担。[①] 英国于 1911 年颁布《国民保险法》,由两部分构成:一部分是健康保险法,一部分是失业保险法。健康保险法规定:16 至 70 岁的体力工人及年薪少于 160 英镑的职员必须参加该项保险,费用由国家、雇主、雇员三方分担,雇工患病可领取每周 5 至 10 先令不等的津贴,女工产期每周可得 30 先令。失业保险适用于季节性和周期性失业的工人,费用也由国家、雇主和工人三方分担。失业保险津贴为每周 7 先令,一年中,工人最多只能领取 15 周失业津贴。[②]

法国于 1895 年制定了《工伤保险法》,给产业工人提供由雇主承担费用的工伤保险,后来又扩大到商业雇员及林业工人。1910 年法国推行《养老保险法》,费用由国家、雇主和雇工三方承担,要求年收入少于 3 000 法郎者必须参加。[③] 1901 年和 1913 年荷兰分别颁布工伤保险法和疾病保险法,要求雇员必须参加,津贴标准以物价水平而定。意大利于 1898 年实行强制性工伤保险及老年和残废保险。北欧各国在近代晚期也纷纷制定社会保险法。[④] 1891 年瑞典实行国家补贴、私人主办的自愿疾病保险,1901 年推行雇主承担费用的自愿工伤保险;1913 年正式通过养老和残疾保险法,对 18 至 66 岁的工资劳动者提供保险。丹麦于 1892 年实行疾病保险法,1898 年实行工伤保险法,1907 年实行失业保险法。挪威在 1890 年实行疾病保险法,1892 年颁布养老保险法,1894 年颁布工伤保险法。就连社会经济发展比较落后的俄国也在 1912 年实施了事故保险和疾病保险,保险费由雇主及工人分担,其管理由工人与雇主组成的委员会负责。

在重点实施社会保险制度的同时,19 世纪末 20 世纪初西欧国家还进一步完善其他社会保障措施。英国在 1875、1885、1890 年先后颁布健康法,为健康

---

① (英)亨诺奇. 英国的社会改革与德国的先例. 牛津,1987:114-204
② (英)P·萨恩. 福利国家的基础. 郎曼出版公司,1983:85-87
③ (美)安卜勒. 法国福利国家. 纽约,1991:85-87
④ (美)考克斯. 荷兰福利国家的发展. 匹兹堡,1993:87-90

保险作准备;1905年颁布失业法,1909年实施劳工介绍所制度,成为失业保险的基础;1908年的养老金法规定给70岁以上的老人提供免费养老金;1871~1911年英国先后制定七项工厂法,保护童工及妇女的权益,改善工人的劳动及生活条件,1880年的雇主责任法和1906年的工人赔偿法建立起工伤赔偿制度,1912年推行最低工资法;儿童保护制度也进一步发展,1889~1908年英国多次颁布儿童保护法令,尤其是1908年的儿童法被称为英国的"儿童宪章";1875~1909年英国颁布多个住房法令解决普通民众的住房问题;1870~1907年英国颁布七项教育法,实施免费义务教育,并对学生提供食品及医疗保健。1878年德国颁布童工法,1891年实行女工法,对童工和妇女的劳动时间、参加工作的年龄、生活条件等都做了明确规定;德国还多次制定工厂法,对星期日劳动、实物工资制、正常支付工资等做了具体规定。法国也多次颁布工厂法、教育法和救济法,对劳动条件、教育以及老、弱、贫、病者的救济等方面作了规定。意大利在1886年制定童工法,1904年在全国范围内实行免费义务教育。瑞士在1874年和1877年颁布工厂法和劳动保护法,并建立了一些专门为孤儿、产妇、病人提供福利和帮助的机构。

在美国,由于联邦制的影响,中央政府在这方面的作用不太明显,但也制定了一些立法,如1892年和1916年的八小时工作日法,将实施八小时工作日的范围扩大到政府雇员和铁路工人。1884年创设劳工局,1913年改为劳工部,1906年颁布雇主责任法。相比之下,各州在推行社会保障立法方面的成就却十分显著。1874年马萨诸塞州制定妇女及童工的十小时工作日法。为限制小作坊的血汗劳动制,纽约州制定法令禁止在公寓生产雪茄烟。1902年和1909年马里兰和蒙大拿州曾实行事故保险法,1911年扩大到10个州,1916年扩及20个州。[①]

第二节 工业革命及其影响下的工业文明

一、工业革命的发生与特征

工业化的历史大致可以分为两个阶段,史称两次工业革命。第一次工业革命的时间从18世纪下半叶开始,到19世纪中叶结束。关于工业革命的起始时间及阶段划分有几种代表性的不同观点:1.《剑桥欧洲经济史》认为英国工业革

---

① (美)阿瑟·林克.1900年以来的美国史.北京:中国社会科学出版社,1983:69

第三章　西方文化的发达

命的时间为 1750～1850 年①；2.《欧洲经济史》认为英国工业革命的时间为 1780～1850 年②；3.《全球通史：1500 年以后的世界》认为工业革命两个阶段的时间分别为 1770～1870 年，1870～1914 年③。第一次工业革命是从以手工技术为基础的工场手工业转变为以机械化生产为基础的工厂制度的过程。它从纺织工业开始，发展到轻工业与重工业，以机械制造工业，即制造机器的机器工业兴起为止。因为主要发生在英国，所以一般称为英国工业革命，随后引发欧洲大陆的工业化浪潮。第二次工业革命从 19 世纪的 70 年代开始到 20 世纪初期结束。第二次工业革命以能源、钢铁工业、新机械与新工艺为代表，电气化与机械化是这次革命的成果。这一时期，世界市场形成，资本主义达到空前发达的程度。第二次工业革命的成果在 20 世纪得到普及，有力地推动了世界文明的进步，人类进入工业文明时代。这是人类社会经历了农业文明之后的又一种新的文明，欧美实现了农业经济向工业化经济的全面转换，这一转换的意义不但体现在社会生产与经济中，同时也代表着社会政治的变革，代表着一种新型文化的形成。

工业革命无疑是人类历史上一场划时代的巨大变革，它根本地改变了西方乃至整个世界的面貌。工业革命标志着资本主义生产关系和西方近代文化的最终确立，标志着农业文明正式过渡到工业文明，标志着现代社会的降临。工业革命并不是突然发生的，它是西欧社会数百年来政治、经济、文化、意识形态、组织、制度、技术、环境、人口、资源禀赋等诸多因素共同演化的结果，同时也是以农为本的传统经济形式在迅速发展的商业和贸易的刺激下，向以工业为基础的现代经济形式转变的结果。

地理大发现后，海外殖民扩张和贸易规模的全球化，引发了欧洲的商业革命，在重商主义政策下迅速发展的工商业，刺激了技术的进步、教育的世俗化和科学的组织化。所以，工业革命之首先发生在英国，主要是该国在十八七世纪时，社会和政治结构、价值标准及社会经济各领域的制度创新已经发展到适合工业化的程度。"引进新式机器和新的生产技术只是实现工业革命的一部分，而且是很小的一部分，机器和技术只有在新的社会和文化环境中才有意义，只

---

① （英）M. M. 波斯坦. 剑桥欧洲经济史（第 7 卷上册）. 北京：经济科学出版社，2002：114
② （意）卡洛·M·奇波拉. 欧洲经济史（第三卷）. 北京：商务印书馆，1989：1
③ （美）斯塔夫里陈诺斯. 全球通史：1500 年以后的世界. 上海：上海社会科学院出版社，1992

西方文化概论

有在新的社会和文化范围内才起作用。工业革命在漫不经心的观察者看来仅仅是经济和技术问题，实际上它是可怕的非常复杂的政治、社会和文化大变动问题。"①

《权利法案》之后，英国的君主立宪制最终确立，随后内阁制和责任内阁制的发展，充实了君主立宪制的内容，政党政治从而形成。政治权利在竞争性集团之间分享，王权被削弱了，权利的分散化使得英国成为自由民主型的国家，给政治现代化的和平主义渐进模式提供了制度方面的保障。1642年英国诞生第一部专利法即《独占法》，直接保护和鼓励人们的技术发明和创新活动，促进了技术进步和经济增长。在政府财政理性化的努力中，英格兰银行开始发挥金融调控的作用，通过税收平衡收支的做法，支持扩大生产和海外贸易，而强大的海上舰队保护了海上通道。新的商业技巧和组织艺术，减少了海外贸易的不稳定性和风险。

企业作为一种新配置资源组织在重商主义时代不断发展。市场规模的扩大诱发了企业组织的变化，组织从家庭和手工业生产的纵向一体化走向规模化、集中化和专业化，它使以家庭为基本单位的小规模分散生产转变为资本主义为市场而进行的大规模集中生产。著名的新经济史学家诺斯将经济增长的原因归结为有效率的组织②，工业革命是企业组织变化的结果。

英国清教徒行善赎罪、勤俭劳作和上帝选民的意识，为英国工业革命时代的社会确立了一种崇尚个人才能和力主个人权益的世俗主义和个人主义相结合的新教价值取向以及具有强烈经济追求的新精神。

结合英国独特的地缘优势和资源禀赋，可以说是多种因素共同作用促进了英国工业革命的发生，从而开启了人类社会发展史上一个新时代。

工业革命是人类社会发展历史上的一个转折点。从技术视角看，科学和技术的结合，使技术发明突破了个人经验的限制，科学为技术创造提供了持续的基础，科学和技术的结合便成为技术发明的特征，这也是工业革命在技术方面的本质特征。从经济的视角看，工业革命的特点就是资本的集中和企业组织的形成。企业不再是一个特例，而变成工业生产中一种正常的资源配置方式。技术发明为资本集中提供了条件，但是决定资本集中的力量不是技术，而是企业家们对利润的追求。所以说，资本集中在本质上是商业性质的现象。工业革命

---

① （意）卡洛·M·奇波拉.欧洲经济史（第三卷）.北京：商务印书馆，1989：10
② （美）道格拉斯·诺斯，罗伯斯·托马斯.西方世界的兴起.北京：华夏出版社，1999：5

第三章 西方文化的发达

是商业资本转化为工业资本的历史进程。经过工业革命,世界面貌发生了翻天覆地的变化。

二、工业革命与社会变革

"如果把整个人类社会的演进用12个小时来表示,那么现代工业时代只代表最后5分钟,而不是更多。英国是最先发生这个5分钟事件的地方,工业革命可能是最初的关键几秒钟。正是这个革命,使现代文明降临人间,人类开始从农业文明向工业文明过渡。"①工业革命开启了一个世界范围的工业化时代,推动了人类社会生活和经济的全方位变革。

工业革命使经济结构发生变化,产业农业虽有着基础的作用但不再是国家最重要的产业,工业成为国家大力发展的部门。工业化是进入现代社会所必须经历的过程,这一点成为人们的共识。工业革命对产业结构和城乡结构进行了重构,第二、第三产业在GDP中的占比超越第一产业,工业压倒农业,农业国成为工业国是最根本的变化。

企业家把各种要素组织起来,创造出更加高效的资源配置的方式——企业,成就了一种新型的生产方式——工厂制度下的工业资本主义,通过技术变革、组织和制度的创新,使得经济增长由传统的间断性增长发展到现代的持续性增长。弗朗斯瓦·佩鲁曾经这样评价现代的增长:这种增长不受价格起落的影响,从而使惯于观察传统时代的历史学家感到意外、震惊和担心。工业革命被誉为"被解放了的普罗米修斯",在人类历史上首次创造了一幅烟囱多于教堂尖顶的图景。著名经济史学家哈特维尔评价工业革命时说:"工业革命明显的和本质的特征是:总产值和人均产值增长率的持续增长,这种增长和以前的增长相比是革命性的。"②工业革命使人类社会超越了"马尔萨斯陷阱"。

工业革命以后的生产能力得到大幅度提升,从而为人口增长奠定了物质基础。工业革命创造了历史上不曾有过的财富,而财富的增长也就伴随着人口数量的增长。在城市人口增长的同时,人口的结构也发生了变化。"在这些城市里,新人、新阶级,几乎可以说新民族是在一两代的时间之内形成的。首先是大群卑微的、用自己有纪律的活动来充满人口稠密的工业城市的工人无产阶级;其次是工业贵族,即资本家权贵阶级、工厂的创建人和所有主们。在产业革命

---

① 马克垚.世界文明史(上).北京:北京大学出版社,2004:599
② 马克垚.世界文明史(上).北京:北京大学出版社,2004:627

西方文化概论

所引起的人口增长之后,必须描写它所创造的社会各阶级,而这些阶级的需要、趋向和冲突正充满着现代世界的历史。"①在人口数量增长的同时,人民生活也得到了改善。饮食结构中肉、菜、果的消费量普遍增加,穿的也更好,工资收入显著增加。工业革命使得人民生活和国民收入都有了明显的进步。同时工业革命使人们认识到科学技术在物质生产中的巨大作用,所以对于科学技术愈发重视了,也开始注重工人的技术知识职业培训。

工业革命后,城市成为工业生产中心,城市规模迅速扩大,城市化进程大大加快,城市化水平迅速提高。城市化作为一个社会经济转型的过程,包括人口流动、地域景观、经济领域、社会文化等方面。科林·克拉克认为,城市化是第一产业人口不断减少,第二、三产业人口逐渐增加的过程。城市化是人类文明的一大进步,它对于促进人类文明的发展起着重要作用。工业革命是城市化的一个重要条件,工业化承担了城市化根本动力的使命。美国经济学家西蒙·库兹涅茨把现代经济增长概括为工业化和城市化过程,他认为:"各国经济增长……常伴随着人口增长和结构的巨大变化。在当今时代,发生了以下这些产业结构的变化:产品的来源和资源的去除从农业活动转向非农业生产活动,即工业化过程;城市和乡村之间的人口分布发生了变化,即城市化过程。"②工业化、城市化成为现代文明的标志。

三、工业文明的历史贡献

工业文明是现代文明的代表,在世界文明史上,是人类社会第三次最重要的革命。第一次革命起于中石器时代的渔猎生产,人类发明了渔网、长矛、弓箭等武器与生产工具,采集植物果实,围猎动物,获取食物,保证了人类生存。第二次革命是新石器时代的农业革命,人类培育了农作物,驯养家畜,解决了人类衣食住行的基本需求,创造了人类文明的不同类型。第三次革命,也就是工业革命,它的意义在于使人类基本脱离自然的控制,使人类改变了完全依赖于自然供给的状况,使人类创造的产物取代了自然产物,成为社会生活的主要产品。这一变化,从根本上改变了人类社会的生产结构与生活方式,也改变了人类社会的价值与道德观念,促使一种新的社会行为方式的形成,人们称之为现代文明。

---

① (法)保尔·芒图.十八世纪产业革命.北京:商务印书馆,1983:295
② (美)西蒙·库兹涅茨.现代经济增长.北京:北京经济学院出版社,1989:1

第三章 西方文化的发达

工业化使人类社会经历了前所未有的社会变革。大工业生产的兴起,最终完成了世界文明发展的历史性转化,从农业文明向工业文明的转换完成了"世界历史"的形成。所谓"世界历史",就是世界各不同文明之间从分散孤立发展到联结为一个整体的过程。

农业文明时代受制于自然的隔绝和生产力发展水平的限制,联系是间或的、时断时续的,工业化时代的文明交往与农业文明时期有本质的不同。工业化生产本身就是世界化,工业生产所需要的资源与市场使得它必须以世界市场开拓为目标,这是形成文明关系的主要推动力。从世界文明的历史看,这就是工业文明的特色,工业文明从产生起就决定了它是一种世界文明,一种世界性的文明实现模式。它与农牧业文明的封建制度、本土主义观念是截然不同的。罗马帝国、蒙古帝国、阿拉伯帝国等都曾自认为是世界大帝国,但这种"世界"只是地球上有限的某个地区,充其量是跨越了部分陆地与海洋。在这种历史环境下,世界还不是一个整体,因为世界没有一种使世界实现一体化的模式。在地理大发现之前,世界各大洲之间相互隔绝,欧亚大陆上的人们还不知道美洲与大洋洲的存在;同样,生活在美洲的印第安人也不知道欧洲人的存在,所以世界文明的体系是不可能形成的。马克思、恩格斯说:"大工业……首次开创了世界历史,因为它使每个文明国家以及这些国家中的每一个人的需要的满足都依赖于整个世界,因为它消灭了各国以往自然形成的闭关自守的状态。"[1]世界因工业文明时代的到来而连为一体,原有各古老文明因此在孤立状态下不复存在,而是处在工业化进程中形成的互动一体的文明关系中。

到19世纪末,最早实现工业化的英国海外殖民地总面积竟然达到其本土面积的92倍,其本土人口只占殖民地人口的1/8,英国人从殖民地所获得的巨大利润使得英国成为世界上最富有的国家之一,不列颠岛国终于从世界工厂变成世界殖民地的大宗主,紧随其后,德、法、意、荷、比、美等完成工业化的国家也相继成为世界强国富国,美国甚至后来居上,在20世纪成为世界最发达的国家。正是这些完成工业化的国家把整个世界连接为一个整体,把人类社会带入工业化、城市化的工业文明时代。

---

[1] 马克思恩格斯选集(第1卷).北京:人民出版社,1995:114

第三节　现代教育制度的形成

一、近现代教育思想的确立

教育思想是关于教育的基本认识与指导原则，它引导着具体的教育方针、教育行为与教育现象。教育思想要解决的问题是：教育的本质是什么；教育的目标是什么，也就是应当培养什么样的人；教育的规律是什么，等等。

西方教育源远流长，它的教育思想相当丰富。古代希腊教育思想中，斯巴达人实行以军事体育为主的教育模式，雅典城邦则重视以人文主义精神来教育儿童。总体上希腊教育重视道德品质与人格的培养，教育的目标在于培养为国家与民族效力的人才。罗马帝国时代，基督教开始进入教育领域，神学思想成为教育的指导思想。进入中世纪之后，教会办学成为西方教育的主流。教会垄断了知识与教育，把信奉上帝和做一个虔诚的基督徒作为培养目标，教育成了神学的附庸。中世纪的中后期，世俗教育开始恢复。从11世纪起，封建贵族与庄园主们开始了骑士教育。文艺复兴运动中，人文主义思想家们激烈抨击神学教育，倡导人文主义教育。12世纪是欧洲教育一个关键的转折时期，在这一时期，欧洲创建了大学，改变了教会垄断教育的局面。伴随着教育世俗化的发展，城市学校与大学在教育中发挥了越来越大的作用，欧洲逐渐成为世界上现代教育最发达的地区。

从文艺复兴到启蒙主义思想家，都十分重视教育，他们深入批判神学教育思想，倡导教育思想的解放，提出了丰富多样的改革教育的设想，为以后的教育思想改革打下了基础。

17世纪到19世纪，西方教育思想经历了大变革，近现代教育思想得到确立。

最能体现教育思想变革的是捷克教育思想家夸美纽斯（捷克文 Jan Amos-Komensky，1592—1670，亦译作考门斯基）的"全面知识"（亦称"泛智论"）理论的提出。他的主要著作《泛智学校》与《大教学论》是16~17世纪欧洲泛智主义教育思想的代表作。

所谓"泛智主义"，是指当时流行相当广的一种教育思想，它强调通过逐步扩大学生见识的方式，培养出具有百科全书知识结构的人才。这种百科全书式知识，既包括自然科学知识，也包括社会科学知识。这种思想与中世纪占主导

第三章 西方文化的发达

地位的经院式教育那种自我封闭、内容狭窄的教育针锋相对,并对它形成了剧烈的冲击。夸美纽斯曾经提出一个口号:把一切事物教给一切人。这句话可以说集中代表了中世纪后期与文艺复兴时代教育思想发展的潮流,夸美纽斯用自己的教学实践证明了这种教育思想的优越性。他主张扩大教学的科目与课程设置,改革教学方法,提出教学必须要"遵循自然"的原则;要求统一学校的制度,采用班级教学的方法,这对于改变中世纪经院式学习模式有决定性作用;主张普及初等教育,使普通人都有接受初等教育的权利。作为一个教育思想家,他最突出的贡献是系统提出了新兴资产阶级的教育观念,包括教育的目的、作用、内容和方法等。同时作为一名教师与教育改革的提倡者,他还进行了大胆的实践。在教学方法上,他认为教学应当具有"简易性""彻底性""简明性"和"迅速性"等,他主要的教学实践集中于语文与艺术等课程中。夸美纽斯不仅是新兴资产阶级教育思想家,也是教育学的先驱,他的著作是西方最早的教育学专著,对于教育学形成独立学科有重要作用。

17世纪英国的"绅士教育"代表了当时另外一种教育思潮,英国哲学家与教育家洛克(John Locke,1632—1704)是这一思潮的代表人物。洛克关于教育学的著作是《教育漫话》,他提出教育的最终目标在于把人培养成为绅士,这里的绅士并不是一个具体的阶层,而是一种人格类型,用洛克的话来说,就是具有"德行、智慧、礼仪和学问"这些精神品质同时身体健康的人。绅士教育最为重视的是"德育"。所谓德育,主要是指使人的行为举止合乎"理性动物的高贵完美的身份"。智育主要内容包括成为资产阶级事业家的本领、处世经商方面的能力。因此除了要学习自然科学与社会科学的知识外,还要学习文化修养方面的知识与技能,如击剑、跳舞、园艺与木工等。英国的绅士教育在教学方法等方面也有创新,提出从学生兴趣出发,采用可以启发学生思维的直观式教学方法。绅士教育对近现代西方教育有重要影响,它所树立的人格成为现代教育中的一个样板。同时它有相当广泛的社会现实性,具有西方文化的民族特性。成为一个"英国式的绅士",是相当长时期里英国中上层社会青年们的理想。从教育史上看,它是中世纪神学教育向近代资产阶级教育的转折点,开启了资产阶级教育思想的先河。

18~19世纪,西方教育进入一个流派众多、思想活跃的繁荣时期。其中具代表性的当属18世纪法国思想家卢梭等人的启蒙主义教育思想与19世纪德国主知主义教育思想。

作为一个启蒙主义思想家,卢梭主张教育应当顺应儿童的本性,让他们的

西方文化概论

身心得到自由的发展,教育的目的在于"回到自然"去。卢梭反对宗教神学教育,也反对封建教育思想。在教育方法上,卢梭提倡以活动为主,主张通过自由活动发展儿童的认识能力。这种思想所培养的是有自由精神、实践能力与生活本领的新人,这种新人已经不同于传统认识中的"绅士"或是资产阶级新贵,代表着社会风尚与时代精神的更替,具有不容忽视的意义。

启蒙主义思想家的教育思想内容丰富,卢梭的教育思想只是其中具有代表性的一种。他们反对宗教神学与封建教育对于青年的毒害,提倡新的教育思想与观念,主张改革传统教育的方法与制度,建立起适合新兴资产阶级的教育体系。但是他们的教育思想中理想化的成分较多,有很多方面是不切合实际的。

19世纪瑞士教育家裴斯泰洛齐(Johann Heinrich Pestalozzi,1746—1827)毕业于苏黎世大学,从青年时代起,就在各地创办孤儿院,开展对贫苦儿童的教育工作。他受卢梭的教育思想影响很深,主张进行自然教育,认为这种教育可以发挥儿童的天赋,使他们的能力得到和谐的发展。他还倡导一种"初步教育",认为对数目、形象和语言的把握是儿童的三种天赋能力,应当通过教育使儿童的这三种能力得到平衡发展。在初等教育中,不但要学习识字与计算,同时还要进行道德与宗教教育,最重要的是,还要让儿童学习手工与农业劳动。这种设计基本上符合卢梭的理想。

影响最大并且富有创见的教育思想家是19世纪德国的赫尔巴特(Johann Friedrich Herbart,1776—1841),他认为对于人类精神生活而言,观念是至关重要的,人的情绪、意志、思维、想象等心理现象,不过是观念的不同表现方式与形态。人类道德的基础就是由观念所构成的,其中,主要的观念有五种:内在自由、完善、善意、权利和公平。同时,人类社会有五种与其相对应的社会组织:宗教社会,它与内在自由观念相对应,以追求精神生活为目标;教化组织,与完善的观念相对应,目的在于文化的启发;行政组织,与善意的观念相对应,目的在于谋求个人与人类的福利;法律社会,与权利的观念相对应,目的在于建立公正的原则;报酬组织,与公平的观念相对应,目的在于奖善惩恶。赫尔巴特的教育学原则是建立在他的哲学基础之上的。他认为,教育的根本在于学生的可塑性或陶冶性,这种特性受到个性、环境与时代等因素的影响。教育既不是万能的,也不是无用的。教育学从本质上来说是一种哲学的科学,教育学学科必须以伦理学与心理学作为基础,由伦理学来制定教化的目的,由心理学制定教化的方法,二者缺一不可。教育的目标在于培养"具有完美道德的人"。这里所说的"完美道德",指的就是以上所说的五种观念。在教学方面,他提出了"教学的教

第三章　西方文化的发达

育性"的范畴,即认为教学是教育的主要手段,教学的目的则在于发展六种兴趣（经验兴趣、思辨兴趣、审美兴趣、同情兴趣、社会兴趣与宗教兴趣）。在教学中,应当启发儿童已有的观念,并在此基础上,引导儿童去学习新的观念。他还从心理学上把教学划分为四个阶段:明白、联想、系统和方法。与此相对应的心理是注意、期待、探索和行动。赫尔巴特把教学划分为三个部分,即管理、教学与训育,主张以严格的手段来管理学生,建立严格的教学纪律。

二、大学的出现与发展

中世纪时,欧洲开始出现大学。法国巴黎大学,意大利博洛尼亚大学(又译作波隆纳大学或波尼亚大学)与萨莱诺大学是欧洲最早的三所大学,故称欧洲大学之母。

中世纪后期,意大利经济繁荣发达,建立了一批文化生活丰富的城市,吸引了来自各地的杰出学者与优秀青年,从而为大学的产生创造了条件。当时的城市中,工商业与贸易兴旺,手工业者众多,各行各业成立自己的行会,维护自己的利益。这些行会之下又有多种多样的社团组织,这些社团组织研究技术与学术,举办各种类型的活动,逐渐形成了大学这样的教学与研究机构。具有医学背景的是萨莱诺大学,它约成立于1099年,位于意大利南方名城那不勒斯附近的萨莱诺(Salerno)。这里是著名的疗养地,古代就已经建立了医学学校,为当地的疗养与医疗服务。希腊著名医学家希波克拉底等人的医学很早就传播到了这里,成为医学教育的内容。11世纪初期,犹太医学家阿非利加诺(Constaninus Africanus)在这里行医与著书立说,传播医术,使这里成为著名的医学中心。1231年,政府正式批准这里为大学,随后一批医学类的学院与大学也模仿萨莱诺大学建立起来。

另一所意大利大学是博洛尼亚大学,它位于意大利北部的城市博洛尼亚。这里是商业发达的地区,经常发生商业诉讼,因此当地法律学校相当著名。中世纪的大量法学家们聚集于此,进行研究与讲学,在对罗马法进行深入研究的基础上,发展了民法,并汇编成各种法典。1158年,弗里德里克一世正式颁布法令,将法律学校改为博洛尼亚大学。从此,这里成为中世纪学术研究的重镇,到14世纪中期,已经成为拥有法学、神学、医学、自然科学等多学科的大学。著名诗人彼特拉克、卡尔、帕斯克里,戏剧家哥尔多尼,诗人但丁,文学家塔索,天文学家哥白尼,发明了无线电的科学家马可尼,解剖学家马尔皮基等一大批科学文化杰出人才都出自这里。

西方文化概论

最著名的欧洲中世纪大学是巴黎大学,其前身是诺丹(Notre Dame,巴黎圣母院)主教学校,建立于12世纪初期。巴黎大学成立之际,法国正处于王室与教廷、地方封建势力与政府之间激烈的斗争中,所以它正是这一时代的产物,在它身上深深印上了时代的烙印。1180年,刚刚建立的巴黎大学与市民之间发生冲突,法国国王路易七世看到了大学所具有的政治潜力,于是公开宣布承认巴黎大学,争取大学对王权的支持。以后法国国王菲力浦·奥古斯都与大学对立,大学又取得了教皇西勒丁三世所给予的特权。1231年,罗马教皇正式下令肯定大学自决权,从此大学与教会一样,具有独立权力,对世俗政权可以抗命。从13世纪末期起,巴黎大学文学院院长当上了大学校长,学者掌握了学校的领导权。巴黎大学共有文学、神学、法学和医学4大学院,学生最多时达到4万多人,成为欧洲当时最大的大学。

在这三所大学影响之下,西欧各国纷纷建立大学。1168年,英国牛津(Oxford)大学建立,1209年剑桥(Cambridge)大学从牛津大学中分出,成为一所独立大学。1222年意大利帕多瓦(Padova)大学建立,1224年那不勒斯(Napoli)大学建立,1355年亚勒索(Arezzo)大学建立。与此同时,葡萄牙的里斯本大学,西班牙的帕伦西亚大学、萨拉曼卡大学也相继建立。教皇格列高利九世则创立了图卢兹大学、蒙彼利尔大学。13世纪之后,布拉格大学、维也纳大学、爱尔福特大学、海德堡大学、科隆大学等纷纷建立。到1600年,全欧洲共有105所大学,我们现在所熟悉的欧洲著名大学,此时基本上已全部建立。

英语中的大学University来自于拉丁文Universitas,是"行会"与"组织"的意思,来源于中世纪各行业的行会与专业团体。中世纪大学的原名是"教师与学生的组织"(Universitas Magistrorum et Scholarium)。由于大学是专业学术团体,其所研究的文学、法学、神学与医学等都有相当普遍的社会性。同时学校机构庞大,具有相当的社会影响,无法不介入社会权力斗争。所以大学与教会、世俗政权之间经常发生摩擦。经过长期的斗争,大学最终发展为具有独立学术权力与自决权力的机构。欧洲大学历史久远,纷争从未间断,历史上发生过多次与社会各阶层的冲突,导致学校的分校、迁校等行动,也正是在这种环境中,使欧洲大学建立了严格的学术与管理体系。

中世纪大学的基本单位是学院,最早的学院并不是按专业划分的,后起的大学才按专业划分了学院,其中文学院一般是基础教育,神学、法学、医学属于较高的专业教育。欧洲大学最早建立了规范的学位制度,这也是欧洲高等教育对世界的贡献。最初级的学位学士原本是一种学历证明,说明学生已经获得了

第三章 西方文化的发达

可以从事教授的资格,以后逐渐发展为独立学位。硕士与博士原来只是同一级别的学位,但是考试与颁发学位的方式不同,以后则发展成为不同级别的学位。学位申请者都要经过两种考试,即个人考试与公开答辩。答辩之后,答辩委员会经过表决,申请者才能获得学位。

中世纪大学是欧洲文化中一种重要现象,一方面它表现了基督教力量的强大,几乎所有的大学都不同程度受到教会控制,有的大学成了教会的工具;另一方面,中世纪大学在争取学术独立与自由方面又有独特的贡献,大学特权与自决权是其重要表现。当时相当多的大学有自决权,即有权力设立法庭,校外人员与大学生发生争议,由大学进行审理。大学师生可以免服兵役与享受免赋税的特权。大学里培养了一批批优秀人才,杰出的学者如伽利略、加尔文、弗朗西斯·培根、牛顿等人。可以说,中世纪以来欧洲科学、思想与艺术的发展,欧洲文化的进步,都与大学密不可分。

文艺复兴运动兴起之后,西方大学面临强烈的冲击。一方面,欧洲大多数大学与教会关系密切,学校受教会资助,教会控制大学的领导权,神学思想在大学里泛滥。另一方面,大批的人文主义者身居大学之内,宣扬人文观念,反对宗教专制。也有一些大学如巴黎大学等,由于受基督教教会的影响,思想僵化,成为旧思想的堡垒。

18~19世纪,欧洲资本主义发展迅速,科学技术日新月异,旧大学体制再也难以维持下去。大学如果不改革,将无法适应社会发展。在这种状况下,经过两个多世纪的时间,欧洲大学进行了深刻的改革。第一阶段是从18世纪到19世纪中期的大学体制革新,主要从德国发起,以后推向全欧洲。第二阶段从19世纪中期到20世纪中期,现代大学体制基本建立。短短两个世纪之中,全欧洲与美国基本实现了从传统大学向现代大学的过渡,建立了相对全面的现代大学体制。

首先进行改革的是德国大学。德国启蒙运动起步虽然晚,但是有自己的特色,启蒙思想与宗教改革密切结合,深深地影响了大学教育。欧洲古老的大学哥廷根大学与哈勒大学,不再使用拉丁语作为教学语言,而使用德语讲授课程,大胆改革神学,独立开设哲学课。数学与物理学等自然科学课程也在大学开设,传统的文学院被改为哲学院,增加了心理学、基础数学、应用数学、物理学等多种具有现代社会特色的课程。从18世纪初期到中期,德国重要的大学进行了两次大规模的改革,最终确立了大学独立进行科学研究与学术研究的办学宗旨。同时政府也向大学提供经费,委任教授,反对宗教迫害,提倡思想自由。19

西方文化概论

世纪初期,德国大学进行了第三次重要改革,使德国大学完成改型,具备现代大学的雏形。著名语言学家与思想家威廉·洪堡创建了柏林大学,这所大学贯彻全新的办学理念。其新思想主要体现为以下方面:学术独立与学术思想自由是学校的基础,只有学术思想自由,才可能培养出具有独立思考精神的个人,只有具有独立思考精神的个人,才会有全面发展的、个性和谐的人;大学的最终目的是培养全面发展的人;大学必然以科学研究为重要任务,教学与研究结合为一,发展科学研究与培养人才结合起来。在这种办学精神的指引下,成立时间不长的柏林大学在欧洲众多古老大学中脱颖而出,成为时代先锋,它的教学理念与方式影响到欧洲各大学。由于高等教育的改革与大学的优秀传统相结合,德国大学在世界高等教育中享有盛誉,特别是一些古老的大学如海德堡大学、哥廷根大学等,集中了众多的世界著名学者。

德国大学的改革模式被欧美多数大学所接受,特别在美国大学中得到广泛传播。由于受到国家历史的限制,美国大学比欧洲大学较晚建立,但是发展却相当快。科研资金雄厚,设备先进,是美国大学的优势。美国高等教育独具特色,一方面公立大学数量多,政府重视大学教育,每一个州都有州立大学,多数州还不只一所;另一方面,私立大学更为突出,优秀的私立大学进步相当快。19世纪后期,美国哈佛大学、耶鲁大学、哥伦比亚大学等都加强科学研究,学习柏林大学的教学与科学研究模式。

从19世纪中期到20世纪初期,大学教育围绕着是否为社会生产与建设服务展开了新一轮的争论。洪堡等人的人文主义教育观念强调大学对于个人精神的培养,主张以理性与个性的自由发展为其精神,这是一种自由主义的大学教育观。另一种以大学服务于社会为观念,主张大学应当为社会生产建设提供知识与人才。这两种对立的观念在各国大学中都各有其根据地,但前一种观念实际上已经成为一种传统,后者则表现出一种与社会需要相结合的创新。在19世纪后期到20世纪,大学与社会现实的结合成为新型大学的方向。英国是工业化的起源地,新型大学建立较早。其特点在于,成立之初先采取以理工科为主的学院,以后转为大学。如曼彻斯特欧文斯学院(1880年转为曼彻斯特大学)、约克郡理工学院(1904年转为里兹大学)、伯明翰梅逊学院(1900年转为伯明翰大学)等。美国也开展了性质类似的教育改革,即所谓"赠地学院"运动的产生。美国总统林肯于1861年签署了《莫里尔法案》,法案规定:联邦政府在每州至少资助一所从事农业和机械工艺教育的学院。联邦政府这一举措推动了美国高等教育与社会生产相结合,全国建立了69所"赠地学院",这些学院以农业

第三章 西方文化的发达

与机械为主要专业,培养了大批人才。直到今日,在美国许多州里,这种学院仍然是高等教育的重要力量。

三、现代教育体系的形成

西方最早的学校是由教会兴办的,大约从9世纪的加洛林王朝起,查理大帝就开始兴办学校,一开始以宫廷学校为主,教育对象是王室与贵族子弟,以后范围逐渐扩大。西欧经济复兴之后,各修道院与教堂开始设立旨在宣传神学的学堂,世俗学校就是在教会学校的基础上产生的。虽然西方现代意义上的学校在16世纪就出现了,但西方现代教育制度却是19世纪末才建立起来的。在此之前,各种学校教育机构处于游离状态,没有明确的衔接关系,也没有固定的分工。工业革命的发展对教育提出了更高的要求,促进了各种学校的建立。随着学校的大量增加,需要确定一定的规范作为衡量学校工作的尺度,以解决不同类型学校的分工、办学权限及衔接等问题。于是学制应运而生,使分散的各方学校逐渐聚合成为学校系统。到19世纪末20世纪初,大多数西方国家已基本形成现代教育制度,并朝着多样化和系统化发展。

西方国家的现代教育体系基本上可以分为学前教育、初等教育、中等教育、职业技术教育、高等教育等不同阶段和类型。

现代学前教育是随着工业化大生产和工厂制而产生、发展的。妇女劳动力就业造成幼儿无人照管等社会问题,建立专门的幼儿公共教育机构来照顾幼儿便成了一种社会需求。1770年,法国牧师奥柏良(Jean Frederick Oberlin,1740—1826)办了一所慈善性质的"编织学校",招收本教区平民3岁以上的幼儿。该校被认为是现代幼儿教育机构历史的开端。1861年,英国空想社会主义者欧文(Robert Owen,1771—1858)创办了第一所具有教育职能的幼儿学校,专为2~6岁的工人子女提供教育机会。随着工业社会对幼儿教育需求的日益提高,各国政府纷纷通过立法的形式确立幼儿教育在整个教育体系中的地位和作用。法国政府于1881年明令组织"母育学校",从而将原来由私人经办的带有慈善性质的幼儿教育机构转变成了国民教育事业的一部分。1870年英国政府通过了《初等教育法》,规定招收5~7岁幼儿的学校为初等教育的组成部分。

从18世纪中叶开始,普遍的最基本的文化教育成为社会的迫切要求,欧洲各国初等教育的规模逐渐扩大,各国纷纷兴办公立小学,向儿童传授简单的读写算的知识技能。从19世纪后半叶起,欧洲各主要国家相继通过立法建立国民教育制度,推行普及初等教育为主的义务教育制度。英国1870年颁布《初等

西方文化概论

教育法》，建立了5~12岁的七年初等义务教育制度。德国1872年颁布《普通教育法》，规定6~14岁的八年义务教育。法国于1881年和1882年先后颁布教育法令，规定对6~13岁儿童实施义务教育。

西方传统意义上的中学是所谓的文科中学，其主要特点是要学习希腊文与拉丁文这两种古代语言。随着教育的世俗化被新的中学所代替，1537年德国教育家斯图尔谟（Johanns Sturm，1507—1589）担任斯特拉斯堡城市立拉丁学校的校长，按照人文主义思想进行了改革，把学校分为10个年级，儿童7岁入学，17岁毕业；学习的课程除传统的拉丁语、希腊语外，还开设音乐、修辞学、逻辑学、初等数学、几何学、天文学、戏剧表演等，课程的门类和内容随着年纪的升高而逐渐扩展。这是历史上第一所现代意义上的文科中学。同时期，法国的波尔多文法学校、英国的伊顿文法学校都是新型中学。到19世纪，文科中学已成为欧洲国家中等学校的主要类型。

1708年，德国教育家策姆勒首创实科中学，注重自然科学和现代语文的教学。同时期，法国圣乐会创办了具有实科方向的中等学校，英国也设立了实科性质的中学。到19世纪，实科中学已经成为普通教育中的一种类型。尽管当时实科中学的地位比文科中学低，其毕业生只能升入低于大学水平的技术学院，但它比起文科中学更接近生活，更适应社会的需要。因此更具有鲜明的现代中学的性质。

现代职业教育兴起于18世纪后期，机械化大工业生产对劳动者素质的新要求使职业技术学校应运而生，职业技能的训练从学徒制发展到培养各种专门人才的职业技术学校。19世纪以后，农业、渔业、矿业、工业、商业、交通等部门都创办了各种专门学校。19世纪末到20世纪初，随着第二次工业革命的兴起，职业技术教育得到了蓬勃发展，各国先后通过立法建立正规的职业技术教育制度。

随着各种现代教育机构的产生、发展，大约在19世纪末，西方国家已经基本建立起了现代意义上的教育制度。除美国实行的是单轨制（即只设一套学校体系，从小学到大学，上下衔接）外，当时欧洲各国教育制度最大的特点就是双轨制。

西方教育的目标是为社会培养两种人才：一种是为企业培养的、受过严格专业和职业训练的具有专业技能的工人。这种人才社会的需求量相当大，它不要求受教育者具有高学历或高学位，而是注重实际技能与解决问题的能力。另一种人才是为政府、科学教育机构或大企业所培养的，是所谓的"精英"人才，要

第三章 西方文化的发达

求受过良好的教育,具有领导能力与专业知识,可以负责某一方面的工作。中等教育呈现出两极分化的现象:一些名校极受重视,成为培养社会中坚的主要基地,而其他一些普通学校则只为社会培养普通工人或其他普通劳动者。这种现象普遍存在于欧美国家的中等教育中。

义务教育制度在西方国家中普遍实行,最常见的是9年制义务教育。以丹麦为例,从1814年就开始实行了义务教育制度,1973年开始推行9年制义务教育,7至16岁的少年儿童都要接受这种教育。它的中学分为高级中学与职业中学两大类,只有大约1/3的学生接受高级中学教育,而多数学生接受工业技术与商业方面的教育。在欧洲与美国,多数中学生可以进入大学,一般采取入学考试的方式或是依据中等学校成绩录取的方式。

英国的义务教育要求儿童5岁必须入学,实行全日制教学。经过11年学习后,年满16岁方可离开学校。中小学分公立与私立两种,私立学校师资与条件比公立要好,但收费也较高。公立学校不但不收费,而且可以供应免费午餐。小学开设的课程有基督教教育、英语、数学、历史、地理、自然、卫生、手工、美术、音乐和体育等。英国小学毕业要参加"11岁大考",虽然从学制上来看,这种考试只相当于我国小学升初中的考试,但对于英国小学生来说,它的意义非同一般。通过考试对学生进行分类,只有少数成绩优秀者可以进入英国的"文法中学"学习,以便将来进入大学学习,而多数学生则进入一般中学或是专业技术学校,毕业后直接进入社会工作。

英国最高等的中学是所谓的"公学",这并不是公立学校,而是高级中学,全部是私立,专为培养社会精英所设立,其地位高于所谓的"文法中学",所以入学者其实只能是一些富裕家庭的子女,一般经济条件的家庭是无法问津的。这种公学历史久远,在英国地位相当高,如著名的伊顿、曼彻斯特、威斯特敏斯特、勒格比、查特豪斯和哈罗6大公学。

第四节 科学技术的成就与影响

一、近代科学体系的形成及影响

文艺复兴后期,近代科学观念开始萌芽,破开中世纪坚冰的是英国哲学家弗朗西斯·培根,他被马克思称为"英国唯物主义和整个现代实验科学的真正始祖"。培根在《新工具》中提倡科学研究,主张以实验方法来进行研究,从而成

西方文化概论

为现代实验科学的倡导者。虽然培根本人并没有在自然科学方面进行太多的研究,但他是科学思想理论的革新者,他以唯物论观点与实验方法影响了整个现代实验科学。培根发展了以归纳法为主的逻辑体系。在科学方法论上与培根形成对照的是笛卡尔的数学演绎方法,但与培根不同的是,笛卡尔在数学和力学上都做出了重要的开创性贡献,而且是机械自然观的第一个系统表述者。如果把培根的学说与笛卡尔的理论结合起来,可以说,近代西方科学方法论已经基本形成。

西方近代科学的主要任务是解决认识问题,其对自然界的认识分为三个步骤,也即三个层次。第一是对事物的感性认识,包括成分与形体的认识,解决事物是什么样的与其构成形态如何的问题。这种认识是通过经验与观察的方法来解决的。第二是理性认识,即事物的本质特性是什么,它的意义何在。这一层次是通过分析研究来解决的。第三是事物的形式,这一层次则要通过数学计算来解决。贯穿这三个步骤和层次的就是近代科学中的理性精神与实验方法,这是近代科学的灵魂。近代科学诞生的主要标志,就是建立了一套有别于古代和中世纪的自然观和方法论。近代的自然科学家和哲学家共同铸就了这个新的知识系统。

在近代科学的开创者行列里,伽利略(Galileo Galilei,1564—1642)最为突出:是他创造并示范了新的科学实验传统,以追究事务之量的数学关系为目标的研究纲领,以及将实验与数学相结合的科学方法。正是他的工作,将近代物理学乃至近代科学引上了历史舞台。1609年,伽利略发明了温度计。以后又根据光的折射原理,发明了望远镜,能将物体的直径放大30倍,并且将这一发明应用于天文学,使当时的人们首次看清了月球表面、木星周围的四个行星,看清了银河系……这使整个西方世界为之震动。他从动力学角度解决了重要的具有认识论意义的问题:什么是宇宙第一推动力。前人总认为,宇宙的运动总有一个第一推动力,如亚里士多德就认为存在一个"不动的推动者"。但是伽利略发现,运动的物质并不需要推动力,天上的行星是依靠自身的力在运动,所以行星系并不需要外力,它自身就会不断地运动。这就解决了从古代到中世纪都一直困惑不解的第一推动力问题。在自由落体运动、抛物线运动、摆动定律、惯性定理等物理学方面,伽利略都是创始人。他的名著《关于托勒密和哥白尼两大世界体系的对话》与哥白尼的《天体运行论》、牛顿的《自然哲学的数学原理》被看成是现代天文学的三部杰出著作,这些著作对自然科学的其他领域也有划时代的影响。因此伽利略、牛顿与爱因斯坦被认为是近现代物理学三位具有里程

第三章　西方文化的发达

碑意义的代表人物,各自代表了物理学的不同发展阶段。

解剖学与生理学方面也有重要突破,做出这一贡献的主要人物之一哈维(William Harvey,1578—1657)在1628年出版了《心血运动论》,提出新的心脏血液运动理论,这一理论打破了盖仑关于心脏血液循环运动的学说,否定了人体是靠"元气"来维持循环的说法,指出血液是从动脉流入到静脉中去,然后再回到心脏。这一结论完全出于实验,从而解开了血液循环之谜。

在天文学上,虽然哥白尼学说已经被相当多的人所承认,但是这一学说仍然需要从科学上得到论证,特别是从天文学本身加以说明。首先是丹麦天文学家第谷·布拉赫(Tycho Braho,1546—1601)献身于这一事业,他耗时24年专心观察恒星,目的在于想证明地球是在运动的。虽然他最终未能证明这一点,但是他所积累的大量资料为这一方面的研究提供了条件。第谷的资料极为精确,他将自己的资料无私地交给自己的学生约翰·开普勒(John Keple,1571—1630),后者终于完成老师的未竟之业。开普勒是德国一名星象术图书的编辑,他的著作包括《宇宙的奥秘》《哥白尼天文学概论》《鲁道夫星表》与《世界的和谐》等。他相信哥白尼学说,他创造的开普勒定律主要有以下内容:第一,行星运动的轨道是椭圆形的,太阳的位置正在其中的一个焦点上。第二,太阳的中心与行星中心的连线在轨道上所扫过的面积与时间成正比例。第三,行星在轨道上运动,它运行一周时间的平方与它到太阳平均距离的立方成比例。开普勒首次总结了关于行星运动的规律,而且以系统、准确的公式表达了出来。

英国天文学家哈雷(Edmond Halley,1656—1742)的《彗星天文学概论》,推算出彗星按照椭圆形轨道环绕太阳运行的行程,经过计算后,他预测一颗彗星可能于1758年回归,因为据他计算,彗星运行的周期是75年,事实证明他的计算完全正确,以后这颗彗星被命名为"哈雷彗星"。

新的实验科学精神,激励了越来越多的才智出众的人士加入了探究自然奥秘的行列。出于交流、讨论与协作的必要性,他们组织起小团体,共同研究问题。于是,科学共同体悄悄诞生了。开明的君主和政府也深深感到掌握自然知识的迫切性,于是他们开始支持自然科学研究。他们出资建立科学社团、实验室、天文台,主持制定大规模的研究计划。英国的哲学学会、皇家学会、格林尼治天文台,法国的巴黎科学院、巴黎天文台,德国的柏林科学院等科研机构的创建使科学活动的组织化迅速发展到一个较高的水平。

17世纪后期,西方科学进入一个新的发展阶段,推动这一进展的是英国伟大的科学家牛顿。牛顿是一位在多个领域里有伟大贡献的科学家,在数学方

西方文化概论

面,他与德国的莱布尼茨一起创立微积分并且用微分方程来表达物体的运动。同时他也是一位杰出的光学家,他所进行的三棱镜试验证明,光并不是单纯的白色,而是赤、橙、黄、绿、青、蓝、紫七色,而且这些光的折射率是各不相同的。在《自然哲学的数学原理》这一划时代的巨著中,牛顿把天文学与力学发展到一个新的高度,提出了著名的牛顿三定律与万有引力定律,从而解决了自古希腊以来一直在探讨的科学问题,也就是物理学最重要的问题,即物体运动的规律与宇宙变化的原因。

牛顿认为,宇宙间的一切物体全都受到惯性定律、质点运动定律与反作用定律的支配,主要表现为:第一,惯性定律是,物体在未受到外力作用时,会保持原来的静止状态或是匀速直线运动。第二,质点运动定律是,物体运动状态的改变与所受力的大小成正比,并且发生在作用力的直线方向上。

万有引力定律则指出,因为宇宙间所有的物体都处于互相吸引的作用力之中,每一个粒子都互相吸引,物体之间吸引力的大小与它们之间距离的平方成反比,与其质量成正比。牛顿万有引力定律由于适用于宇宙间一切物体,所以得名。它不仅对于物理力学有重大意义,也是人类科学认识史上的里程碑,代表了人类以科学方法来掌握世界的巨大成就。

近代科学技术是西方科学史上关键的一环,它对人类社会产生了重大影响,也改变了西方文化。概括起来,它的作用突出地表现于以下几个方面:

一、近代科学技术的应用改变了人类社会生产性质,机器首次成为社会生产的重要生产工具,蒸汽机的使用大大提高了生产效率,并且逐渐取代了传统的人力与畜力为主要生产工具的模式,引导社会形态从农业生产向工业化迈进。西方社会在这一进程中领先世界,成为社会生产力最发达的地区。

二、近代科学技术改变了西方文化的传统类型,使西方文化从中世纪的宗教文明中心模式向近代科学中心模式转移。中世纪封建社会中宗教思想统治一切,在人与自然的关系中,基督教主张人与自然都是上帝的创造,人本身就是有罪的,人不能任意改变上帝的创造物,也不允许人类通过科学来解释与掌握自然。西欧的生产力一直相当低下,尽管中世纪后期农业与商业经济得到发展,但仍然不可能有突破性的发展。直到近代科学技术兴起,推动西欧的工业化,才使西方走到世界经济的前列。西方文化的类型也在近代社会中发生大的转型,科学技术成为西方文化的中心。

三、近代科学技术使西方文化内部结构也产生一定变化,造成文化中心的转移,即西方文化的中心从地中海地区向大西洋地区转移。最初的近代科学中

第三章 西方文化的发达

心是在意大利。意大利城市众多,工商业发达。15世纪以后,土耳其奥斯曼帝国占领巴尔干地区,大批科学家与学者流亡意大利。这些杰出人才在意大利受到佛罗伦萨等大城市统治阶层的厚遇,专心于科学研究,成就突出。意大利的冶铁业首先使用水车带动的鼓风冶铁炉,其余如纺织、兵器、造船等工业技术在欧洲也是第一流的。但是随着拜占庭帝国灭亡,土耳其奥斯曼帝国控制地中海,造成意大利商业贸易衰退。15世纪后期意大利遭到法国的侵略,经济受到破坏。16世纪以后,罗马教廷镇压异端,严格控制思想言论。这些因素使意大利最终在日益兴起的以英国为首的西欧经济面前败落下来。

随着地理大发现所产生的海外贸易兴旺,殖民地扩张形成海外大市场,英国国内经济迅速发展。斯图亚特王朝重视科学,延揽人才,建立各种科学组织。1662年英国成立了伦敦皇家学会,这就是以后的英国皇家科学学会。英国主要的大学中也纷纷开设了自然科学课程,涌现出了大批杰出的科学家,如哈维、巴罗、波义耳、培根、牛顿、哈雷等人,他们的研究与发明推动英国科学技术迅速发展,这使英国成为世界一流的科学中心,并最终使英国成为西方第一个真正意义上的世界强国。英国的崛起,带动了整个西欧国家的经济,也使欧洲文化的中心从地中海转向西欧。

二、科学体系的革新与发展

18世纪以后,随着西方工业化的深入,一次又一次的技术变革强烈冲击着科学研究。同时科学研究也掀起了一次又一次的革新,回应着社会生产的迅猛发展。从康德的宇宙理论到爱因斯坦的相对论,从达尔文的进化论到能量守恒定律,建立在辩证认识论之上的现代西方科学体系完成了对近代科学的取代。

1755年,康德出版《自然通史和天体论》,提出了太阳系起源的星云假说,并总结了人们对天体特别是"星云"的认识。康德依据牛顿力学与开普勒的天文学,认为宇宙是无限的,宇宙中存在着无数个类似于太阳系的恒星系。其次,康德认为宇宙的天体并不是原来就有的,是由宇宙间的细小物质微粒在引力作用下形成的。从一个个行星到大的天体,都经历了这一过程。所有宇宙天体正处于永恒的变化之中,有无数个类似太阳的天体在燃烧与消灭,这就是宇宙的发生与循环过程。康德还预言,在宇宙的其他星球上可能也有人类居住。

1796年法国著名科学家拉普拉斯(Laplace,1749—1827)发表《宇宙体系说》,支持康德的学说。作为一个杰出科学家支持一位哲学家所提出的假说,这种现象充分表现出西方科学家们尊重科学、追求真理的精神。

西方文化概论

爱因斯坦相对论提出后,对宇宙论产生了巨大影响。就如同当年康德运用牛顿力学来解释宇宙论一样,当代科学家们基本上一致用爱因斯坦的相对论来解释宇宙的存在,希望能获得突破。从1912年至1916年相对论创立开始,大爆炸理论逐渐吸引了世界的关注,并且成为宇宙理论中普遍流行的学说。这是康德宇宙论之后最重要的宇宙理论,也是自然科学家们提出的最重要理论体系。这种理论经历了数十年发展,在20世纪后期才趋于成熟。

西方的化学是在古代炼金术中发展起来的,在近代科学中还没有重要的位置,但是随着社会生产的发展,化学与化学工业的地位日趋重要,化学科学因此得到了长足发展。

1869年,俄国彼得堡大学教授门捷列夫(1834—1907)的论文《元素性质与原子量的关系》指出了元素的周期律,即按原子量排列起来的元素,在性质上呈现出明显的周期性,同时,化学元素的性质取决于原子量的大小。门捷列夫把当时已知的63种元素按原子量的大小列了周期表,并且根据原子量变化的规律,为尚未发现的4个元素留下了写有原子量的空缺位置。以后,他所留出空位的元素相继被发现,这些元素的原子量基本上与他所列的周期表相同。元素周期表是化学史上划时代的发现,它使化学真正成为一门科学——不只是从实践意义上,而且是从理论意义上。

早在18世纪末期,欧洲科学家已经发现,热能可以向机械能转换。19世纪,科学家们先后发现,在各种运动中能量可以转换,在能量的转换过程中基本遵守能量守恒的定律。1847年,英国科学家焦耳(James Prescott Joule,1818—1889)在英国科学年会上宣读了自己发表的一篇论文。这篇论文认为,自然界的力量是不能毁灭的,消灭了机械能,总能得到相应的热能。焦耳通过进一步努力,计算出热功当量值是428克·米/卡。从此,能量守恒与转化的定律在自然界被正式承认。能量守恒与转化定律证明,自然界的事物与运动之间有普遍的联系,宇宙中的能量不可能创造也不可能消灭。人类社会应用的能量来自于自然,能量在自然中是可能被转换的,是守恒的。

19世纪40年代,生物学家们发现细胞分裂过程。1879年,德国生物学家发现细胞核内遗传物质的载体染色体,建立了细胞学说。英国科学家达尔文(Charles Robert Darwin,1809—1882)于1859年出版的巨著《物种起源》,论证了生物进化的原理。达尔文认为,自然界中的物种是在自然选择条件下进化的。以人类驯养的动物为例,它们的祖先并不具有原先就与之相同的基因,而是从少数的几种野生动物进化生成的。物种具有遗传与变异的特性,有用的特性被

第三章 西方文化的发达

人类选择而得以保存,无用的特性被淘汰。自然界同样可以在更为广阔的范围里,以自然环境进行这种进化的选择,优胜劣汰,不断产生能适应环境的物种。1871年,由于进化论已经被科学家们用于解释人类起源,达尔文出版了《人类的由来》一书,阐释自己关于人类起源的看法。他认为,人类是与某些较低级的物种一起,从同一个祖先进化来的,人类的这些近亲现在已经灭绝了。进化论提出后,遭到相当多的人反对,尤其是因为进化论认为人类是由动物进化来的,而非像《圣经》上所说的那样是上帝所创造的。正是在反复的斗争与辩论中,进化论被迅速推广开来,受到各个阶层有识之士的肯定,被认为是19世纪最伟大的理论之一。

进入20世纪之后,以物理学为代表,现代科学再次产生具有革命意义的变革。牛顿力学作为经典物理学的地位一直受到新发现的挑战,最后终于被爱因斯坦的相对论与量子力学理论所取代,现代物理学在这新生的两大理论基础上取得了新的进展。同时,粒子物理学中的夸克模型、宇宙学中的大爆炸理论、分子学中的DNA双螺旋模型、地质学中的板块模型理论,建立了20世纪理论科学中的四大模型理论。

量子理论是20世纪物理学理论的第一次重要革命。1895年伦琴(Wilhelm Conrad Röntgen,1845—1923)发现了x射线,1897年科学家们发现超原子微粒,这标志着新的物理学等科学将要在20世纪出现。1900年,德国物理学家普朗克(Max Karl Ernst Ludwig Planck,1858—1947)提出了著名的量子学说即物体在发射与吸收辐射时,能量的交换不是连续进行的,能量只是以一定的数值和它的整数倍数辐射或吸收;正如物质是由单独的原子所组成的,能量也是由单独的每份"能量原子"所构成的。普朗克把每一份能量作为一个"参量子",简称为"量子"。这种学说由他的《关于正常光谱能量分布定律的理论》论文进行论证,从此,量子理论正式产生。量子理论将传统的宏观的、外部的世界研究推向了微观的、内部世界的研究,这是科学新时代的理论转换。

1905年,爱因斯坦发表《论运动物体的电动力学》,提出了狭义相对论的基本原理:其一,对于任何惯性体系,一切自然定律都同样适用,这就是相对性原理。即力学运动、电磁运动都具有相对性,这就完全否定了绝对静止的参考系——绝对时间与绝对空间。其二,对于任何惯性系来说,自由空间中的光速都是相同的,它是物体运动的最大速度,也是光速不变的原理。在这篇论文中,他以同时性的相对性否定了牛顿力学的基础。1907年,爱因斯坦发表论文《关于相对性原理和由此得出的结论》,提出了广义相对论。1916年,爱因斯坦建立

· 147 ·

西方文化概论

了广义相对论的引力场议程,论证了空间的结构和性质决定于物质分布的观点,首次论述了四维时空和物质的分布密度相联系的重要思想,认为物质及其运动决定时空的性质,而时空的性质反过来又决定物质的运动。

相对论与量子理论,是现代物理学的基本理论,它们互相配合,对物理学与哲学都产生了较大的作用。时间与空间是事物存在的基本形式,在传统观念中,时间与空间是固定的,有各自的存在维度。但是相对论指出,时空之间是相联系的,两者不可能单独发生变化。时空变化及其结构与物质运动状态不可分。这是一种新的时空观、运动观与物质观,对人类的世界观产生了革命性的影响。

三、科学的技术化与社会化

科学理论与生产技术紧密结合起来,科学的发现及时运用于生产之中,从而推动生产力的发展和社会的进步,这是西方科学与技术的一个重要特点。

近代西方科学应用于生产中,引起了工业生产中的近代技术革命。什么是近代技术革命?简单地说,就是以蒸汽动力为基础的、以机器应用为中心的生产技术进步。

从17世纪开始,英国取代了意大利的中心地位。英国不但有广大的海外殖民地与海外贸易的优势,更为重要的是有重要的科学技术发明,从培根到牛顿,英国著名科学家如雨后春笋般出现,使英国的科学研究实力稳居世界首位。同时,近代技术革命最重要的发明——蒸汽机在英国产生,使英国成为世界技术革命的中心。文明中心的转移是一种长期的历史积累,是多种历史条件所形成的必然趋势。

纺织工业是最古老的工业,近代技术革命与大工业化生产不约而同地都是先从这里开始的。织机的大变革产生于英国工业革命中。众所周知,1764年詹姆斯·哈格里沃斯发明了珍妮纺纱机,这是一种只需要一个人管理的高效纺织机。1769年理查·阿克莱发明了水力纺纱机。1776年赛米尔·克伦普顿发明了骡机。1787年卡特莱特博士发明了动力织机。大工业生产的需要使得技术革命像火山爆发一样威力无穷,同时,先进的技术又立即转变为巨大的生产力。

能源与冶金工业对于工业革命的意义也是重大的。机械化的开端,始于纺织业,但最后的胜利和普遍发展,却是通过冶金工业才实现的。实际上,冶金工业在现代的大工业生产中占据着中心的位置,因为它为大工业提供原材料、机械设备、巨大的建筑物骨架、铁路网、轮船等。

第三章　西方文化的发达

纺织工业的变革是因机械发明而产生的,冶金工业的变革是因化学发明而产生的。纺织工业变化的动力是机械设计转化成生产力,而能源和冶金工业的发展动力在于化学应用于现实生产中。

18世纪,英国引导世界工业革命潮流,实现从手工业向大工业的转变。工业生产中,机械化当然是重要因素,但是,更为重要的是新动力的发现。在瓦特(James Watt,1736—1819)发明蒸汽机之前近一个世纪,英国的科学家与工程师们就一直在努力制造蒸汽机。1768年,瓦特试制成了可以大规模应用的蒸汽机。蒸汽机动力是欧洲科学家特别是英国科学家们数百年来的梦想,经过几代人甚至十几代人的努力,才实现了这一梦想。由于大量使用瓦特蒸汽机,生产效率大大提高,英国工业生产进入高速发展时期,进而带动整个社会的飞速发展。市场商品的激增、社会经济生活的极大活跃,向交通运输业的发展提出了迫切的要求。也正是蒸汽动力的运用,使交通运输机械发生了重大变化。汽船使水路运输进入蒸汽时代;铁路与火车使陆路运输进入铁路时代;19世纪,从蒸汽机到内燃机的变革又带动了陆路运输的另一场革命,形成了20世纪一个新的工业部门:汽车工业。动力的不断运用与变革,将文明社会推向一个热火朝天的新世界。

19世纪前半叶,电磁理论得到了巨大发展。与此相呼应,工程技术专家敏锐地意识到电力技术对人类生活的意义,纷纷投身于电力开发、传输和利用方面的研究,推出了一个前人从未想过的电气时代。

1838年,德国雅科比制造成第一台电动机。

1844年,美国开通第一条电报线路。

1847年,英法之间铺设第一条海底电缆。

1866年,德国维尔纳·西门子制成第一台自激式发电机。

1879年,美国爱迪生发明电灯。

1885年,美、意分别发明交流感应发电机。

1886年,美国建立第一座交流发电站。

1901年,英国和加拿大之间建立第一条国际无线电通信线路。

电是人类面临的一种前所未有的新型的能量。所谓电力革命,指的是新兴的电能开始作为一种主要的能量形式支配着社会经济生活。电能的突出优点在于,它是一种易于传输的工业动力,同时它又是极为有效、可靠的信息载体,因此,电力革命主要体现在动力传输与信息传输两方面。与动力传输系统相关联,出现了大型发电机、高压输电网、各种各样的电动机和照明电灯。与信息传

西方文化概论

输相关联,出现了电报、电话和无线电通讯。这些伟大的发明使人类生活进入了一个更光明、更美好的新时期。

19世纪被誉为科学的世纪,不仅因为各门科学均相继成熟,宏伟的古典科学大厦已经耸立起来,而且因为,科学在这个世纪开始成为社会生活的一个重要组成部分,科学知识被大大普及,理论科学的伟大创新正转变成为技术科学的无比威力。在这个世纪,蒸汽动力在社会生活的许多方面发挥作用,被马克思称为"世界的加冕式"的铁路成了世界经济的大动脉,法拉第、麦克斯韦的电磁理论宣告了电气时代的到来,巴斯德创立的微生物学则在工业和医学上发挥了神奇的作用。科学的技术化和社会化成了这个科学世纪的最突出特征。

第五节 哲学与社会思潮

一、启蒙主义

17世纪是理性主义在西方形成的时代,在理性主义的支配下,西方的思想家在哲学、自然科学、政治思想和政治制度等领域取得了显著的成就。从历史发展过程看,英国人是17世纪理性革命的最大受益者。

英国是最早摧毁封建专制统治的西方国家。从1640年开始,英国资产阶级发动了两次革命:一次是1641年开始的"清教革命",这是一次流血的革命;另一次是1688年的不流血的"光荣革命"。前者使查理一世和国会陷入一系列的战争,最终把这位专制国王送上了断头台,后者则通过不流血的政变最终在英国确立了君主立宪制。新国王是在议会所设定的条件下登上王位的,这决定了议会的权力高于王权、压倒王权,王权因此被限定在议会和法律之下。在18世纪,国王的行政权、立法权和司法权被一点一点地掏空,以议会为主体的人民主权在英国得到逐步实现。

在英国革命的过程中,英国的思想家们提出了一系列的新思想和新观念,其中以洛克的《政府论》最为著名。《政府论》的基本精神是保护公民的自然权利,论证资产阶级民主制度的合理性。洛克指出,人们建立政府的全部目的只是为了保护人民根据自然法而享有自然权利,为了防止专制暴政,洛克提出把立法权、执行权和对外权分属不同部门掌握,这种三权分立学说,对资产阶级国家制度的发展产生了巨大影响。在政府与人民的争执中,洛克主张人民是最高的裁判官,如果政府侵犯人民的自然权利,人民就拥有反抗政府的权利。

第三章　西方文化的发达

在自然科学领域,英国科学家牛顿的发现也从根本上改变了人类的命运。以哥白尼日心说为起点,牛顿证明了行星的椭圆轨迹,进一步总结出物体运动的普遍规律,借以对从天空到地上的一切(物质)运动方式给出精确的描述和令人信服的解释,导致了自然科学观念第一次伟大的综合。这一发现既弥合了天空和地面两个世界的分隔,又表明统一的自然规律可望而且可即。经过牛顿,整个物理世界都服从于类似万有引力定律这样的自然规律,且逐渐成为世人之共识。除牛顿外,17世纪的其他英国科学家也有着突出的表现,比如英国实验物理学家威廉·吉尔伯特发表关于磁的学说,提出地球是一个巨人的磁球体,英国解剖学家、医生哈维阐明了人体通过心脏进行血液循环的原理。

当英国社会在理性主义的支配下呈现出政治稳定、经济发展、科学进步的繁荣局面时,与英国隔海相望的法国却正陷入专制统治的泥潭而难以自拔。在法王路易十四统治时期,绝对的君主专制主义达到极致,"君权神授论"甚嚣尘上,"个人的自由权利"在法国已无立锥之地,而对外扩张战争的彻底失败又使法国陷入了民穷财尽的地步,法国社会反对专制的呼声日趋高涨。1688年之后英国政治的稳定、经济的繁荣和科学的进步,使深受专制之苦的法国人眼光开始转向英吉利海峡彼岸,许许多多的法国人前往英国考察学习,并通过各种方式向法国民众介绍英国的政治制度、政治思想和科学成就,由此拉开了法国启蒙运动的序幕。

从形式上看,启蒙思想家主要致力于将近代以来的科学成就和思想成就介绍给法国人,"启蒙精神发扬和普及了培根和笛卡尔的思想,发扬和普及了培尔和斯宾诺莎的思想,特别是发扬和普及了洛克和牛顿的思想。发扬了自然法则哲学和天赋权利哲学"。[①] 为了达到宣传群众、启迪群众的目的,启蒙思想家除出版各种专门的学术著作外,还出版普及性通俗读物,并运用小说、戏剧、诗歌等形式向民众普及科学知识和新思想观念。但是,启蒙运动并不是一场纯粹的文化普及运动,而是一场政治启蒙运动,"启蒙思想家的锋芒所向十分明确,即反对王权、神权、特权,要求改变旧制度,建立新政体"。[②] 因此自然法理论所宣扬的自由、民主、平等、天赋权利等观念无疑是启蒙思想家关注的重心。

与17世纪的自然法学家相比,启蒙思想家对自然法理论进行了更通俗的阐释,抽象的哲理在他们的笔下变成了朗朗上口的标语式口号,小说、戏剧、诗

[①] (美)帕尔默·科尔顿.近现代世界史(上).北京:商务印书馆 1988:394-395
[②] 董小燕.西方文明:精神与制度的变迁.北京:学林出版社,2003:182

西方文化概论

歌、散文和传记文学成为宣传新思想、新观念的有效途径,酒吧、咖啡馆和贵妇人们举办的"沙龙"成为人们探讨各种科学和哲学问题的理想场所,数量日趋增多的报章杂志也在向民众普及自然法新观念的过程中扮演了非常重要的角色。关于社会性质的普遍而抽象的理论竟成了有闲者日常聊天的话题,连妇女与农民的想象力都被激发起来了。①

另一方面,启蒙思想家们还赋予了这些思想观念以更绝对的权威,让这些原本主观思想体现的观念成为"科学""真理"的化身,"从未有过一个时代对传统观念抱有那样的怀疑心态,对人的理智能力和科学能力抱有那样的信心,对大自然的规律性和一致性抱有那样坚定的信念,也从未有过一个时代是那样深刻地受到文明的进步感和发展观念的影响"。② 启蒙思想家高举"科学"与"理性"的利剑,向一切"非理性"的习惯、制度"开火",法国的专制制度理所当然成为他们攻击的靶心。

启蒙运动作为一场伟大的理性主义运动,坚持以理性审视一切,批判一切,任何不符合理性的东西都被抛在一旁。启蒙思想家所提出的政治理论大多超越国界和民族性。伏尔泰、孟德斯鸠、卢梭等思想家基本上从人性论和外国政治经验的角度思考自由与民主的起源、内涵和意义。孟德斯鸠所倡导的君主立宪和三权分立的政治理想是从英国的政治制度中引申出来的,而卢梭所提出的直接民主和人民主权理论基本上是古雅典政治制度的翻版,伏尔泰所设计的"开明专制"政治理论的参照物虽是法国,但伏尔泰思想既不为法国的专制君主所认可,也受到了法国大多数思想家及民众的普遍攻击。

在启蒙思想家将理性主义发扬光大、广泛普及的同时,启蒙思想家也将理性主义绝对的普世主义世界观弊端暴露无遗。按照这种普世主义的观点,个人自由、个人权利、私有财产、自由市场、宪政法治等制度安排都被视为普世性的价值。在法国启蒙思想家们的政治著作中,我们看到的大多是普适性的一般原则和一般原理,而很少有基于法国传统或现实的理性思考。他们很少考虑由他们构建的所谓符合"理性原则"的理想制度是否符合法国的民族传统和民族特点,是否在现实的法国具有可行性。他们一般也很少思考如何使法国民众逐步地获取政治权利,而是重点探讨在"人人都是自由人"的前提下如何构建理想的制度大厦。

---

① (法)托克维尔.旧制度与大革命.北京:商务印书馆,1992
② (美)帕尔默·科尔顿.近现代世界史(上).北京:商务印书馆,1988

第三章 西方文化的发达

二、浪漫主义

浪漫主义思潮最初出现在德国,但很快就在西欧各国引起了共鸣。浪漫主义的代表人物有德国诗人歌德、英国诗人拜伦和雪莱、法国作家夏多布里昂和雨果等。浪漫主义作为一种思潮出现,其直接原因是欧洲社会对法国大革命普遍感到失望,因为大革命并没有真正实现自由、平等、博爱。其更深层次的原因,则是对18世纪法国启蒙思想感到不满,因为法国大革命就是由启蒙思想引发的。浪漫主义崇尚情感,崇尚个性自由,直接向强调理性的启蒙思想提出了挑战。

启蒙哲学家将自然视为一部没有生命的机器,一座其部件互相配合、运动准确、和谐的巨钟,有数学般精确的自然法则已为科学方法论所揭示出来。浪漫主义者反对这种无人性的机械模式,他们对待自然充满感情,并为自然的美和威严所鼓舞和惊叹不已。对于浪漫主义来说,自然并不是由许多机械部件构成的,而是由树木、湖泊、山脉、云雾和星辰组成的有机体,人们带着感情去体验自然,并寻求与之神秘地融为一体。揭示大自然中最重要奥秘的是诗人的想象力,而不是数学家的逻辑。

启蒙思想家试图将宗教贬为一系列有待证明的科学定理,浪漫主义者则将上帝视为一种能鼓舞人的精神力量。他们哀叹基督教的衰亡,认为教堂、宗教仪式充满了诗意和神秘性,能满足人类追求美的欲望;基督教的道德要求充满怜悯心和正义感,把人的行为提到一个更高的水平。浪漫主义者谴责启蒙主义将宗教教义置于理性的检验镜之下,因而削弱了基督教的力量。对他们来说,宗教不是科学和三段论,而是人的本性在情感上的表现。浪漫主义者要求人们承认,个人是一种精神存在,要求人们按照恢复完整个性的目标培养人性中宗教的一面。事实上,由于启蒙哲学家过分强调智力,这种完整的个性被搞得支离破碎。

启蒙运动思想家认为中世纪是一个黑暗、迷信而又狂热的时代,视中世纪仍未消亡的制度和传统为进步的障碍,浪漫主义者则崇尚中世纪。一些浪漫主义者认为,法国大革命、拿破仑以及破坏政治平衡所引起的多次战争给未来蒙上了一层阴影,于是他们把目光投向中世纪,以期寻求安全感。因为那时的欧洲由一种单一的信仰联为一体,因为那时没有理性主义者肆意攻击基督教,也没有满目凶光的革命者把社会结构拆得四分五裂。在浪漫主义者的想象中,中世纪充满了情感与社会和谐。

西方文化概论

浪漫主义思想家对启蒙思想的批判还体现在历史观上。在启蒙主义者看来,由于历史记载了祖辈们所出现的失误和愚蠢行为,从而起到了为后人提供前车之鉴的作用,这样的知识有助于人们去争取更为美好的未来,这就是研究的最终目的。然而,对于浪漫主义者来说,一段历史就像一个人一样,是一个有着自己灵魂的独特的实体,因此历史学家们应描绘和分析如同万花筒一般纷繁的民族、传统和制度,他们认为正是这些构成了历史的经验。为了寻求普遍的原则,启蒙思想家将地方传统视为农民式的迷信和阻碍进步的障碍而置之不理。浪漫主义者则反对文化的标准化,他们把祖国的语言、歌曲和传统视为一个民族独特的创造,视为民族感情最深刻的表现。就这样,浪漫主义对近代民族主义的形成起了促进作用。

浪漫主义者奋起反对启蒙主义,对欧洲历史产生了重要而持久的影响。由于浪漫主义者强调了人的感情所固有的创造能力,从而给人性以应有的地位。通过鼓励个人的自由以及主张艺术、音乐和文学的多样性,浪漫主义者极大地丰富了欧洲的文化生活,此后的艺术家、作家和音乐家,大多沿着浪漫主义者所开辟的道路继续前进。通过对各个不同的历史阶段、各个民族和各种文化特点的对比分析可以看出,浪漫主义有助于造就近代历史观。但是,浪漫主义也存在着潜在的危险性:他们把过去理想化,并对古代的民俗风情、故土和母语大加赞美,因而为政治生活增添了一种强烈的非理性成分。在以后的几十年里,特别是在德国,浪漫主义和政治上的民族主义结合在一起,"创造了一种不确切思维的普遍风气,一种精神上的梦幻世界,以及用来处理政治问题的感情方式,而这本来是应该运用冷静的理性思维的"。

三、自由主义

自由是西方文明最显著也是最重要的精神之一,其重要性也许不在理性之下,在某种意义上也许还在其上。因为理性对人说来是工具,而自由则是价值本身。自由主义则是以自由为理想、为价值,并自愿为之实践、追求和奋斗的精神,是指人们在政治、经济、宗教等领域追求自由、平等和民主理念或理想所表现出来的精神,也可以说包括政治自由、经济自由、信仰自由、思想自由等。这些自由从积极方面说,表现为政治参与与民主制,信仰自由、思想自由等;从消极方面说则表现为个体的权利受到保护,不容侵犯,包括人身权利、政治权利、财产权利等。

其实,在自由主义于19世纪正式形成之前,自由的理想和理念已经在自然

第三章 西方文化的发达

法学派的政治理论中充分体现出来。在格老秀斯、霍布斯、洛克等近代自然法学家的著作中，自由与个人权利是等同的，为了论证个人的自由或权利，他们将传统上关于自然正义和社会正义的道德说教的自然法理论转变为关于个人权利及其保障的理论。近代自然法学家对个人自由权利的论述始于人民反抗暴君的权利，法国的胡格诺思想家对此进行了充分的论述，格老秀斯则将个人的财产权问题作为其理论探讨的核心。在格老秀斯之后，自然法理论家将越来越多的权利纳入个人自然权利或公民自由权利的范围之内，如斯宾诺莎对思想自由权的强调，霍布斯对生命安全权利的强调，弥尔顿对人民诛杀暴君权的强调，平等派对普遍选举权的强调，等等。在18～19世纪，自然法思想家、启蒙思想家和自由主义思想家继续扩大公民自由权利的内涵，使公民的自由权利扩充到社会生活的方方面面。

具体来说，公民的自由权利包括人身自由权、政治自由权、经济自由权和社会自由权：人身自由权是指每个人都平等地享有维护自身生命不受非法侵害的权利，享有思想自由、言论自由、信仰自由和婚姻自由的权利；政治自由权是指公民应平等地享有选举权、被选举权以及公民对政府事务的知情权、监督权和弹劾权；经济自由权是指公民享有自由支配其私有财产的权利以及自由从事生产、贸易和订立契约的权利；社会自由权是指公民享有自由迁徙、出版、结社和教育子女的权利。

在充分论证个人自由的基础上，近代自然法学家又精心构建了以自然法、国家法为主要内容的个人权利法律保障体系和以社会契约、主权者的权力、公民的义务为核心的个人权利的政治保障体系。格老秀斯首先将自然法的基本内涵定义为"尊重他人的自然权利"，即自然法是规范和保障个人自由权利的理性法则。他同时又指出，人本身所固有的自利本能使得人们很容易滋生出对物质财产的无穷贪欲，自然法难以真正约束人们不侵犯他人的权利；同理，自然法也不可能真正成为自己权利的保护者，自然法并不是真正意义上的"法律"。

格老秀斯认为，个人只有通过社会契约将自己的自然权利转让给社会和国家，然后再由国家颁布具有强制性的法律，才是真正实现个人自由权利的基本途径。国家权力是典型的"人造之物"，国家的所有权力均来自于人民，国家不拥有个人原先不曾享有过的自然权利，国家权力的职能在于保护公民的生命及财产安全，维持和平的社会秩序，应该去除基督教会为国家和国家法律所附加的宗教职能和道德职能，使国家成为一个纯粹为保障公民利益而存在的政治实体。

西方文化概论

既然维护和保障个人的自然权利是国家法唯一的理性追求,那么,在具体的政治实践中,即在国家法的制定和执行过程中应如何保障个人的自由权利呢?近代自然法学家一般认为,国家法对个人权利的保护首先体现为国家法的制定应充分体现自然法的精神和原则,而要做到这一点,人民或人民代表参与法律的制定是必不可少的。在法国宗教战争期间,胡格诺思想家出于抵制王权的目的曾提出,三级会议和巴黎高等法院应在国家法律的制定和批准方面扮演更重要的角色。

在洛克政治理论中,立法权的重要性同样得到了强调。他说:"在一切场合,只要政府存在,立法权就是最高的权力,因为谁能够对另一个人订立法律就必须在他之上。而且立法权之所以是社会的立法权,是因为它有权为社会的一切部分和每个成员制定法律,制定他们的行动准则,并在法律被违反时授权加以执行,因此立法权就必须是最高的权力,社会的任何成员或社会的任何部分所有的其他一切权力,都是从它获得和隶属于它的。"[1]

除强调在立法过程中贯彻保护个人自由权利的自然法精神之外,近代自然法学家普遍认为,国家法对个人权利的维护不应局限于司法层面,即在各种法律中要明确规定哪些是属于公民神圣不可侵犯的自由权利,哪些属于政府必须向公民提供充分保障的自由权利,并且应上升到政治层面和制度层面,也就是用宪法的形式对国家权力的组成方式(即政体)、国家各个权力部门的权限范围以及对各权力部门的监督和制约等做出明确的规定,使国家法能够得到公正和公平的执行,从而确保人民通过建立政府来保障和扩大其自由权利的基本宗旨的实现。在这一方面,英国的《大宪章》为近代人提供了可资借鉴的历史经验。

经过17世纪思想家们的努力,为个人权利提供理性证明的任务已基本完成,个人自由权利的普遍性和平等性、个人自由权利的契约保障、个人自由权利的法律保障、个人自由权利的制度保障以及个人自由权利的宪法保障即人民主权思想都在自然法思想体系中得到了充分的论证。但是,随着科学的发展和人们思想的进步,自然法理论的缺陷日益显露出来,特别是自然法学家自以为绝对严谨、绝对精密的几何学论证方法越来越受到后来思想家们的攻击,英国哲学家休谟就是其中最激进的一个。

休谟对自然法理论的否定是从剖析理性概念开始的。他认为,自然法体系中的理性概念,实际上是把三种含义不同的要素或作用混淆在一起,其结果是

---

[1] (英)约翰·洛克. 政府论(下). 北京:商务印书馆,2003:92

第三章　西方文化的发达

把不能得出绝对肯定判断的命题也当成了必然真理。第一种含义是理性概念中的必然真理。休谟认为这类真理只能在数学的有限局部中找到,而且有其具体特点;第二种含义是理性概念中的因果关系。休谟不承认因果关系存在必然性,这是因为人们并不能从原因中发现结果,人们头脑中的因果源自一种不自觉的心理习惯,即一个现象之后总跟着另一个现象,这样重复多次之后,便形成了因果必然联系的观念;第三种含义是理性概念中的价值观念。休谟认为,将某些体现人的价值取向的观念(如权利、自由和公正等)视为必然的和无法避免的观点是非常荒谬的,因为在特定场合"说某一行为是正当的或好的,所指并非理性,只不过是人类的某种意向或愿望"。从休谟对上述三种含义的理性分析可以看出,因果关系和价值观念并不属于严格意义上的理性,它们都包含着无法加以证明的因素,这样一来,整个自然法的理性基础便崩溃了。

其实,休谟并不否定自然法理论家对个人自由和财产权利的强调,他不能容忍的是自然法学家为个人自由权利所提供的理论论证方式。在否定了自然法学家的天赋权利观之后,休谟将现实中个人所享有的自由权利归之于习俗或传统,无论是"习俗"还是"传统"都只是日耳曼习惯法的不同称呼而已。因此,休谟等人在否定了自然法理论之后,并没有提出任何新的替代性方案,只好回到普通法的传统之中。就此,我们可以说,休谟对自然法理论的批判是深刻的,但他所提出的解决方式则是肤浅的,甚至可以说是一种历史的倒退。

19世纪的功利主义思想家边沁在对自然法理论的批判方面虽然不及休谟深刻,但在思考替代自然法理论的可行性方案方面,却远胜过休谟。与自然法学家一样,边沁的功利主义理论也是从自然人的人性出发,即把个人的认识作为认识社会的基础,但是他并不像自然法学家那样,从人性的基本需求中推论出普遍的、永恒的自然权利或自然法则,而是从人的基本心理中寻求人的行为动机,进而推论出个人与政府行为的基本原则。在边沁看来,人们的道德选择和法律制定都要遵循这些基本原则,人的道德行为的好坏或人定法的优劣,都要根据这个标准评价。这样一来,建立在经验基础上的功利原则就取代抽象基础的理性原则而成为个人自由权利的理论依据。

边沁以经验主义和感觉主义为出发点,在政治问题上抛弃了关于国家起源、社会契约、自然权利、自然法等抽象的假定,认为这些不过是虚构和幻想,不能用来解释国家或政治的基础和产生的根源,也回答不了政府何以有权力而人民何以必须服从。边沁以功利主义这种绝对"现实"的观点来说明国家的起源,认为国家之所以产生,是由于社会出现了治者和被治者的划分,是由于服从的

· 157 ·

西方文化概论

需要,归根到底还是出于功利的原因。他说,当一大群人大体已具有服从的习惯,服从一人或一批明确可指的人即执政者时,这些人合起来可以在一个政治社会当中共处,于是国家便产生了。也就是当人们感到"不服从的祸害较服从的祸害更大"时,便产生了成立国家的要求。

在边沁看来,一方面,国家的产生是人们出于功利考虑的结果,而在另一方面,国家与政府的目的也是为了提高人民的功利。他把国家与政府等同,认为政府的活动都应遵循"最大幸福"原则。政府的任务也很广泛,包括物价管理、人民健康、粮食供应、公民教育等各个方面。为了公共的福利,政治上的统治权应属于人民,议会具有立法全权,这样才能使政府的利益与整个社会的普遍利益保持一致。由此而谈论政体问题,边沁认为,政体的名称、人数的多少,应以是否对人有利为前提,看它是否能为最大多数人谋取最大的快乐。

从功利主义出发,边沁得出了代议制民主政体和反对君主制度的政治结论。在他看来,人的动机固然不可捉摸,无法强制,但可以用经验的方法即刑赏的方法使得执政者不敢为非作歹、滥用权力,使人在为私的同时兼为公。因此,就应具体考虑政府制度的各种安排,特别是考虑官员任期的长短、人数的多少、职权范围的广狭、权力的大小等等问题。君主制之所以不是好的政体,就是因为君主的权力太大,超越于法律之上,因而容易以权谋私,不再为最大多数人谋利益。

不用社会契约论和自然法理论,仅用功利主义原则,也可以为资产阶级代议民主制作论证。边沁虽然不认为民主制度必然是优良的,但其总的倾向是认为代议民主制是比较好的制度。仅从功利的衡量来看,代议民主制在权力分配、等级区分、统治者与被统治者的关系等问题上,也比君主制处理得好。因为在民主制中,统治者向被统治者负责,人民掌握国家的权力,这样就可以减轻君主政体下的许多弊端,免除对人民的压榨。

四、实证主义

科学是人类理性思考的产物,但是,近代科学的飞速发展则反过来对人类的理性思维方式产生了深刻的影响,即理性哲学已越来越多地求助于科学,开始逐渐向科学主义演变。最初具有科学主义倾向的哲学就是实证主义哲学。

实证主义的创立者是法国哲学家奥古斯都·孔德,他用12年的时间写作了六卷本的巨著《实证哲学教程》,在这部书中,孔德明确提出了"拒斥形而上学"的口号。他认为,历史上那些形而上学体系如同历史上的神学体系一样,都

第三章 西方文化的发达

有它们存在的合理性,但是,历史发展到了19世纪,人类的理性已经相当成熟,实证的经验科学已经相当发展,那些以空洞的和虚构的思辨来代替科学的实证研究的臆测和幻想,就成为不合理的、荒谬的和虚伪的了。"拒斥形而上学"的根据来自孔德的实证主义原则:除了观察到的以事实为依据的知识以外,没有任何真实的知识。

在否定了传统的形而上学之后,孔德指出,哲学只有作为实证哲学才有存在的权利,它的任务是通过对科学知识的综合实现统一科学的目标。孔德所谓的"实证",大体包含四层意思:一是指真实的而不是虚幻的;二是指有用的而不是无用的;三是指肯定的而不是犹疑不定的;四是指精确的而不是模糊的。在他看来,实证主义的一切本质,都可以概括在"实证"这一词中。因此,实证主义只研究真实、有用、肯定和精确的知识,即关于完全可由经验加以实证现象的知识。

孔德指出,根据实证主义的基本学说,我们所有的思辨、我们的每一种主要观点,无论是个人的或是群体的,都不可避免地先后经历了三种不同的理论阶段:神学阶段、形而上学阶段和实证阶段。在神学阶段,人们在连基本科学问题都无力回答的情况下,贪婪地想认识万物的起源,人们就不得不凭借直觉来认识各种现象,而且自认为对它们已经有了相当的认识。形而上学阶段是一种变相的神学阶段,保留了神学体系的全部基本原则,同样倾向于解释万事万物的本质、起源及现象的产生方式,但它不再采用超自然的因素来解释,而是以实体或人格化的抽象物来替代,在此阶段,人们主要运用推理来解释事物和现象,而不注重观察。实证的阶段是理性的科学阶段,在这个阶段中,人类不再凭空想象地追求绝对的知识,而是集中力量进行真实的观察,"处处以单纯的规律探求,即研究被观察现象之间存在的恒定关系,来代替无法认识的本义的起因"。

根据实证哲学的基本精神和各门科学不同性质的研究对象,孔德把科学分为六类,并按照历史的和学理的、科学的和逻辑的序列把它们排列为:数学、天文学、物理学、化学、生物学、物理学和社会学。他认为,作为第一门科学的数学是独一无二的出发点,而最后一门科学即社会学则是整个实证哲学的惟一基本目标。孔德借用现代物理学的基本概念,创造性地提出了"社会静力学"和"社会动力学"的概念和理论,以观察方法、实验方法、对比方法和历史方法等实证方法研究人类社会,试图从社会联系中把握社会的总体以及社会发展的基本规律。

所谓社会静力学,就是静态地分析研究人类社会的组织、结构及其关系的学说。它的目标主要是研究社会秩序,其基本观点和主要内容是:从社会有机

西方文化概论

体理论出发,认为对社会的解剖首先应从社会的基本元素——家庭着手。因为家庭是缩小了的社会,社会是放大了的家庭,社会的秩序和美好前景来自于家庭的和谐。家庭关系包括两性、亲子、兄弟或姐妹关系等,它实际上体现了人性中利己与利他两重性的统一与和谐,这种和谐关系延伸到社会,就可以实现社会的和谐与秩序。接着,孔德又分析了阶级或种族,他从社会和谐的原理出发,认为社会越进步越发展,阶级、组织和机构就越复杂,也就越需要更好地协调各组织之间的关系。为此,社会各阶级应当安于自己的职业,相互合作。

所谓社会动力学,是指动态地研究人类社会组织及其关系发生、发展规律的学说。孔德继承了启蒙运动所发扬的理性推动历史进步的观念,以动力学的观点观察和研究社会。他认为,人类社会的组织和结构不是静止不变的,而是一个有规律的演进过程。如同人类思想的发展一样,人类社会的发展也经历了三个阶段:神学阶段、形而上学阶段和实证阶段。在人类社会发展的神学阶段,家庭是社会的主要单位,人们崇拜神灵,尊奉政治的绝对权威,其政治体系通常是君主专政,维持社会秩序的主要是军事类型的社会组织。在人类社会发展的形而上学阶段,人们用自己的理性去怀疑一切,批判一切,政治上追求"天赋人权""平等"等抽象原则,国家政体转向了共和制。在社会发展的实证阶段,工业在社会中的统治取代了军事统治,人们把注意力从剥削其他社会阶层转向了开发大自然,开始实行实证政治统治。

五、马克思主义

工业革命在英国和其他西欧各国创造出大机器生产和现代工厂制度,从而产生了资本主义社会的两个对立的阶级:工业资产阶级和工业无产阶级。面对因贫困而心怀不满的无产阶级,有产者不断强化保护私有财产的法律和政治措施,代表富有的土地贵族利益的英国国会于1723年未经讨论就通过了一项法律,增加了50项侵犯财产的独立罪名,并规定这些罪行可以适用死刑。可怕的贫困和残暴的压迫不能不激起无产者的强烈反抗和斗争。由于工人群众起初没有认识到剥夺他们工作的不是机器本身而是严酷的早期资本主义制度,因此他们最初的斗争采取了捣毁机器、破坏工厂的形式。传说一个名叫内德·卢德的英国工人是破坏机器的首倡者,因而英国工业革命时期的这场捣毁机器的运动被称为"卢德运动"。

从19世纪早期开始,西欧许多国家的工人不仅对恶劣的工作和生活条件提出强烈的抗议,而且逐渐意识到他自己是一个分享共同命运、具有共同利益

第三章 西方文化的发达

的阶级。在工人们中间慢慢发展起一种劳动本身具有重要性和尊严的价值观念,许多工人甚至得出结论:只有工人才是财富的真正创造者,而资本家则是工人的剥削者。工人阶级获得阶级意识的进程最早发生在19世纪早期的英国,19世纪30年代波及到法国,40年代扩展到德意志各邦,以后又逐渐扩散到其他国家。这种阶级意识加强了工人阶级的团结,推动了工人阶级组织的形成。19世纪30年代和40年代,法国、英国和德国先后爆发了里昂工人起义、宪章运动和西里西亚纺织工人起义。这些斗争标志着无产阶级开始作为独立的政治力量登上历史舞台。

19世纪40年代,以捍卫工人阶级利益为最高宗旨的马克思主义在西欧诞生。马克思主义的创始人马克思出身于中产阶级家庭,当他结束柏林大学的学习后,于1842年担任了《莱茵报》的编辑工作。由于对现实社会感到越来越厌恶,马克思希望能利用这个职位来支持社会的变革。但由于政治立场过于激进,马克思很快便陷入与出版商的龃龉之中,他先移居巴黎,后又侨居伦敦,一直到他1883年去世。在马克思革命斗争的一生中,除了参与和领导国际工人阶级的组织工作和革命运动,他还撰写了大量的哲学、政治经济学、科学社会主义理论著作和诸多政治评论,其中最重要的有《1844年经济学哲学手稿》《关于费尔巴哈的提纲》《德意志意识形态》《哲学的贫困》《共产党宣言》《1848年至1850年的法兰西阶级斗争》《路易·波拿巴的雾月十八日》《政治经济学批判》《资本论》《法兰西内战》。

马克思主义的另一位创始人是马克思的终生挚友弗里德里希·冯·恩格斯。恩格斯出生于普鲁士的一个纺织厂主家庭,在他中学还未毕业时就被父亲送到巴门和不来梅的商业营业所去当办事员。1842年,恩格斯准备前往英国曼彻斯特,在他父亲与别人合办的纺纱厂里做职员。赴英途中,他曾访问设在科隆的《莱茵报》编辑部,与马克思初次会面,两人便结下了深厚的革命友谊。在英国居住期间,通过亲身参加革命实践,恩格斯得出了和马克思完全相同的结论,从而完成了从革命民主主义向共产主义的转变。除了与马克思合著的《德意志意识形态》《共产党宣言》等著作之外,恩格斯的其他重要著作有:《政治经济学批判大纲》《英国工人阶级状况》《德国农民战争》《反杜林论》《社会主义从空想到科学的发展》《家庭、私有制和国家的起源》《自然辩证法》和《路德维希·费尔巴哈和德国古典哲学的终结》。

马克思主义学说由三个部分组成:马克思主义哲学、马克思主义政治经济学和科学社会主义。马克思主义哲学包括辩证唯物主义和历史唯物主义两个

· 161 ·

西方文化概论

方面。辩证唯物主义坚持物质第一性的原则,认为世界的多样性统一于物质性,运动是物质的存在方式,精神现象是物质发展到一定阶段的产物,意识的内容是对物质世界的反映;整个世界处于普遍联系和相互依存之中,处于生成和灭亡的不断运动变化之中。物质世界在其上升过程中不断地从低级阶段向高级阶段发展,对立统一、量变质变、否定之否定是世界存在和发展的普遍规律。

历史唯物主义首先肯定了人们的社会存在决定人们的意识,物质生活的生产方式制约着整个社会生活、政治生活和精神生活的过程。人们在社会生产中发生一定的、必然的、不以他们的意志为转移的关系,即同他们的物质生产力的一定发展阶段相适合的生产关系。这些生产关系的总和构成社会的经济结构,在这个经济基础之上竖立着法律的和政治的上层建筑并有一定的社会意识形态与之相适应。当社会的物质生产力发展到一定阶段,便同现存的生产关系发生矛盾,于是这些生产关系便由生产力发展的形式变成生产力进一步发展的桎梏,那时社会革命的时代就到来了。

马克思和恩格斯在创立马克思主义政治经济学时,深入剖析了资本主义社会的商品经济制度,揭示出隐藏在商品关系后面的人与人的关系,在劳动价值论的基础上创立了剩余价值学说。依据马克思主义的劳动价值论,商品具有使用价值和价值二重性,使用价值是由具体劳动创造的,而价值则是由一般的人类劳动即抽象劳动所创造的。在资本主义经济制度下,工人的劳动力变成了商品,资本家按照劳动力的价值购买劳动力,而资本家使用劳动力所创造出的全部价值中,只有一部分作为工资付给了工人,其余的部分则构成剩余价值,被资本家无偿地占有了。剩余价值学说是马克思主义政治经济学的基石,它揭穿了资本主义剥削的秘密,发现了无产阶级受剥削、受压迫的经济根源。同时,马克思主义政治经济学还详细阐述了资本主义生产方式的全过程和运行机制,说明了生产、分配、交换和消费等各个环节的相互关系,对经济科学的发展做出了重大贡献。

1847年底,马克思和恩格斯接受共产主义者同盟的委托为同盟起草纲领,由此产生了国际无产阶级的第一个战斗纲领——《共产党宣言》。1848年2月,《共产党宣言》正式发表,成为马克思主义诞生的标志。马克思和恩格斯在《共产党宣言》里以鲜明的语言第一次系统而完整地阐明了科学社会主义的理论体系,宣布了无产阶级的奋斗目标,指出了无产阶级政党的性质、任务和策略。他们满怀信心地向全世界宣告:"让统治阶级在共产主义革命面前发抖吧。无产者在这场革命中失去的只是锁链,他们获得的将是整个世界。全世界无产者,联合起来!"

六、非理性主义

近代以来,西方哲学界一直处于两种思潮即经验论—唯物论思潮和唯理论—唯心论思潮的影响之下,这两种思潮一直处于对立状态,相持不下。但无论是唯物论还是唯心论,都把认识论作为哲学的核心,而认识论的核心则是理性问题,也就是说,它们都把理性置于哲学研究的中心地位,并认为人的本质就是理性,只是它们对理性的解释有所不同。因此,从总体上来说,唯物论和唯心论都是理性主义的。为了打破唯物论和唯心论长期围绕着理性问题争执不下的僵局,便有哲学家对问题本身产生了怀疑:理性是不是人的本质?是不是说明了理性就说明了人的本质?或许,理性根本就不是人的本质?于是他们便抛开理性,另辟蹊径。这样,便出现了非理性主义思潮,有时也被称作"反理性主义"。

就非理性主义思潮内部而言,存在着众多互不相同,而且往往是互不相干的哲学流派。在这众多的流派中,有三个流派影响最大,它们是德国的唯意志主义哲学、法国的生命哲学和美国的实用主义哲学。

最初倡导唯意志主义哲学的是与黑格尔同时代的德国哲学家叔本华。叔本华的哲学被称作"生存意志论",他认为现象世界归根结底只不过是人的表象世界,而在这表象世界的后面,实际上是宇宙的"大意志",人是宇宙的一部分,因此人的本质也是意志,即"小意志",这种说法类似于佛教的"大我"与"小我"。叔本华论证了宇宙和人的本质是"意志"之后,继而论证说,"意志"固然是宇宙生命的本源,但由于意志永不能满足,所以生命就是痛苦的。为了避免痛苦,就必须否定"生存意志",就如佛教所教导的那样,必须断绝欲望,达到涅槃以求解脱。由此可见,叔本华的唯意志论不仅是反理性的,同时也是反意志的,所以他被认为是近代最大的悲观论者。

尼采是叔本华唯意志主义哲学的直接继承者,同时,他对叔本华的理论作了重要修改。其中最重要的是,他抛弃了叔本华的悲观主义,把叔本华的"生存意志论"改造成"权力意志论"。尼采认为,必须否定受理性主义和基督教博爱主义影响而日趋没落的西方文化,必须"重估一切价值",创造新的价值观和人生观。因为现代西方人由于长期受到理性主义和基督教博爱主义的"阉割",已经变得毫无生气,所以必须"进化",由新的人类来取代现代西方人。这新的人类,他称之为"超人",因此他的哲学也被称为"超人哲学"。尼采在西方的影响

西方文化概论

已远远超出了哲学领域,成为现代最有争议的人物之一,褒扬他的人称他为"勇敢的哲学斗士",而贬抑他的人则诅咒他是"法西斯主义的鼻祖"。

生命哲学作为一种非理性主义的哲学思潮,并没有统一的哲学理论。它包括许多观点相近的哲学小派别,同时也受到来自哲学以外的其他学术领域如历史学和心理学方面的声援。一般认为,最早倡导生命哲学的是德国哲学家狄尔泰。最具代表性的、影响最大的生命哲学家是法国的柏格森。柏格森认为,生命是通过理性的方法来认识的,因为理性的方法是分类和推论,而要真正把握生命的本质,分类和推论的方法恰恰是用不上的,所以必须要有一种高于理性的方法,那就是直觉,因为直觉是最高级、最深刻的认识形式。至于理性方法,他并不一概否定,只是认为它是科学所用方法。科学以物质世界为研究对象,物质世界是相对静止的,有规律可循,而生命过程尤其是人类的生命过程,则是至今尚未结束的事件,根本无规律可循,只能靠直觉加以把握。以柏格森为代表的生命哲学,可以说是最典型的非理性主义哲学,其影响波及到西方科学文化的各个领域,而受其影响最大的是现代西方文学,如意识流小说、超现实主义等现代派文学,都明显带有柏格森哲学的印记。

实用主义的哲学宗旨是:理性是人用以认识世界的一种工具,其本身既不能发现真理,也不能检验真理。因为世上既无可以预知的真理,也不存在一成不变的真理。真理是在人们的实践活动中被不断认识的,其标准是必须有利于人的实践活动。实用主义的大本营是美国,而且是20世纪前半叶在美国占主导地位的哲学思想。一般认为,哲学家皮尔士是实用主义哲学的创始者,威廉詹姆斯是实用主义理论的有力阐述者,社会学家和哲学家杜威则是这一理论的出色推广者。美国实用主义哲学不仅在美国影响甚大,其影响还波及到欧洲甚至亚洲。如在英国,二三十年代也出现了实用主义运动,其代表人物是希勒,不过他把实用主义改称为"人本主义"。在亚洲,最好的例子就是20年代的中国,这不仅因为杜威曾到中国讲学两年,更因为胡适等杜威门徒的传播,实用主义对中国教育界曾影响甚大。

第六节 文学与艺术

一、西方的文学

文艺复兴是第一次全欧性的反封建反教会的思想文化运动。欧洲文化的

第三章　西方文化的发达

历史由此摆脱了漫长的发展缓慢的中世纪而进入迅速发展的新时期,其影响巨大,意义深远。这一时期产生的新思想——人文主义,具有反封建反教会的进步性。它指导着近代西方的思想、科学、文艺的发展,并为日后西方的学术和文学的发展打下了基础。

文艺复兴从意大利发端,逐渐形成全欧性的声势浩大的运动。意大利、德国、法国、西班牙、英国等都先后进入近代文学的新时代,各种民族语言的新文学、各种新文体(诗歌、散文、短篇小说、长篇小说、悲剧、喜剧等)在此时萌生。对人、人性和人的生活的描写和颂扬成为文学的主旋律,欧洲文学从思想到艺术都"旧貌换新颜",取得了历史性的突破,并为后来的发展开辟了道路。

在当时蓬勃发展的各国文学中,西班牙和英国的文学成就最高。塞万提斯和莎士比亚是其中最突出的两个作家。

塞万提斯以小说方面的成就树立了他在文学史上的崇高地位。他的《堂吉诃德》在文学史上具有继往开来的意义,书中的同名主人公已经被公认为世界文学史上不朽的艺术形象之一。

莎士比亚是这一时期人文主义文学的标志,他在文学创作中的辉煌成就,让他突破了地域、国界,走向了世界,也成为全部欧美文学史上评价最高、影响最大的作家之一。

17世纪的欧洲正处于文艺复兴和18世纪启蒙运动这两个伟大的全欧性的思想文化运动之间。当时欧洲的总态势是各国发展的不平衡。英国发生了资产阶级革命,推翻了封建统治,走在了历史的前列。法国建立起强大的君主专制政权,作为资产阶级和贵族阶级的中间人而维持着国家的平衡,有利于社会的发展。意大利和德国则由于封建势力的反扑而致历史倒退。巴洛克文学反映了文艺复兴衰落之后思想的动荡和复杂。古典主义是在法国专制君主政体扶植下兴起的一种文学思潮,体现了理性与统一的历史趋势。

古典主义具有宫廷的贵族倾向。但是,古典主义作家并不是清一色的。莫里哀继承人文主义传统,学习民间艺术,取材现实生活,他的作品具有民主倾向和民族风格。他的代表作《伪君子》是一部运用古典主义方法创作写出的思想进步、讽刺犀利、艺术完美的喜剧杰作。

18世纪是广大人民反封建情绪空前高涨的时期,1789年的法国大革命代表了整个欧洲的历史趋势。这一时期发生的全欧性的第二次思想文化革命运动——启蒙运动,为资产阶级夺取政权和巩固政权提供了理论武器。

启蒙运动影响下形成了新型文学——启蒙文学,是这一时期欧洲文学的

西方文化概论

主流。

作为启蒙运动中心的法国,启蒙文学成就卓越。早期代表孟德斯鸠和伏尔泰的主要贡献在哲理小说。伏尔泰的《老实人》是其中代表作。狄德罗和卢梭的作品加强了革命性和战斗性。狄德罗主编《百科全书》,全面总结了启蒙运动的成果。卢梭的《忏悔录》和《新爱洛伊丝》具有强烈的反封建精神,是浪漫主义的先声。博马舍的戏剧已是"行动中的革命"。

歌德是这一时期最重要的作家。歌德的身上充满着反叛和妥协的矛盾。他青年时期的杰作《少年维特之烦恼》,充分体现了"狂飙突进"精神。他的总结性作品——《浮士德》,塑造了体现"浮士德精神"的艺术形象,概括了三百年来西方先进知识分子和他自己的精神探索的历史,成为一个时代的总结。

浪漫主义是18世纪末19世纪初在欧洲文坛占主导地位的文学思潮。它是法国革命开始的民族民主革命新时代的产物。它在德国古典哲学、空想社会主义理论和感伤主义文学的基础上,在与古典主义的斗争中发展起来。浪漫主义文学偏爱表现主观感情、主观理想和非凡事物,主观性是其本质特征。浪漫主义作家热爱大自然,重视民间文艺,以此与他们厌恶的城市文明对立。在艺术上,他们反对古典主义因袭陈规,主张创作自由,喜用夸张、对比等手法。

19世纪30年代的欧洲,激情昂扬的浪漫主义时代已经过去,两种制度的斗争虽未结束,资本主义的胜利已成定局。在这一特定历史时期,现实主义文学取代浪漫主义文学,成为文学的主流。

法国批判现实主义文学兴起较早,成就突出,对其他国家的现实主义文学运动产生了积极的影响。斯丹达尔和巴尔扎克都是法国批判现实主义文学的奠基人。巴尔扎克是一个巨匠级的作家,他的《人间喜剧》代表了法国批判现实主义文学的最高成就。

19世纪中期,英国出现了狄更斯、萨克雷、勃朗特姐妹等一批作家,他们的作品是现实主义的佳作,而且在文学史上最早描写了劳资矛盾。

以果戈理为首的"自由派",即俄国批判现实主义文学与反专制农奴制的解放运动有着密切的联系。作家以揭露批判专制农奴制为己任,在艺术上达到较高水平,很快成为欧洲批判现实主义文学的一支劲旅。屠格涅夫以其风格清新、富有抒情味的作品《父与子》等体现了俄国文学从塑造"多余人"形象到"新人"形象的转变,为俄国文学赢得了世界声誉。

德国的现实主义不够成熟。以海涅为代表的革命民主主义文学代表着这一时期德国文学的最高成就。

第三章　西方文化的发达

美国民族文学的形成晚于欧洲,但成熟较快,在这一时期出现的民族诗人惠特曼获得了世界声誉。他的《草叶集》开一代诗风,体现了时代精神,使美国文学蜚声于世界文坛。

19世纪后期,欧美主要国家开始由自由资本主义向垄断资本主义过渡。社会矛盾的激化和复杂化,带来文学上的新特点,即流派繁多,并存发展,文艺复兴以来形成的那种一个时期一个主潮的格局不复存在。在这个时期,批判现实主义文学仍在发展。法国的左拉、都德、莫泊桑、法朗士,英国的哈代、萧伯纳等体现了两国现实主义文学的新成就;德国的冯达纳、霍普特曼为本国的批判现实主义文学开辟了道路。值得注意的是,北欧的现实主义文学异军突起,取得了巨大的成就,出现了易卜生、比昂逊、斯特林堡等重要作家;俄国的现实主义文学也在这时发展到了自身的最高水平,出现了托尔斯泰、契诃夫这样享有世界声誉的作家。美国现实主义文学也于80年代形成,出现了马克·吐温、欧·亨利、杰克·伦敦等作家。

现实主义之外,这一时期主要的文学流派有自然主义、唯美主义、象征主义及无产阶级文学。

左拉是自然主义理论的倡导者,但是他的创作不受自然主义理论的限制而成为现实主义的作品。莫泊桑被称为"短篇小说巨匠"。他在短篇小说方面的成就突出,不过也不可忽略他在长篇小说方面的成就,特别是他的《漂亮朋友》。

托尔斯泰和契诃夫是这一时期俄国文学的两颗耀眼的明星,托尔斯泰的作品更可以说是欧洲批判现实主义文学的顶峰。

马克·吐温是美国批判现实主义文学的代表,以揭露美国社会民主自由的假面具,暴露其拜金主义、种族歧视和侵略扩张的实质而著称于世,展现了美国文学擅长幽默、讽刺的特色。

二、近代意大利艺术

意大利文艺复兴运动在思想和文学方面取得了伟大的成就,但其最直观、最形象、最持久的成就无疑是在艺术领域(包括建筑、雕塑、绘画)。艺术成为对美的追求和个人时尚的表现形式,艺术家的创造力与想象力也得以展现,人文主义思想在这里得到了有力的弘扬。

首先表现出与中世纪决裂的是建筑艺术。在古典主义影响下,古代罗马建筑艺术风格开始重新受到人们的喜爱,哥特式的建筑风格由于与中世纪神学观念联系在一起而受冷落和抛弃。例如,古罗马建筑中的柱廊与圆顶技术再次受

西方文化概论

到重视和运用,并取代哥特式的尖拱顶和扶墙。罗马建筑以线条优美和简朴而著称,并与坚固性完美地结合在一起。意大利文艺复兴的建筑几乎无一不由直线条构成,半圆形的拱门,高耸的穹隆顶,厚实的墙壁,体现了世俗主义思想。代表文艺复兴时期的建筑艺术在大教堂建造中被体现,以耳堂和中殿组成平面十字形状,强调和谐与对称。佛罗伦萨大教堂是这一风格的杰出代表,其穹隆顶是对罗马万神殿的绝妙继承。圣彼得大教堂实际上是由一批杰出的文艺复兴建筑艺术大师,如布拉曼特、拉斐尔、米开朗基罗、贝尼尼等共同设计建造完成的,成为文艺复兴建筑风格的又一代表。文艺复兴建筑风格在民居方面也有体现。

布鲁内莱斯基(Filippo Brunelleschi,约1377—1447)是这一时期开创文艺复兴建筑风格的最伟大的建筑师,佛罗佛萨大教堂的穹隆顶就是由他完成的。他开创的清晰、宁静、优雅、和谐的建筑风格在该建筑得到充分展现,成为代表文艺复兴初期建筑风格的经典之作。

人文主义思想家阿尔伯蒂也是这一时期享有盛名的建筑大师。布鲁内莱斯基的建筑理念在他那里得到了实践。他建造了鲁切来宫。曼图尼的圣安德埋斯教堂则是他设计建筑的最优秀作品。

雕塑在中世纪基本沦为建筑附属品,成为建筑艺术的一种补充。进入文艺复兴时期后,雕塑重新成为一门独立的艺术,在人文主义思想的影响下,雕塑更多为世俗生活服务,表现人体美成为文艺复兴雕塑艺术的重要追求。

意大利文艺复兴时期最伟大的雕塑家是米开朗基罗。他的雕塑创作体现了理想主义精神及在艺术上追求完美和人文主义的思想。米开朗基罗雕塑作品的典范是《大卫》和《摩西》。《大卫》是他的早期作品,一尊高5.5米,具有希腊风格的裸体大理石雕像。《摩西》是米开朗基罗的晚年雕塑作品,被认为是"近代雕塑的最高成就"。雕塑由于细节的真实,充满了生气和力量。米开朗基罗为了使静止的雕像给观赏者一种动感,从不同的距离和角度观看都能理解作品的主题,在雕刻过程中十分重视人体动势的变化转折,并有意引导观赏者对雕塑作180度半圆巡视,从人物的动作变化逐渐发现形象本身包含着的极为丰富的内在情感。可以说,米开朗基罗那无与伦比的艺术手法和表现力在《摩西》上得到了最完美的体现,完全可以与古希腊雕塑《拉奥孔》媲美。

在各种艺术中,绘画是意大利文艺复兴艺术成就最为辉煌的领域。意大利的重要城市共和国佛罗伦萨、罗马和威尼斯都有自成一体的画派。不过,最负盛名的是佛罗伦萨画派。佛罗伦萨是当时意大利的政治和文化中心,云集了意

第三章　西方文化的发达

大利最著名的艺术家,成为文艺复兴时期意大利绘画艺术中心也就十分自然。在人文主义影响下,佛罗伦萨画派的艺术家开创了近代欧洲的绘画艺术。

早在1300年,欧洲绘画由于乔托的出现已经发生了实质性的变化,中世纪宗教绘画艺术的传统已经开始遭到摈弃。尽管绘画的题材仍然是宗教的,但已经注入了人的情感,艺术家用从现实生活中汲取的生动人物形象来取代中世纪宗教绘画的概念化形象,表现艺术家对现实生活的认识、理解和评价。

15世纪初期人们对透视法的了解和掌握,对色彩、光和影效果的探索,使绘画具有三维空间感。而油画画种的引入使得画家对画面进行精雕细琢和修改成为可能。意大利文艺复兴绘画在这一基础上开始了。

意大利文艺复兴时期涌现出的最伟大艺术家是达·芬奇(1452—1519)。达·芬奇生于佛罗伦萨附近的一个小镇,自幼表现出艺术天才,并受到良好的训练。他不仅是伟大的画家,同时也是伟大的科学家、发明家、雕塑家、建筑师、工程师。他的多方面杰出才能使其成为文艺复兴时代名副其实的文化巨人。

达·芬奇基于人文主义思想,认为在自然的创造物中,人是最完美的。因而他十分注意研究人,对人的研究包括人体的整体美和外形美,人体的比例和解剖,从人的姿势、动作、手势和面部表情到内心活动。达·芬奇对人和人性的研究与理解在《最后的晚餐》中得到充分的表现。该画是为米兰圣玛利亚教堂画的一幅壁画,取材于《圣经》中犹大出卖耶稣的记载:在耶稣与其12个门徒共进的最后一次晚餐上,耶稣突然对他的门徒说:"我实实在在地告诉你们,你们中间有一个人要出卖我。"达·芬奇以这句话为契机,形象生动地表现了12个门徒在听到这话时的表情和反应。该画被认为是对人类心理反应的研究之作。达·芬奇卓越的构图艺术也在这幅画中得到最完美的展示。

在达·芬奇的所有绘画作品中,最为人们称道的是他创作的《蒙娜丽莎》。这是一幅以真人模特为对象而创作出的肖像画,艺术家用了三年的时间才最终完成。在这幅作品中,他把刻画人物的性格和表现人的内心世界放在突出位置,成功地展示出少妇的神秘内心世界,令人产生无穷遐想。一种空间流畅轻快的风格在这里开创了。达·芬奇的高尚人格和人文主义思想在该画中得到了充分的表现。

达·芬奇在绘画理论上确立了艺术和现实的关系。他指出自然是艺术的源泉,绘画是自然的模仿者,艺术家要以自然为师。他的这一思想为文艺复兴时期造型艺术的现实主义奠定了基础。达·芬奇的出现标志着意大利文艺复兴盛期的到来。

西方文化概论

　　雕塑大师米开朗基罗同样也是一位绘画大师。他的绘画代表作是绘在梵蒂冈斯迁教堂拱顶上的组画《创世记》。《创世记》组画气势磅礴,由40余幅画组成,全长40米,宽14米。其中《亚当的创造》表现的是"人的觉醒"和对获得力量的渴望,成为组画中最引人注目的一幅。在这幅画中,第一个人被创造出来了,健美的身体虽似包含青春的生命,但却无法站立起来,等待造物主给他以力量。上帝在天使簇拥下飞驶而来,他那饱含力量的手正伸向亚当,手指瞬间的电花就要迸发,人将因此获得解放,成为真正意义上的人。人文主义思想在这里得到了最好的体现和表达。

　　画家拉斐尔是与达·芬奇和米开朗基罗一道被称为文艺复兴盛期艺术"三杰"中的一位。他的大型壁画《雅典学派》是一幅反映文艺复兴人文主义者仰慕古典文化大师的鸿篇巨制。画家展开丰富的想象,把不同历史时期的文人学者、哲学家、科学家、政治家置于同一幅画中,从苏格拉底、柏拉图、亚里士多德到亚历山大、普洛丁诺斯、托勒密,甚至拉斐尔的同代人以及他本人。拉斐尔以高超的艺术手法把众多的人物和谐地组合在一起,使人物与背景成为一体,画面的透视运用造成空间感和分明的多层次感,观赏者有如身临其境。

　　他的名作《西斯廷圣母》展现了画家的人文精神、艺术构思、文化修养和完美的技巧。怀抱圣婴的圣母体态优美,着装简朴,俨然让人感到是一位人间的慈母。作品具有极高的感染力和持久的美感。拉斐尔的风格代表了文艺复兴时期人们的高尚审美情趣。

　　意大利在绘画上的成就影响深远,近现代艺术家无一不受到其熏陶和影响。这一时期众多的艺术家及其作品组成当今西方艺术博物馆最重要的收藏,文艺对社会的影响和巨大作用在日后传播到欧洲其他地区的文艺复兴运动中得到了最充分的展示。

　　不过,意大利的文艺复兴运动没有能够在16世纪后持续下去,欧洲强国法国和西班牙对它的侵略是造成它夭折的政治原因,欧洲经济中心由地中海转移至大西洋是它夭折的经济原因,而罗马教廷设立的宗教裁判所势力猖獗则是它夭折的社会原因。尽管如此,意大利兴起的文艺复兴运动的思想在这时已经传播到欧洲其他地区,由意大利人点燃的文艺复兴运动之火在欧洲大陆形成了不可阻挡的燎原之势。

　　对于文艺而言,17世纪的欧洲显然又进入了一个新的时代,可以用后文艺复兴时代或后宗教改革时代来形容。把中世纪"逐出"文艺的文艺复兴运动已经成为过去,文艺复兴造成的文学和艺术的样式已经不再具有新意,文艺复兴

第三章 西方文化的发达

形成的艺术规范和肃穆开始显得过于程式化和沉闷。世界地理的大发现,欧洲的对外扩张和海外市场的成功开发,使欧洲社会发生了巨大变化,社会上涌现出的巨富新贵使得豪华享受之风盛行,艺术的作用受到了重视,对艺术的需求增长,而社会财富的增加使得这一"需求"成为可能。大权在握的君主希望在国家生活的各个方面展示和表达其权威和伟大。这一切使得社会对文艺(包括建筑、雕刻、绘画、音乐、文学、戏剧等)有了不同于以往的要求。激情、变化、华丽、宏伟、雄壮成为文学艺术的新追求。正是在这一历史背景下诞生了文艺的新样式:巴洛克。

三、巴洛克

巴洛克(Baroque)是一种文艺风格的总称,是18世纪人们评论文艺复兴至启蒙运动期间欧洲出现和流行的一种艺术风格时经常使用的一个词语,最初有贬抑之义。作为形容艺术风格和文艺批评的词汇,巴洛克一词首先用于形容造型艺术(建筑、雕刻),后逐步用于艺术其他类型,如绘画、文学等,继而用来形容一种文化现象。

巴洛克艺术风格并没有统一的标准,在不同国家和不同艺术领域更是有不同的表现,因此,作品在风格上极为复杂多变,流行方式和表现形式也因地而异。人们甚至做出"意大利巴洛克""法国巴洛克""贵族巴洛克",乃至"新教巴洛克"(指在荷兰和英国出现的巴洛克风格)这类划分。不过在总体上,它代表了一种对绚丽、激情、宏伟、豪华、运动的热爱,是艺术由严肃到轻松的一种交替。巴洛克风格在其艺术观念中,含有加强形式和视觉效果的因素。它摒弃尺度和规范,逐渐打破内容与形式的平衡。它酷爱曲线和斜线,剧烈的扭转,展示一切可以造成人们惊奇、赞叹的东西。巴洛克风格所产生的戏剧性效果和表现力强烈而巨大。

巴洛克艺术首先在建筑中出现,人们通常把16世纪后期建筑家德拉波塔为耶稣会建造的罗马耶稣教堂视为巴洛克艺术的第一个标志。该教堂的外部尽管仍然是罗马式的,但内部装饰已经昭示着巴洛克艺术风格的到来。圣彼得大教堂的改建工程则为巴洛克艺术风格提供了一个最佳展示的机会。随后,巴洛克作为一种艺术风格在建筑、绘画、雕刻、音乐、文学等领域中出现并成为主题。

四、洛可可

18世纪的法国出现了一种被人们称为"洛可可"的艺术风格。洛可可一词

西方文化概论

来源于法语单词"rocaille",作为一种艺术风格,洛可可最初体现在建筑装饰上,初期主要使陈设的家具具有弓形的表面和飘动的彼此相连的线条,在墙壁与天花板的装饰上采用弯曲线条图案,后来运用在雕刻造型、绘画、工艺等艺术领域,采用想入非非的曲线、类似贝壳的装饰图案。

洛可可风格与巴洛克风格的内在联系是显而易见的。洛可可艺术风格完全可以视为巴洛克艺术风格在法国的一种演变。有人甚至认为是从巴洛克风格自然演变而来,又不自觉地脱离了巴洛克风格。譬如,法国出现的洛可可风格的建筑以曲线美为特色,而不是法国古典主义所崇尚的水平和垂直美。采用洛可可风格的法国建筑师实际上是以巴洛克取代古典主义原则,从而使法国建筑在风格上与欧洲其他地区保持一致。故洛可可风格完全可以看成是巴洛克时代的最后阶段。正如西方论者云:洛可可风格可代表巴洛克风格的最后阶段,是一种风格的终结而不是开端。

洛可可风格在建筑、绘画和装饰工艺方面表现得最为显著。在艺术上,洛可可风格偏于高耸和纤细,造型取涡旋线,一般以不对称代替对称,色彩明快柔淡。与巴洛克风格相比,洛可可风格更加突出曲线的蜿蜒和优雅,着重表现繁丽、纤细、柔美、精致,追求虚构的、浮华享乐的世外桃源境界,比较重视艺术技巧的运用,尤其是在装饰艺术领域,表现出一种强烈的创造性。由于洛可可艺术主要为贵族和宫廷服务,故有贵族和宫廷艺术之称。在这一意义上,洛可可艺术与其说是一种风格,不如说是一种情趣更为贴切,具有一种为宫廷贵族所喜爱的闲情格调。洛可可式建筑风格主要体现在私人公馆、沙龙、客厅的建造上。洛可可建筑因其轻松、迷人的风格很快风靡欧洲大陆,洛可可艺术风格还在生活装饰品如金银、家具、地毯等上得以应用,为装饰工艺品的设计带来了一股清风。洛可可风格在绘画上的表现尤为突出。洛可可风格的绘画注重反映贵族男女温情脉脉的关系,表现上流社会轻松愉快的享乐生活,画风十分纤细和女性化。巴洛克绘画风格的强烈明暗对比在这里被绿、红和金黄色表现得尤为突出,线条变得更加柔和和动人。

五、古典主义

17世纪古典主义兴起,由于古典主义是在巴洛克风格基础上出现的,西方亦将其称为"古典的巴洛克"。

在建筑上,古典主义崇尚水平、垂直、平衡、明亮、理性风格,以此对应巴洛克的曲线、运动、激情风格。卢浮宫是它的典型代表,洋溢着古典主义风格的卢

第三章 西方文化的发达

浮宫的庄重、严谨、统一成为后世新古典主义建筑的楷模。古典主义风格在凡尔赛宫的扩建中得到进一步体现,设计师芒萨尔把宫殿朝花园的一面完全用石头砌成,一切均严格对称,显示节奏统一的古典风格,水平方向感统治着一切。凡尔赛宫的建筑以其节律、明亮、和谐、秩序为基础,成为法国古典主义艺术的又一典范。

古典主义一经出现,在绘画、音乐、文学等领域即得到强烈的表现。

普桑(Nicolas Poussin,1594—1665)是17世纪古典主义绘画风格的奠基人。在他从事艺术创作时,他力图用古典主义精神克服当时流行的巴洛克浮华画风。他对古典主义的理解和运用使他很快成为罗马著名的古典主义画家。《阿尔卡迪亚的牧人》是他的代表作,洋溢着古典主义风格并具有深刻的哲理性。阿尔卡迪亚是古代传说中的一处世外桃源。画面上表现的是:明净的蓝天,和煦的阳光,优美的景色,四个牧人戴着花冠,拿着牧杖,正围着一座石碑在探讨什么,完全是一派宁静优雅的气氛。该作品体现了画家从古希腊罗马艺术中获得的创作思想,构图、造型、光线无一不是依据古典主义绘画理论而安排的。

18世纪后,法国古典主义绘画风格还体现在夏尔丹等画家的作品上。夏尔丹偏向静物写生和风俗画创作。古典主义风格在他的画中得到较好体现。作为一位静物画大师,在创作中赋予静物画以深刻的人格特征,并通过对百姓日常接触物品的描绘,反映市民的生活景象。他的风俗画均取材于平民日常生活,色彩和谐,画风朴实,具有真实、平凡、典雅美。

古典主义音乐是古典主义的重要组成部分,是在巴赫和韩德尔之后出现的新的音乐形式,同时也是在巴洛克风格音乐(包括洛可可风格)的基础上发展起来的音乐形式。古典主义音乐与巴洛克风格音乐的最大差别是:巴洛克风格音乐以华丽、热情和具有宫廷贵族气息著称,而古典主义音乐要求"均匀而有节制,淳朴而又纯真",显示均匀、细腻和柔和。其次,古典主义音乐主要是世俗音乐。在这以前,音乐总是与宗教(从主题到内容)紧密相连。古典主义音乐主要在歌剧、室内乐、管弦乐三个领域发展。

古典主义音乐最重要的代表是维也纳古典乐派,其中涌现出海顿、莫扎特和贝多分等世界一流音乐人师,他们的音乐作品成为音乐史上的经典。古典主义音乐给人印象最为深刻的创新应该说是交响乐,这一形式的音乐被认为是音乐小说,发展成为喜闻乐见的音乐形式,古典主义音乐的成就几乎无法用语言来表达。古典主义音乐的出现证明人类的想象力和创造性是无与伦比的。

海顿(Franz Joseph Haydn,1732—1809),维也纳古典乐派代表人物之一,具

· 173 ·

西方文化概论

有"交响乐之父"和"弦乐四重奏之父"之称。海顿的作品优美柔和、生动自然，在为维也纳古典主义乐派奠定基础的同时也为其本人赢得了巨大声誉。莫扎特、贝多芬等欧洲伟大音乐家无不受其影响。他创作的《帝王四重奏》曾被用作奥地利国歌长达一个世纪。目前的德国国歌也是他创作的乐曲。

莫扎特(Wolfgang Amadeus Mozart,1756—1791)，奥地利天才作曲家，维也纳古典乐派的中心人物。他出生在音乐世家，从小在父亲指导下学习音乐，5岁开始作曲和演出，10岁前后已在欧洲享有盛名，被誉为"音乐神童"。莫扎特的音乐才能不仅表现在精湛的演奏技巧方面，更表现在他的创作上，在其短暂的一生，共留下600多部作品。他的作品是严格的古典形式与丰富的音乐思想结合的产物。

莫扎特的歌剧创作显示出其创作的高度和境界。这方面的代表作有：《后宫诱逃》《费加罗婚礼》《堂璜》《魔身》等。作品在艺术上和内容上达到了完美的统一。

18世纪的古典主义音乐总体上是为贵族创作的，原因在于音乐家的演出和生活离不开贵族的支持和雇佣，贵族是他们的主要听众，贵族的沙龙是他们的主要演出场所。它的发展离不开贵族，莫扎特的经历就形象地说明了这一点。到了19世纪，古典音乐由贵族沙龙转向城市音乐厅，成为面向大众的艺术形式。

第四章　西方文化的扩张

第一节　西方扩张的开端——开辟新航路

一、西方国家开辟新航路的冲动

所谓"新航路",是与"旧航路"相较而言的一个概念,因此"什么是旧航路"及"旧航路的中断"就成为探讨西方国家开辟新航路的基本前提。

欧洲与亚洲是世界文明的发源地,人类历史的绝大多数文明古国及大帝国都集中在欧亚地区。因此作为世界文明两极的欧洲文明与亚洲文明,很早就有了相互交流的记录,久而久之,欧亚国家之间密切的经济、文化及人员交流都集中体现在连接西方的著名商路——"丝绸之路"的持续繁荣上。根据年代的不同,"丝绸之路"又可分为陆上丝绸之路和海上丝绸之路。陆上丝绸之路,东起中国的长安,经西域、中亚、西亚到欧洲,全程以陆路为主,繁荣时期约为公元前2世纪到公元9世纪。海上丝绸之路,东起中国的杭州、泉州和广州等港口,经南海、印度洋、波斯湾、红海到欧洲,全程以水路为主,繁荣时期约在10世纪至15世纪,所谓旧航路,指的就是这条贸易商路。这条航路逐渐发展成为欧亚交流的大动脉,大量的东方商品,如中国的丝绸、瓷器、茶叶、东南亚的香料、波斯的地毯等通过这条航路被源源不断地运往欧洲,同时东西方之间频繁的政治及文化交流也基本上是通过这条航路实现的,郑和下西洋的线路图与这条航路的绝大部分也是重合的。

15世纪后,新崛起的奥斯曼帝国占领了巴尔干半岛和小亚细亚地区,不久又占领了克里米亚,控制了东西方间的传统商路,奥斯曼帝国的军队在东地中海抢劫商队,而帝国当局则对过往商品征收35%的高额关税,使正常的商业秩序遭到破坏,传统的东西方贸易虽然没有完全中断,但自此东方运到欧洲的商品数量急剧减少,价格迅猛上涨。

旧航路事实上的中断,对当时的欧洲社会产生了巨大的冲击。因为自中世纪以来,随着商业城市的大量涌现、职业商人阶层的形成和商业体制的变革及

西方文化概论

由此带来的西欧商业贸易的空前繁荣,使得西欧社会的商业化程度不断提升,通过海上丝绸之路输入欧洲的许多东方商品,如丝绸、瓷器、茶叶、香料等,已成为欧洲上层社会家庭的生活必需品。东方商品供应的中断,对欧洲上层社会的日常生活产生了一定的冲击。此外,欧洲消费者早就对意大利商人和阿拉伯商人在东方商品贸易中的居间盘剥怨声载道,于是各国纷纷采取行动,希望绕过地中海东部,另外开辟一条通往东方的商路。

欧洲社会对黄金的强烈渴望是促使欧洲人决心开辟新航路的另一诱因。随着欧洲商品经济的日益发展和资本主义生产的萌芽,货币日益取代土地成为社会主要财富的标志。封建贵族用货币购买奢侈品,农民用货币交纳地租,商人和手工工场主需要更多的货币以扩大经营。而黄金是当时欧洲各国间国际贸易的支付手段,黄金由此成为人人都渴求的东西。14世纪初在西方出版的《马可·波罗游记》关于东方各国"宫廷房室地铺金砖,以代石板"的夸张性描述,激起了西方人到东方探寻黄金的无限遐想,希望到东方去实现黄金梦的人比比皆是。正如恩格斯在《论封建制度的瓦解和民族国家的产生》中所指出的,"葡萄牙人在非洲海岸、印度和整个远东寻找的是黄金,黄金一词是驱使西班牙人横渡大西洋到美洲去的咒语,黄金是白人刚踏上一个新发现的海岸时他所想要的第一件东西"。

当然,仅仅有开辟新航路的冲动是远远不够的,当时的社会已基本具备了在海上进行远距离航行的基本条件,使得西方人开辟新航路的行动可以付诸实施。这些客观条件包括:(1)造船技术的进步。当时欧洲人已能建造出抗风力大、装载吨位多、适合远洋航行的帆船,比如1500年以前欧洲船舶的载重量平均只有150~200吨,而1500年以后制造的圆形体帆船载重在600~800吨,这些船拥有强大的龙骨、坚实的肋骨和双橡木船壳板,足以经受远洋航行的考验。(2)一大批远洋航行仪器的发明与应用。12世纪末13世纪初中国发明的罗盘由阿拉伯人传入欧洲,欧洲人在船上安装了舵,大大提高了航行效率。14世纪葡萄牙人改造了阿拉伯人的三角帆船,加快了航行的速度。1485年葡萄牙人第一次使用星盘以确定船的位置,以后又出现了其他的仪器。14世纪欧洲绘制地图的技术相当发达,开始出现标明海岸线和港口位置的海图。航海技术的提高,为新航路的开辟提供了有利的条件。(3)欧洲人有关地理学的理论和绘制的地图已接近于真实。人们开始信仰地圆学说,认为从欧洲向西航行,可以到达亚洲,而且亚洲各国人民很早就开辟了沟通红海、波斯湾、阿拉伯海、印度洋和中国海面的航路,把古代文明国家联系起来,这在一定程度上为欧洲开辟东

第四章 西方文化的扩张

方的航路积累了经验,奠定了基础。

二、葡萄牙与西班牙开辟新航路的历程

在欧洲,率先进行新航路探索的是两个来自伊比利亚半岛的小国——葡萄牙和西班牙。为什么是葡萄牙和西班牙呢?

在中世纪的相当长时期内,葡萄牙和西班牙一直处于阿拉伯帝国的控制之下,葡萄牙王国和西班牙王国都是在反抗阿拉伯人统治的所谓"收复失地运动"中建立的。葡萄牙王国形成于12世纪中期,这是欧洲大陆上出现的第一个统一的民族国家,其国土是一块狭长的沿海土地,几乎没有什么内陆地区,狭小的国土、贫瘠的土地,迫使葡萄牙人将目光投向了蕴藏着新生的大西洋。葡萄牙王子恩里克是推动葡萄牙人率先进行新航路开辟的关键人物。恩里克王子在12岁时读到一本尘封了1 200多年的书籍——《地理学指南》,由此激发了探索海洋的浓厚兴致,为此他放弃了继承王位,一生致力于航海探险。1420年,他创立了一所航海学校,对葡萄牙的船长及领航员进行航海、人文和制图学知识的专业培训。这所航海学校吸引了当时欧洲众多优秀数学家和地理学家来此学习和研究,为嗣后西方人的远洋航海及地理大发现奠定了坚实的基础。

从那个世纪30年代起,恩里克向当时人类的航海极限发起挑战。他精心挑选了葡萄牙第一流的探险家和英勇无畏的水手,这些忠心耿耿为他的航海事业效劳的船长和船员,按照他周密的计划和部署,先后发现了几内亚、塞内加尔、佛得角和塞拉里昂。到恩里克王子去世的1460年,被葡萄牙绘在地图上的非洲西海岸已经达到了4 000公里。与此同时,源源不断的黄金、象牙以及胡椒从非洲涌入里斯本,充满了葡萄牙的国库,葡萄牙后来的统治者及许许多多的冒险家由此对海上探险兴致大增。

1. 亚非新航线的开辟——迪亚士、达·伽马

迪亚士出生于葡萄牙的一个王族世家,青年时代就喜欢海上探险活动,曾随船到过西非的一些国家,积累了丰富的航海经验。15世纪80年代以前,很少有人知道非洲大陆的最南端究竟在何处,为了弄明白这一点,许多人雄心勃勃地乘船远航,但结果都没有成功。迪亚士受葡萄牙国王若昂二世委托,探寻非洲大陆的最南端,以开辟一条通往东方的新航路。经过10个月的准备后,迪亚士找来了4个相熟的同伴及其兄长一起踏上这次冒险的征途。迪亚士率领的船队于1487年8月从里斯本出发,沿着已被他的前几任船长探查过的路线南下,过了南纬22度后,他开始探索欧洲航海家从未到过的海区。大约在1488

西方文化概论

年1月初,迪亚士船队遭遇多日大风,船只被吹离海岸线,先驶向西南,后又被强劲的西风向东吹去。当风力减弱,船队转身东北靠近海岸时,迪亚士意外地发现,船队已越过非洲南端,到达非洲东部海岸。迪亚士稍作调整,准备继续探险,但船员们精疲力竭,拒绝前行,迪亚士只好同意返航,1488年12月,船队在经过一年零五个月的航行后,安全回到里斯本,迪亚士受到了国王的嘉奖。

达·伽马出生于葡萄牙一个名望显赫的贵族家庭,青少年时代受过航海训练,1497年7月8日受葡萄牙国王派遣,率船从里斯本出发,寻找通向印度的海上航路。达·伽马船队首先沿迪亚士船队的航线顺利到达非洲最南端,在绕过好望角之后,船队沿非洲大陆海岸线北上,先后到达东非的莫桑比克和肯尼亚,在肯尼亚的马林迪港口,达·伽马结识了阿拉伯领航员马吉德,在马吉德的指引下,达·伽马船队经过23天的远洋航行,于1498年5月20日抵达印度南部的卡利库特港,而该港口正好是半个多世纪以前中国著名航海家郑和所经过和停泊的地方。同年8月29日,达·伽马带着香料、肉桂和五六个印度人率领船队返航,船队于1499年9月回到里斯本。至此,由欧洲至印度和东方的新航线成功开通。

2. 美洲新航线的开辟——哥伦布

西班牙王国是由伊比利亚半岛上的两个强国——卡斯提尔和阿拉贡于1492年合并形成的,西班牙的海上探险活动在很大程度上是出于对葡萄牙的羡慕和效仿。但西班牙数百年来一直专注于独立和统一运动,对海外扩张并没有做长期的技术积累和人力储备,因此它的海外探险活动不得不依靠外国航海家,为西班牙远洋探险充当先锋的是热那亚人哥伦布。

哥伦布读完《马可·波罗游记》后,对东方的向往达到痴迷的程度,他相信佛罗伦萨地理学家托斯卡内利提出的"地圆说",并且根据一些错误的计算,提出了一套大胆的构想,即从加那利群岛向西航行约3 900英里就可以到达中国。哥伦布先是游说葡萄牙国王,葡萄牙国王觉得哥伦布的构想异想天开,一口回绝了他,但哥伦布的航海计划却得到西班牙国王的赏识。在西班牙国王的赞助下,1492年8月2日,哥伦布率领3艘帆船从西班牙的帕洛斯港出发,借助季风的风势,哥伦布船队疾速向西驶去,经70昼夜的艰苦航行,1492年10月12日凌晨终于发现了陆地,哥伦布以为到达了印度(其实哥伦布登上的这块土地属于现在中美洲加勒比海中的巴哈马群岛),因此将他所看到的美洲土著居民称为"Indians"即"印度人"(为了与印度人加以区别故汉语翻译为"印第安人")。1493年3月15日,哥伦布回到西班牙。此后他又三次重复他的向西航行,登上

第四章　西方文化的扩张

了美洲的许多海岸。直到1506年哥伦布逝世时都一直相信他4次航海探险到达的是亚洲的印度,从来没有意识到他发现的其实是美洲。后来,一个叫作亚美利哥的意大利学者,经过更多的考察,才知道哥伦布到达的这些地方不是印度,而是一个原来不为人知的新的大陆。哥伦布虽然是新大陆的发现者,但是这块大陆却用证实它是新大陆的人名字命了名:亚美利加洲。

3. 环球航行——麦哲伦

1519年,葡萄牙人麦哲伦在西班牙国王的支助下,率领5条船的船队开始了他计划中的环球航行。船队在大西洋中航行了70天之后,11月29日到达巴西海岸。此后,船队经历了数不清的困难和危险,用一年多时间才绕过南美洲的南端。随后,船队在太平洋上近4个月的航行更是艰苦卓绝,船队没有任何新的补给,船员们吃光了所有已经腐烂的食品后,不得不吃老鼠、牛皮和锯末充饥,许多船员因患败血症而死去。1521年3月6日,船队抵达关岛,从而实现了人类第一次从西向东跨越太平洋的航行。以后的行程相对容易些,但麦哲伦自己则在菲律宾攻打马克坦岛的战斗中被当地人杀死,其余船员带领船队沿葡萄牙开辟的亚非新航线,于1522年9月6日顺利返回欧洲。至今,菲律宾马克坦岛上竖立着一座双面雕像,一面纪念麦哲伦伟大的航海探险,另一面纪念杀死殖民侵略者麦哲伦的当地英雄。环球航行成功后,西班牙人建立了从墨西哥到菲律宾的商业航线。

三、开辟新航路的影响

如前所述,以葡萄牙人、西班牙人为代表的西方人在15世纪末到16世纪初密集进行海洋探险的直接动机是重新开辟一条通达印度和东方的新航路,以恢复东方商品对西方世界的供应,同时摆脱意大利商人和阿拉伯商人对东西方贸易的居间盘剥。从结果上看,西方探险家超额完成了上述目标,不仅开通了连接欧亚的亚非新航线,而且开通了欧洲到美洲、美洲到亚洲及非洲到美洲的新航线。单就亚非新航线而言,虽说较之传统的旧航线航行距离有所增加,但其航行品质却大大提升,传统旧航线实行水陆联运,落后的陆上交通工具限制了旧航路的贸易量,昂贵的转运费又大大增加了商品的成本。而通过亚非新航线,运送东方商品的大帆船可以直达欧洲的所有港口城市,输入欧洲市场的东方商品由此大幅增加,而价格则大幅回落。与郑和七下西洋劳民伤财、耗尽明朝国力而没有产生显著经济和政治后果形成鲜明对比的是,新航路的发现对欧洲经济生活产生了巨大影响,引起了世界市场扩大、商品种类增多、贸易中心转

西方文化概论

移的"商业革命"和由于美洲白银大量涌进欧洲而导致欧洲通货膨胀、物价上涨的"价格革命",导致了资本主义势力在西欧的增长,资产阶级首先从西欧登上历史舞台,通过政治革命和工业革命建立资产阶级上层建筑和资本主义生产方式,并最终影响到整个世界的历史进程。马克思指出:"在16世纪和17世纪,由于地理上的发现而在商业上发生的并迅速促进了商人资本发展的大革命,是促使封建生产方式向资本主义生产方式过渡的一个主要因素。世界市场的突然扩大,流通商品种类的增多,欧洲各国竭力想占有亚洲产品和美洲富源的竞争热,殖民制度——所有这一切对打破生产的封建束缚起了重大的作用。"

更重要的是,随着连接欧洲与非洲、欧洲与亚洲、欧洲与美洲、美洲与亚洲及美洲与非洲之间新航线的陆续开通,西方人的海上探险活动却没有就此止步,而海上探险的目的则由探寻新航路转变为探索未知世界的"地理大发现"。在15世纪初葡萄牙人沿西非海岸南行之前,欧洲人对世界的认识非常有限,除欧洲本身外,大概仅限于北非和中东,对中亚、东亚和撒哈拉沙漠以南的非洲只有道听途说的一鳞半爪,对于美洲和澳洲,则完全不知道这两块大陆的存在,更不必说南极洲了。开辟新航路的海上探险活动,极大地激发了欧洲人了解世界的好奇心。

英国的库克船长是与麦哲伦齐名的著名航海家,他曾探测加拿大的海路与海岸,三次进行太平洋探险,北至白令海峡,南到南极冰原。他绘制了南部太平洋地区的海图,发现了新西兰以及南太平洋、南大西洋的多处岛屿,并首次向欧洲人介绍了波利尼西亚人的语言和风俗。哈得孙是另外一位名垂青史却又结局凄凉的英国探险家,他曾经连续进行四次北极地区探险,三次进入北极圈,扬帆畅行于大西洋与北冰洋两大洋之间。他发现了格陵兰岛东岸上千公里的海岸线,发现了丹麦海峡和哈得孙湾,并深入考察了哈得孙河。此外,还有一些探险家也进行了许多卓有成效的陆上探险,至18世纪,全世界大部分地区的海岸线都清晰地进入了西方人的地图,世界上不再有欧洲人全然未知的区域。

通过地理大发现,一方面深化了西方人对世界地理状况的了解,增加了西方人与世界其他地区交往的主动性;另一方面,一些地区文明发展的落后或极端落后也突出地展现在西方人面前,进而激发了西方人征服世界的扩张欲望。因此地理大发现之后随之而来的就是西方列强在全球范围的殖民扩张,绝大多数亚非拉国家由此沦为西方国家的殖民地或半殖民地。

对于广大的亚非拉国家来说,西方人的殖民侵略无疑是一场民族灾难和文化浩劫。在这一过程中,无数生灵遭到涂炭,无数财宝遭到劫掠,无数文明遭到

第四章 西方文化的扩张

毁灭。但对于西方而言,开辟新航路、地理大发现及对外殖民扩张,却是其近代崛起的重要因素之一。近代西方科学革命、商业革命、工业革命的形成和深化都与西方人在海外的殖民扩张有着密不可分的内在联系,如西方人在海洋探险过程中遭遇的海上航行难题成为16世纪天文学革命的直接诱因,对殖民战争胜利的渴望促使西方人不断深化对坚船利炮的研制与生产。另外还有,殖民地不断增加的消费需求成为推动西方工业革命的最大动力。海外殖民与海外贸易,实际上已成为近代西方崛起的有机组成部分。

同时,探索新航路的过程也逐步奠定了西方文化全球化扩张的精神支柱。在早期的航海探索中,由于科学知识和实践经验的缺乏,西欧人并不了解世界到底是什么样子的。虽然有西班牙、葡萄牙等国家的财力物力支持,但没有航海地图、缺少气候预测、造船技术有限,当时的航海探索可以称之为百分之一百的冒险。西欧人在地理大发现的过程中突出了人类勇气的力量,强化了征服困难、不达目的誓不罢休的进取精神。地理大发现不仅从物质上推动了西欧的资本主义发展,更从精神上确立了近现代西方文化中坚毅、斗争、进取、征服甚至掠夺、霸权等处于强势地位的精神支柱,在与东方讲求儒雅、平和、稳定、固守甚至忍让、懦弱等文化精神碰撞时,西方文化的进攻、霸道就自然处于绝对的上风状态,为西方文化的进一步扩张奠定了精神基础。

第二节 西方的军事扩张——争夺殖民地的战争

一、葡萄牙、西班牙的殖民征服战争

人类文明进步的标志之一在于以和平取代野蛮,以文化交流取代战争征服。但正如马克思所说的那样,"资本的积累是血淋淋的",西方文化的优势地位是建立在野蛮战争征服的基础上的,是以殖民地战争推动资本原始积累的过程加快资本主义文明建设的脚步,从而完成西方文明对东方文明和世界其他地区文明的扩张态势的。在这里,殖民地战争成了一柄双刃剑,既淋漓尽致地体现了西方文化中的黑暗色彩,又辉煌灿烂地催生了西方文化中的先进因素,成为文化发展史中的一个著名悖论。

欧洲列强海外殖民扩张的过程也是殖民主义者疯狂地掠夺、榨取殖民地人民的过程,它们海上争霸战争的目的也是为了争夺世界商业霸权和殖民霸权。这些殖民国家通过血腥掠夺、横征暴敛、奴隶贸易、贸易垄断、走私鸦片等各种

西方文化概论

方式疯狂掠夺和榨取殖民地人民的财富,加速了欧洲国家资本原始积累的过程,养肥了西欧的资产阶级,从而加速了资本工业革命的到来。与此同时,在整整300年的殖民扩张和掠夺中,殖民地付出了惨痛的代价,人口大量死亡、经济陷于停顿。而以中国为首的东方诸国在世界文明大发展的同时仍然坚持闭关自守的政策,满足于现状,沉浸在"天朝上国"的幻想中不可自拔,不思进取。可以说,正是16世纪末17世纪初这一世界近代史上重要的历史转折时期确定了西方先进、东方落后的局面。

葡萄牙本是一个只有100万人口的小国,且长期受阿拉伯人的统治,"成为征服者"恐怕是16世纪之前的葡萄牙人想都不敢想的事情,但时势造英雄,当15世纪末期的葡萄牙人在不经意间踏上了开辟新航路的征途之后,葡萄牙人的征服野心被一点一点地被刺激起来。当葡萄牙人踏上西非的土地之后,面对不堪一击的非洲土著人,大肆劫掠黄金与黑奴几乎成为葡萄牙探险家近乎本能的反应,随着黄金、象牙、胡椒从非洲源源不断地涌入里斯本,葡萄牙人的扩张胃口空前高涨。

当达·伽马1499年从印度成功返航后,葡萄牙国王曼努埃尔一世就制订了一个宏伟的扩张计划,在他看来,只有控制印度洋,才能真正打破阿拉伯人和威尼斯人的贸易垄断。1502年,他重新启用达·伽马,委任他率领一支由21艘船组成的庞大舰队前往印度,其中有15艘船装备着大炮。这是一次血腥的航行,在印度坎纳诺尔,达·伽马的舰队袭击了一艘从麦加驶往卡利卡特的船只,船上载有700多名摩尔人,达·伽马命令部下抢光了船上的货物,然后将船上人员全部关进船舱,极其残忍地下令烧船,船上的几百人包括妇女和孩子都被活活烧死。在印度的另一个港口城市卡利卡特,达·伽马蛮横地要求当地王公把所有的伊斯兰教徒都从这个港口驱逐出去。正当王公犹豫不定之时,达·伽马舰队开始炮轰卡利卡特城,并残忍地杀害了38名印度渔夫,卡利卡特王公虽极其愤怒,但也无可奈何,只好向达·伽马屈服,达·伽马对印度的威慑政策初见成效。

1505年3月,葡萄牙第一任印度总督弗兰西斯科·德·阿尔梅达率20艘船组成的舰队赴印度上任,船员中包括有三四百名接受过军事训练的水手,1500名士兵,200多个炮手以及各种工匠。这只舰队的任务就是征服印度,垄断香料贸易。阿尔梅达到达印度后,一方面设法控制了整个东非海岸与阿拉伯和印度的贸易,另一方面又派出船只打击海上的阿拉伯和伊朗的船只。葡萄牙人对香料贸易的垄断引起了威尼斯人的强烈不满,于是威尼斯人帮助埃及建立

第四章　西方文化的扩张

一支舰队以打击葡萄牙人。很快地,这支舰队建立起来并打败了葡萄牙在阿拉伯海北部巡航的一支小舰队。阿尔梅达则集中所有力量要与阿拉伯人决一死战。在1508年的第乌海战中,葡萄牙人以少胜多,以19艘船、1 800多人的兵力打败了阿拉伯人和印度人2 000多艘船、20 000多人的联合舰队。第乌海战的胜利使葡萄牙人掌握了印度洋的制海权而开始称霸印度洋。

相对于葡萄牙而言,西班牙的国力要强大许多,但西班牙对美洲的征服并没有经历类似第乌海战那样的恶仗,胜利来得如此轻松,近乎儿戏。西班牙人最先到达中美洲的加勒比地区,并在今天的海地岛建立了早期的殖民据点。当西班牙人在加勒比海地区站住脚后,即开始分两路向美洲大陆进发：1519～1521年,西班牙探险家科泰斯率领仅有的450人、16匹马、13支步枪和几门小炮的军队轻易地征服了人口达300万的印第安阿兹特克帝国,占领了墨西哥。更为鲁莽、冒险的是一支180人、27匹马和8门火炮的西班牙远征队对人口达600万以上的印加帝国的征服。

1532年9月,西班牙探险家皮萨罗率领一支小股部队穿越安第斯山脉向卡哈马卡城进发。当时印加国王阿塔华尔帕本和一支约有4万人的军队驻在该城,但阿塔华尔帕本居然允许皮萨罗的军队毫无阻碍地抵达卡哈马卡。皮萨罗抵达卡哈马卡后,阿塔华尔帕本的行为更为愚蠢,面对敌军,他自动解除武装,而皮萨罗抓住时机,令部队袭击已放下武器的印加人,战斗仅仅持续了半个小时,印加人投降,阿塔华尔帕本被俘。为了获得自由,阿塔华尔帕本付给皮萨罗价值约2 800万美元的金银财宝作为赎金,结果却是几个月后,皮萨罗将其处死。1533年,即阿塔华尔帕本被俘后的第二年,皮萨罗的军队顺利开进印加首都库斯科,将它洗劫一空。第二年,即1535年,他动身去沿海地区,在那里兴建利马城,作为秘鲁的新首都。

科泰斯与皮萨罗的征服属于个人的冒险行为,并非西班牙政府所派遣。时隔不久,西班牙政府意识到美洲殖民地的重要性,开始加强对美洲的政治控制,代表西班牙国王的官吏、法官和军队相继被派往美洲,早期征服者的权力被逐渐分割。1570年左右,国家殖民体制取代了征服者个人的统治,为此,西班牙国王在美洲设立了两个总督区,分别统辖中美洲的北部殖民地和南美洲的南部殖民地。

二、荷兰、英国及俄国的殖民征服战争

荷兰是继葡萄牙、西班牙之后崛起的另一个西方殖民强国,有"海上马车

西方文化概论

夫"之称。荷兰所在的尼德兰地区自中世纪以来就是工商业比较发达的地区,也曾是欧洲资本主义萌芽的发祥地之一。荷兰于1600年左右独立后,大力发展资本主义工商业,很快成为西欧强国。当时荷兰的造船业居世界首位,仅在首都阿姆斯特丹就有上百家造船厂。为了扩展海外贸易,荷兰先后成立了东印度公司和西印度公司,分别负责拓展与亚洲和美洲的贸易,而荷兰扩展海外贸易的主要障碍是葡萄牙对东方贸易的垄断及西班牙对美洲贸易的垄断,冲破葡萄牙和西班牙的贸易就成为海外扩张的第一步。

1595年荷兰人首次绕过好望角,到达印度、爪哇,1598年又有不下5支荷兰船队来到东南亚,并在安纹岛建立了殖民据点。葡萄牙人对香料贸易控制权因此受到极大的冲击,葡萄牙与荷兰竞争由零星的军事冲突逐步上升为两国舰队的大对决。1606年,荷兰舰队在爪哇和马六甲海峡两次打败葡萄牙舰队,葡萄牙由此丧失了对东方贸易的垄断权和在印度洋上的制海权,而荷兰人则乘势实现对印度尼西亚、斯里兰卡、泰国及中国台湾的殖民征服,并在印度、非洲及美洲建立了众多的殖民据点。

荷兰殖民扩张的上升势头最终被它与英国的三次战争(即1652~1654年的第一次英荷战争、1664~1667年的第二次英荷战争和1672~1678年的第三次英荷战争)所终结。三次英荷战争耗尽了荷兰的贸易和海军实力,荷兰在经济、贸易、海运方面的实力大为下降,在亚洲、非洲和美洲的许多殖民地殖民据点被英国夺走,从此"海上马车夫"把海上霸权让给了英国。在近代欧洲的殖民扩张史上,英国是后来者,但却后来居上,将近代西方人的殖民扩张发展到极致。1870年左右,全球人口的四分之一(约4亿~5亿人)都是大英帝国的子民,其领土面积约3 000万平方公里,是世界陆地总面积的20%,地球上的24个时区均有大英帝国的领土,因此,英国也被号称为"日不落帝国"。

在取得对荷兰战争的胜利后,18世纪英国又与法国爆发了4次殖民争霸战争,每次战争都以英国的胜利而告终,英国的殖民地由此大为增加,特别是由于"七年战争"的胜利,英国不仅夺得加拿大和密西西比河以东的全部领土,还夺得格林纳达、圣文森特、多米尼加、多巴哥和非洲的塞内加尔。1768~1771年英国人库克考察了澳大利亚东岸和新西兰,英国随即向该地移民。在反拿破仑战争中,英国抢占了法国、荷兰、西班牙的许多海外属地——塞舌尔、毛里求斯、锡兰、开普、圭亚那、圣卢西亚、特立尼达、马耳他和伊奥尼亚群岛。

英国殖民扩张最突出的成果是对印度的征服。1757年的普拉西之战,是英国东印度公司征服印度的第一次重要战役。普拉西战役以后,英国侵占孟加

第四章 西方文化的扩张

拉,并以它为侵略其他地区的基地。孟加拉王公米尔·卡西姆不甘心做英国傀儡,与奥德王公和莫卧儿皇帝沙·阿拉姆二世组成抗英联军,于 1764 年在布克萨尔同英军决战,结果抗英联军战败,英国殖民者侵占了恒河下游辽阔富庶的土地。

征服迈索尔:18 世纪下半叶,英国对南印度的迈索尔发动 4 次侵略战争,战争结束后,迈索尔被置于英国的殖民统治之下。

征服马拉特:18 世纪 70 年代至 19 世纪 20 年代,英国向西印度的马拉特联邦发动 3 次侵略战争,英军获得最后胜利,马拉特联邦大部分土地被并入英属孟买管区。

征服旁遮普:19 世纪 40 年代,英国为了完成对印度的占领,将侵略矛头指向印度的西北部。1843 年,英国吞并信德。随后,英国向旁遮普发动两次侵略战争。1849 年 3 月 29 日,英国殖民者宣布把旁遮普省并入英属印度领地,由印度总督直接统治。旁遮普的被吞并,标志着英国完成对印度的征服,而印度随后则成为英国对亚洲其他地区进行殖民侵略的大本营。

俄国是近代西方从事殖民扩张国家中相对另类的一个国家。以葡萄牙、西班牙、荷兰、英国和法国为代表的西方殖民国家,探寻贵金属或垄断贸易是其殖民扩张的主要目的,而俄国人更热衷于扩张领土。俄国的领土扩张主要集中在三个方向:一是向西伯利亚及远东地区的殖民扩张,1581~1598 年,俄国征服西伯利亚汗国。17 世纪初,俄国人继续东扩,相继占领了鄂毕河地区和叶尼塞河地区。17 世纪 40~50 年代,俄国人又侵入中国的黑龙江流域,辽阔的西伯利亚与远东地区由此被纳入俄国的版图。二是对中亚地区的殖民扩张,19 世纪上半期,沙皇俄国开始对哈萨克斯坦进行全面征服,1822 年哈萨克汗国灭亡。随后希瓦汗国、布哈拉汗国、浩罕汗国及土库曼先后被征服,俄国从而实现了对中亚地区 390 万平方公里的征服。三是从 18 世纪开始,俄国通过一系列的俄土战争,蚕食了奥斯曼土耳其帝国在黑海沿岸的绝大部分领土。

三、清帝国、奥斯曼帝国沦为西方国家的半殖民地

1. 清帝国

1840 年的中英鸦片战争拉开了西方列强入侵中国的帷幕,在随后的一个世纪中,西方列强通过战争或战争威胁等方式迫使清政府签订了一系列不平等条约,侵占大片中国领土,勒索巨额战争赔偿,并在中国建立各自的租借地或势力

西方文化概论

范围,使中国沦为一个半殖民地国家。

1840年,英国发动侵略中国的第一次鸦片战争,1842年强迫清政府签订了中国近代史上第一个丧权辱国的不平等条约《南京条约》,迫使清政府割让面积约80平方公里的香港岛,并索要赔偿鸦片费、军费等共计2 100万银圆。第二次鸦片战争后,清政府在与英国签订的《北京条约》中,将九龙司割让给英国,并赔偿军费800万两白银、恤金50万两白银。1898年6月,英国与清政府签订《展拓香港界址专条》,强行租借深圳河以南、九龙半岛界限街以北地区(即北九龙半岛)及附近235个岛屿,包括大鹏湾和深圳海域,面积达975.1平方公里,租期99年。同一年,为了保持在长江流域的优势,英国迫使清政府宣布不将长江沿岸各省租让或租给他国。从此,中国最富饶的长江流域沦为英国的势力范围。

从17世纪开始,沙皇进行了长达半个多世纪的侵略活动。1689年,沙俄与中国签订《尼布楚条约》,侵占了中国黑龙江上游贝加尔湖周围大片地区。第二次鸦片战争中,沙俄于1858年与中国黑龙江将军奕山签订了《瑷珲条约》,割去黑龙江以北、外兴安岭以南60多万平方公里的中国领土,黑龙江、乌苏里江成了俄国可以自由通行的航道。1860年,清政府与沙俄签订了《北京条约》,将乌苏里江以东直到海边的约40万平方公里的土地划归沙俄所有。1864年,沙俄又以西部勘界为名,与清政府签订《勘分西北界约记》,割占中国西部巴尔喀什湖以东、以南44万多平方公里的土地。1898年,清政府又先后同沙俄签订《旅大租地条约》及《续订旅大租地条约》,将旅顺口、大连湾及其附近海面租让给俄国,租期25年。

法国参与发动侵华的第二次鸦片战争后,于1860年与清政府签订中法《北京条约》,要求清政府赔偿军费800万两白银、恤金20万两白银。1884年法国又发动了中法战争,清政府妥协退让,在1885年签订的《中法新约》中规定中法两国派员会同勘定中国和越南北部的边界,承认法国对越南的"保护权"。1898年,法国再迫清政府签订《广州湾租界条约》,强租广州湾及其附近海面,租期99年。

日本于1894~1895年发动了侵略中国的甲午战争,战后清政府与日本签订《马关条约》,把辽东半岛和台湾全岛及所有附属各岛屿(包括澎湖列岛)割让给日本,日本还要求清政府赔偿军费2亿两平库银。1898年,日本强迫清政府答应不把福建租让给其他国家,福建成为日本的势力范围。1904年发生日俄战争,日本把沙俄势力逐出南满,夺得了对中国南满的完全控制权。

2. 奥斯曼帝国

奥斯曼帝国曾是令西方人胆战的伊斯兰大帝国,灭亡拜占庭、阻断东方航

第四章　西方文化的扩张

线、征服西方文明发源地希腊及围攻神圣罗马帝国首都维也纳,都是奥斯曼帝国留给西方基督教世界难以抹去的痛苦回忆。但是,世事轮回,进入 18 世纪之后,曾经不可一世的奥斯曼帝国却成为西方列强瓜分和宰割的对象,并由此产生了近代国际关系史错综复杂的"东方问题"。所谓"东方问题",用恩格斯的话来说,就是对奥斯曼土耳其帝国怎么办的问题。

俄国人为了开辟南方出海口,率先将殖民侵略的矛头指向奥斯曼,自 17 世纪末期至 19 世纪末期,俄国先后发动了 10 次以上侵略奥斯曼帝国的俄土战争,初期战争主要限于俄土两国之间,战区集中在巴尔干、克里木、高加索等地。1768~1774 年的第五次俄土战争后,俄国获得了第聂伯河和南布格河之间的地区和刻赤海峡,打通了黑海出海口,而 1787~1792 的第六次俄土战争后,土耳其被迫承认俄国兼并克里木和格鲁吉亚,俄国实现了称霸黑海的野心。进入 19 世纪后,俄土之间的战争引起欧洲一些国家干预,俄国从奥斯曼帝国所夺取的一些领土与利益也因此出现得而复失的现象。但经过两个多世纪的俄土战争,俄国扩大了疆域,南部边界伸展到黑海,西部边界推进到普鲁特河,东部边界越过高加索山脉。

自 19 世纪中叶以后,英国、法国、奥匈帝国及意大利等西方国家也加入了蚕食奥斯曼帝国的竞争中。在英国、俄国等西方国家或明或暗的支持下,奥斯曼帝国巴尔干地区的希腊、塞尔维亚、波斯尼亚、黑塞哥维那、保加利亚、罗马尼亚等纷纷起义,并获得独立或自治权。1840 年,奥斯曼帝国与其附属国埃及爆发第二次土埃战争,英国以支援奥斯曼帝国的名义向埃及发动军事进攻,埃及军队全面溃败,英国趁机将埃及变成它的保护国。随后,奥斯曼帝国的非洲领地阿尔及利亚和突尼斯被法国占领,利比亚被意大利占领,摩洛哥成为德国的势力范围。

第三节　西方的经济扩张

一、以西方为中心的世界贸易体系的形成

我们在前文已经提到,开辟新航路是西方人在近代扩张的开端,而开辟新航路的直接原因则是恢复当时近乎中断的东西方贸易。因此,发展贸易是促使西方人进行海上探险、开辟新航路和海外扩张的最基础性动力,而西方人不断高涨的贸易热情则源于商业革命所导致的西欧社会商业化程度的提高。

西方文化概论

在达·伽马首航印度之后,欧洲人进入了原来的世界贸易中心——印度洋,并且很快成为与阿拉伯商人同样活跃的角色。欧洲人的商船坚固轻捷,容积大,速度快,而且都有武装保护,因此在印度洋贸易中逐渐占据了优势,以前由阿拉伯商人和威尼斯商人垄断的东西方贸易很快落入欧洲人之手,并在欧洲市场与亚洲原产地之间建立起直接的贸易联系。

当时,欧洲与亚洲之间贸易的主要商品是香料。1502 年,达·伽马第二次远航印度,迫使科钦、坎那诺尔、奎隆签订协议,以固定价格收购香料,此后,葡萄牙的香料贸易迅速发展起来。1513~1519 年葡萄牙年均进口香料 37 493 担(quintal),1518 年的进口量更是多达 48 062 担。与此相对应,里斯本的香料价格不断降低,1499 年为 80 杜卡特/担,1502 年降至 40 杜卡特,1504 年降到 20 杜卡特甚至更低。

自 16 世纪中后期开始,西班牙、荷兰、英国、法国等参与到贩运东方香料的行列中,东方商品对欧洲的供应空前增加。茶叶曾经是欧洲药剂师专用的一种昂贵药材,新航线开通后,任何欧洲国家都可以开船直接进入广州采购,而不必再支付数额巨大的间接费,于是参与这项贸易的企业增多,竞争加剧,价格迅速下降,茶叶成了大众日常饮品。到了 17 世纪,亚洲输往欧洲商品的种类更加多样化,印度东部的纺织品代替香料成为欧洲进口的主要商品,占 1700 年前后荷兰东印度公司进口额的 40% 以上。

日益繁盛的东方贸易也促使欧洲人逐渐参与亚洲当地的商业活动。为了购买香料,他们需要印度纺织品,而为了买到纺织品,又需要印度畅销的商品或金银,于是他们不得不奔走于亚洲各地进行转口贸易。比如,把波斯的毛毯运到印度出售,又从印度装运棉花到东南亚,把东南亚的贵重木材运到中国,然后运送中国丝绸到日本,再把日本的白银、黄铜运回中国,又把中国的瓷器和东南亚的香料运到印度。

在早期的欧亚贸易中,欧洲向亚洲市场出口的商品并不多,主要是武器、弹药,贸易赤字突出。随着重商主义的兴起,欧洲各国纷纷培育各自的出口主导产业,如英国的呢绒制造业、法国的葡萄酿酒业、瑞士的精密制造业,借助欧洲人的殖民优势,一大批质优价廉的欧洲产品被源源不断地销往亚洲各殖民地市场,欧亚贸易的格局由此发生了根本的改变。以英国为例,自都铎王朝至 1660 年,羊毛及羊毛制品出口量占全部出口贸易的 3/4,有时占 9/10,呢绒出口使英国在 1660~1700 年"首先成为一个依赖自己的世界贸易库",英国人依靠这一贸易库占领殖民地市场,在国际商战中获胜。

第四章　西方文化的扩张

欧洲与美洲之间贸易的发展则建立在完全不同的模式之上。由于与世界其他地区长期隔绝,美洲土著居民印第安人对新大陆之外的病菌几乎毫无免疫力,中美洲的印第安人口在1520年时约有2 500万,1608年达到最低的85万,下降率超过了90%,在一些加勒比海岛屿,当地土著人口几乎死亡殆尽。美洲原住居民社会的消失为西班牙、葡萄牙在这里建立全新的殖民社会提供了可能,而西班牙与葡萄牙在美洲的殖民社会则是与大西洋贸易圈同步建立起来的。

在开采贵金属与开辟种植园的驱动下,西班牙和葡萄牙移民开始大量迁居美洲,这些移民的生产生活又产生了对粮食和手工业商品的需求,这些需求是新大陆殖民地一时无法满足的,于是跨大西洋的贸易兴旺起来。新大陆所需要的布匹、武器、工具、五金、图书、纸张、酒、油都依赖旧大陆的提供,但西葡两国的国内生产不足以满足这种日益膨胀的需求,结果整个西欧都被卷入其中。与此同时,美洲出产的黄金、白银、胭脂虫红、巴西木、蔗糖经海路输入西班牙的塞维利亚或进入安特卫普,之后通过热那亚人在南方、佛莱芒人在北方的贸易网络流入全欧市场。

在美洲土著人大量死亡后,美洲殖民地最迫切需求的是劳动力,由此催生了近代史上规模巨大的由非洲向美洲贩运黑人劳动力的黑奴贸易。奴隶贩子从欧洲出发,乘船到达非洲,在非洲通过各种卑鄙的方式俘获黑人之后,把黑奴运往美洲,把黑奴卖给美洲的种植园主,然后再把美洲的黄金和工业原料运回欧洲。这就是被称为一本万利的"三角贸易"。最先进行奴隶贸易的是葡萄牙人,英国人后来居上,成为"三角贸易"的主要经营者。

被贩运到美洲的非洲黑奴被广泛使用于棉花、蔗糖、可可、烟草等种植园的生产及金银矿的开采,而美洲生产的棉花、蔗糖、可可、烟草及金银等被运往欧洲,美洲由此发展起一种畸形的殖民地经济——种植园生产的各种经济作物主要销往欧洲,当地居民所需的各种生活日用品则全部从欧洲输入,一个联系欧洲与美洲的大西洋贸易圈应运而生。在欧洲的大西洋沿岸及美洲的大西洋沿岸因此形成了许多繁华的贸易城市,如利物浦、阿姆斯特丹、纽约、里约热内卢等,运输各种商品的货船密集地穿梭于欧洲与新大陆之间,大西洋贸易在近代国际贸易体系中的地位则经历了由边缘到准中心区再到中心区的转变。

随着欧洲人对新大陆的深入开发,联系美洲与亚洲的太平洋贸易也逐步发展起来,其中最具代表性的就是所谓的"马尼拉大帆船"。1565年6月,西班牙的"圣·巴布洛"号大帆船满载亚洲的香料运往墨西哥南海岸的阿卡普尔科,开

西方文化概论

辟了连接亚洲和美洲的太平洋航线,此后两地间的大帆船贸易日益频繁。大帆船每年6月乘西南季风自马尼拉起航北上,至北纬42°~45°水域,顺北太平洋上的"黑潮"东行,最后抵达阿卡普尔科,行程万余海里,历时约6个月。自17世纪开始,无论是哪一年,都会有一两艘西班牙大帆船,从阿卡普尔科穿越太平洋,把"新世界"出产的白银运到马尼拉,以购买中国丝绸、中国和印度的棉织品,以及"新世界"需求量甚大的其他精美消费品。

"马尼拉大帆船"严格说来是运输中国货的大帆船。美国历史学家苏尔兹在《马尼拉大帆船》一书中指出:"中国往往是大帆船贸易货物的主要来源,就新西班牙(墨西哥及其附近广大地区)的人民来说,大帆船就是中国船,马尼拉就是中国与墨西哥之间的转运站,作为大帆船贸易最重要商品的中国丝货,都以它为集散地而横渡太平洋。在墨西哥的西班牙人,当无拘无束地谈论菲律宾的时候,有如谈及中华帝国的一个省那样。"在16~18世纪间,每年由大帆船自美洲运往菲律宾的银子,有时多达四百万比索。据西方学者计算,自1571年至1821年的250年中,由西属美洲运抵马尼拉的银子,共为四亿比索。

由于在印度洋、大西洋及太平洋三大贸易圈中都是欧洲商人占据着主导地位,因此三大洋之间商业联系的建立便成为必然的结果,全球性的商品交流网络因此形成。17世纪,英国用于交换非洲黑奴的商品不再是本国的手工业品,而是印度的纺织品。荷兰进口的商品中,既有南非的小麦,也有巴西的蔗糖,甚至还有印度的贝壳。因为贝壳在撒哈拉沙漠以南的非洲可以充当货币,荷兰人就用印度贝壳到那里购买黑人,然后运到美洲贩为奴隶。

自16世纪以来产生的一系列因素已经深深地改变了旧世界贸易体系的面貌,一个新的世界贸易体系正在形成之中。这个新的世界贸易体系有以下两个突出特征:一是世界各贸易区之间的联系在不断加深,在大西洋两岸,西岸输出的是蔗糖、咖啡、棉花、染料和烟草,东岸输出的是粮食、纺织品和金属制品;在欧洲与非洲之间,欧洲输出酒类、布匹、武器和金属制品,非洲输出奴隶和木材;在东欧与西欧之间,东欧出口谷物、牛羊、皮革、亚麻,输入纺织品、武器、金属制品和来自美洲殖民地的产品。二是随着商品交换的发展,出现了一定程度的国际分工,美洲和东欧提供自然资源,非洲提供奴隶劳动力,亚洲制造日常消费品和奢侈品,欧洲则主要从事运输业、金融业和制造业。

二、以西方为主导的世界经济体系的确立

随着以西方为中心的全球贸易的不断深化,建立在全球贸易基础之上的一

第四章 西方文化的扩张

种新的世界经济体系逐渐形成,美国学者沃勒斯坦在《现代世界体系》一书中对近代世界经济体系的形成、发展及演变进行了深入的研究。下面,我们简要介绍沃勒斯坦的主要观点。

沃勒斯坦认为,在人类历史上曾经出现过两种形式的世界经济体系:一种是以大帝国为中心的帝国经济体系,另一种是国际分工为基础的现代世界经济体系,这两种体系的最大区别在于怎样决定资源的分配。

在以大帝国为中心的世界经济体系中,帝国政府依靠高度集权的政治权力对广大区域实行控制,通过官僚机构征收贡赋或税收来剥削剩余价值,使周边地区的经济收入流向中央,由帝王及其官僚机构进行再分配。这种帝国经济体制除尽量多地向上层统治者供给剩余价值之外,没有进一步发展的动力,而官僚机构的恶性膨胀与中饱私囊往往使剥削量超过民众的实际承受力,由此引发动乱,致使帝国经济体制动摇并最终瓦解。

自16世纪开始,一种建立在国际分工基础上的世界经济体系开始出现。这种新的世界经济体系显著特征就在于它不存在中央集权的政治控制及由此产生的弊端,而是发明了一种占用剩余价值的新形式,即运用世界市场机制,将剩余价值更有效地由低层向高层、从边缘向中心、从多数人向少数人输送,而获得较大份额剩余的集团处于核心位置,并且使之合法化。这种世界市场机制首先形成于欧洲,14世纪的封建主义危机使得西欧各君主国既不能靠贡赋也不能靠地租来增加剩余产品,于是西欧各国便利用其发达的生产力,在国家机构的人为帮助下,通过世界市场占有剩余产品。

沃勒斯坦认为,现代世界经济体系形成的标志是国际范围内具有广泛分工的经济实体的出现,这种分工不仅是业务上的,也是地理上的。就业务上的分工而言,资本主义从一开始就是世界性的,而不是某个民族国家之内的过程,比如,意大利城市经济规模小而工资高,不利于资本积累,西班牙等地工资过低又阻碍了资本市场的发展,只有英格兰、荷兰这类工资水平适中的地区最有利于资本积累的增长,并可以利用本地区的低工资生产获利。就地理上的分工而言,世界范围的劳动分工将世界划分为三个地带:中心区、边缘区和半边缘区。

资本主义经济区别于非资本主义经济的主要特征在于具有极强的扩张性和吸纳性,作为资本主义经济的发源地,西欧首先将对外扩张的触须伸向东欧,由此在欧洲内部出现了一种具有决定意义的分化与整合局面,以地区性劳动分工和商品交换为基础的单一欧洲经济体形成。西欧是具有均衡经济结构和强大工业基础,靠吸收"边缘"的养分以自肥的"中心",而东欧则是以单一的农矿

西方文化概论

产品或初级工业品出口为主、以自身全部物质供养"中心"生长的"边缘"。

此后,资本主义经济关系进一步向外扩散,处于外部区域的美洲、非洲、亚洲国家和地区通过"融入"和"边缘化"的过程,接受其世界范围内劳动分工的角色,逐渐沦为不发达的"边缘"地区。而此前曾作为西欧"边缘"的东欧地区则演变为介于"中心"与"边缘"的"半边缘区",它既对中心区充当部分边缘区的角色,又对边缘区充当部分中心区的角色。沃勒斯坦认为,半边缘区在资本主义世界体系结构中扮演了重要的经济角色,半边缘区提供的大量劳动力抵消了中心区工资上涨的压力,也为中心区不能盈利的产业找到了一个出路,同时半边缘区的存在也缓解了受剥削的大多数人对攫取高额利润的少数人的不满情绪,避免了根本的体系性叛乱。

根据沃勒斯坦的有关论述,中心地区的主要特点可以归纳为:拥有强大有效的国家机器;掌控先进的科学技术,生产高附加值产品;操纵世界贸易和金融市场;运用不平等分工和交换在世界体系范围内占有剩余价值。而边缘地区的突出特征有:政治上缺乏强大的国家机器;经济上从事低附加值的经济作物和初级产品的生产和加工;国际地位上受制于中心国家,是遭受剥削和奴役的对象。

沃勒斯坦明确指出,以"中心—边缘"为基本架构的现代资本主义世界经济体系,是一个基于不平衡发展、不平等交换和剩余价值占有的等级制体系。

首先,现代世界经济体系本质上是一个受资本逻辑主导的资本主义世界经济体系,不等价交换和资本积累是体系运行和扩张的动力,其基本逻辑是积累的剩余价值被不平等地加以分配。联结中心—半边缘—边缘地区的纽带是一系列"不透明"的商品链,该商品链中不透明的剩余价值分配成为中心地区资本积累的不尽源泉,并导致分配的严重两极分化,这就是资本主义的逻辑。通过剩余价值体系内的转移,资本主义不仅包含了所有者对劳动力剩余价值的攫取,也包含了核心地区对整个世界经济体系中剩余价值的攫取。

其次,现代世界经济体系是一个不平等的体系。这一体系是建立在中心地区、半边缘地区以及边缘地区之间劳动分工基础之上的,这种劳动分工的方式以地区间存在不平等交换为前提,而各个地区之间经济上和政治上的依赖以这种不平等交换的继续为基础。根据劳动分工的不同,三个不同的组成区域承担着三种不同的经济角色:中心区利用边缘区提供的原材料和廉价劳动力,生产加工制成品向边缘区攫取剩余价值,并控制世界体系中的金融和贸易市场的运转。边缘区除了向中心区提供原材料、初级产品和廉价劳动力,还提供销售市

第四章 西方文化的扩张

场。在世界市场上,中心区国家通过横向垄断和垂直一体化控制等手段控制产品交换和剩余分配,使商品链的流动机制发生倾斜,实现由边缘向中心的利润转移。

沃勒斯坦还指出,现代世界经济体系不只是一种经济体系,还是一种多元化的政治体系,与世界经济体系相伴而生的,是一个由多个民族国家组成的表面分裂的政治体系。就中心地区而言,各种集团利益的会合导致了强大国家机器的建立,中心区国家强大的国家机器是用来削弱别国的国家机器的,因此,许多边缘国家的命运就是遭到外部的介入,介入的主要形式是战争、颠覆与外交干涉。与此相反,边缘地区的显著特征是缺乏强大的国家,主要有两方面的原因:一是缺乏土地所有者和商人的联合以加强国家机器,二是中心地区国家机器的增强而引起其他地区国家机器的削弱。

世界政治的多变性反过来又影响着现代世界经济体系的稳定。核心国家总是处于相互竞争中,某一中心国家同时在生产、销售和金融方面优于所有其他中心强国时,就成为霸权国家,历史上主要有三个霸权国家:17世纪中期的荷兰、19世纪中期的英国和20世纪中期的美国。同样,边缘与半边缘国家也可能发生变化,某些边缘区国家可能上升为半边缘区国家,有些半边缘区国家可能上升到中心区国家,当然也会出现逆向变化,即某些经济角色的地位可能下降。因此中心、半边缘、边缘的关系随着经济政治条件的变化可以转化,其中半边缘的地位最不稳定,通常是衰落为边缘国家,或上升为中心国家。

"现代世界经济体系(或称为资本主义经济体系)"虽然只是沃勒斯坦提出的一种学术观点,正如许多研究者所指出的,这种观点还存在着诸多的缺陷或错误。但是自近代以来,由西方国家主导、不同地区或国家承担不同经济角色的一体化世界经济体系的存在却是毋庸置疑的,因此沃勒斯坦的《现代世界体系》一书出版后,就在世界范围内引起了极大的反响,为人们更好地认识和理解近代西方及世界的经济发展提供了新颖的思路和模式。

第四节 西方的意识形态扩张

一、西方宗教的扩张

前文曾经提到,中世纪时期的西欧是一个极端的宗教化社会,教会、教士及基督教教义自罗马帝国以后就成为影响西方社会发展的重要因素之一,甚至可

西方文化概论

以说,近代西方的经济崛起、科学进步和殖民扩张都离不开基督教因素的促进。伴随着新航路开辟之后西方贸易的全球大扩张,西方的宗教也迎来了一个全球扩张的时代,在全球范围内,信奉基督教(包括基督教的各个宗派)的人数急剧增加。据统计,至20世纪末,全球基督徒人数约21亿,占世界总人口的1/3,20世纪初全世界基督徒约2/3生活在欧洲,而现在,全世界的基督徒只有1/4生活在欧洲。

导致西方宗教(基督教)近代以来全球大传播的主要因素有以下两个方面:

一方面,在16世纪宗教改革运动中势力受挫的罗马天主教会将海外传教作为恢复其传统影响力的突破口。1543年,由西班牙人罗耀拉成立的耶稣会,衷心捍卫教皇及教廷的利益,积极在亚洲、非洲及美洲传教,以弥补因宗教改革而在欧洲失去的信徒。罗耀拉曾向亚洲、非洲、美洲派出了第一批传教士,在当时的交通条件下,对于神父和修士来说,赴海外传教就意味着几个月或几年艰辛的水陆旅程,而且还伴随着物质的匮乏和生命的危险,在海上旅途中丧生于风暴和恶劣天气的传教士不计其数。尽管如此,成千上万的欧洲传教士仍然几十年如一日地工作在异国他乡,大多数海外传教士再也没有回到遥远的家乡,但与家乡保持着书信往来。

耶稣会传教士因其灵活性、应变能力和适应能力,在海外传教方面取得了不菲的成绩。正式传教以前,耶稣会的传教士通常要学习所在地区或他们将要照顾的人群的语言,深入了解传教地区的文化和宗教,考虑怎样把福音的传讲与当地已有的文化和宗教完美地结合起来。比如,印第安人敬拜大地之母,传教士们便用圣母玛利亚来代替大地之母,这样就便于印第安人接受天主教信仰。在文化发达的地区,比如在中国、日本、印度,耶稣会士们则穿着当地服装,因为这样才能更好地适应当地情况,更容易融入当地的社会、阶层、等级或种姓群体。

从16世纪40年代起,耶稣会传教士就开始在美洲大陆传教,1549年第一批神父抵达巴西,1567年抵达秘鲁,1572年到达墨西哥。至16世纪末,耶稣会传教士的身影已经遍布北美洲与拉丁美洲。在亚洲,罗耀拉派他的爱徒沙勿略赴印度传教。随后,一大批耶稣会传教士先后到东南亚、中国、日本等地传教。耶稣会在中国的传教始于利玛窦,这位意大利传教士1582年以数学家和天文学家的身份来华,受到了中国人的尊敬。他第一个在北京担任了御用天文学家,参与修订中国历法的工作,为以后的耶稣会传教士开辟了这一席位。法国国王路易十四当政后,曾派遣了大批法籍耶稣会传教士来华。在200年时间里,来

第四章 西方文化的扩张

华传教的耶稣会传教士共有 456 人。

另一方面,随着西方人在全球范围的探险、殖民与迁徙,作为西方人精神支柱的基督教教义和教会被他们有意或无意地带到亚洲、非洲、美洲及大洋洲。在西欧人的灵魂深处,有一种源于基督教的内在动力,即希望把福音带给新的民族。比如,在开辟新航路之时,寻找传说中"祭司王约翰"就是葡萄牙人探索亚非新航线的直接原因之一。在信奉基督教的欧洲各国中,流传着一个关于基督长老国的故事,于是葡萄牙王子亨利亲王组织了两支舰队,分别向非洲的东西海岸进发,实地考察,结果,迪亚士到达好望角,达·伽马发现了通往东方的航线。同时,罗马教皇也多次派遣探险队,希望能够找到基督教的皈依者,或寻到传说中祭司王约翰的王国。

近代欧洲人在为了物质利益而进行一系列殖民冒险或军事征服的时候,丝毫没有影响他们真心诚意地传播基督教信仰,当时也没有人认为这二者之间有什么不相容之处。当达·伽马在卡利卡特登陆时,他说自己的目的就是要寻找基督徒和香料,而西班牙官方政策的第一要素则是使土著改信基督教。在美洲,西方人向当地印第安人传播基督教福音的速度与军事征服速度是一致的,到 16 世纪中期,安的列斯群岛已有 8 个教区,墨西哥有 8 个教区,南美有 3 个教区,各修会的传教士纷纷涌进新大陆,进行传教活动,结果,美洲原有的文明全部让位于征服者的宗教。

新教徒一旦在贸易、战争或移民过程中有机会同其他种族接触时,就尝试宣传自己的信仰。荷兰东印度公司认识到以严格务实方式进行传教的必要性,所有传教站都配有在神学院受过专门培训的牧师,如果某个牧师确实使一名本地人入了教,那么他即可获得一笔薪水以外的奖励。英国国王詹姆士一世给弗吉尼亚的特许状提到,要将福音带给"至今还生活在黑暗之中"的人。查理一世给马萨诸塞的特许状也要求殖民者"争取和促使"土著人信仰基督教。英国教会团体在印度的主要商站都修建了教堂,其中孟买的圣多马教堂尤为宏伟壮观,如此为之的目的就是要让当地人能够从中"领略到我们信仰的纯洁性和庄严感"。

二、世界范围的民主化浪潮

在人类历史上,民主制是西方独有的政治传统,西方的民主实践最早出现在希腊城邦时期,古代民主发展的顶峰是雅典的黄金时代。但早期希腊罗马的民主实践证明,民主制并不是一种理想的政治体制,它被人视为无理性和无原

西方文化概论

则的,易受一时的激情和狂热支配,决策和管理水平低劣,特别容易走向暴力、腐败、骚乱和革命,难以实现稳定、统一和高效率。17~18世纪,民主制成为西方人关注的重心,因为它成为以资产阶级为代表的中下层民众争取权利的理论依据,英国革命、北美革命和法国革命是现代民主化浪潮的第一波最强劲的冲击,它摧毁了传统的等级制和个人专制的社会结构,平民开始登上政治舞台,西方由此进入了一个新的民主化时代。

所谓"民主化",是指以民主为目标的政治变革过程。当代美国学者波特尔指出,民主化是指这样一种政治变革过程,即"由较少负责任的政府到较多负责任的政府,由较少竞争(或干脆没有竞争)的选举到较为自由和公正的竞争性选举,由严厉限制人权和政治权利到较好地保障这些权利,由市民社会只有微弱的(或干脆没有)自治团体到享有较充分自治和数量较多的自治团体"。整个19世纪直到20世纪初是民主化改革的时代,改革的目标指向参政权的扩大,通过一次次改革,参政权逐渐向下层扩充,直到最贫穷的下层平民甚至黑奴都获得了选举权。从19世纪中后期开始,民主浪潮开始波及西方以外的国家。进入20世纪后,民主化已经成为世界性的进程,在非西方国家,掀起了一波又一波民主化浪潮。

美国学者亨廷顿在《第三波——20世纪后期民主化浪潮》一书中对近代以来世界范围的民主化过程进行了全面的研究。他认为,自17~18世纪以来的300多年中,民主制度呈现出持续扩张的态势,而民主的扩张形式则表现为一波波浪潮式的冲击,每一波民主化浪潮后,往往继之以反民主的回潮,但总的趋势是退一步进两步,民主在稳步地扩大其地盘。

亨廷顿总结的三次民主化浪潮模式是:第一次长期的民主化浪潮,1828~1926年,约33个国家建立了民主。第一次回潮,1922~1942年,约22个国家的民主制度被颠覆。第二次短促的民主化浪潮,1943~1962年,约40个国家建立了民主。第二次回潮,1958~1975年,约22个国家的民主制度被颠覆。第三次民主化浪潮,1974~1990年,有33个国家建立了民主。

亨廷顿根据几次民主化浪潮和非民主化回潮的发展情况,把有关国家分为自A到L若干组:A. 澳大利亚、加拿大、芬兰、冰岛、爱尔兰、新西兰、瑞典、瑞士、英国、美国;B. 智利;C. 奥地利、比利时、哥伦比亚、丹麦、法国、西德、意大利、日本、荷兰、挪威;D. 阿根廷、捷克斯洛伐克、希腊、匈牙利、乌拉圭;E. 东德、波兰、葡萄牙、西班牙;F. 爱沙尼亚、拉脱维亚、立陶宛;G. 博茨瓦纳、冈比亚、以色列、牙买加、马来西亚、马耳他、斯里兰卡、特立尼达和多巴哥、委内瑞拉;H. 玻利维

第四章　西方文化的扩张

亚、巴西、厄瓜多尔、印度、韩国、巴基斯坦、秘鲁、菲律宾、土耳其；I. 尼日利亚；J. 缅甸、斐济、加纳、圭亚那、印度尼西亚、黎巴嫩；K. 保加利亚、萨尔瓦多、危地马拉、海地、洪都拉斯、蒙古、纳米比亚、尼加拉瓜、巴拿马、罗马尼亚、塞内加尔；L. 苏丹、苏里南。

其中，A、B、C、D、E、F 组为第一次民主化浪潮国家，C、D、E、F 组为第一次回潮的国家。C、D、G、H、I、J 组为第二次民主化浪潮国家，B、D、H、I、J 组为第二次回潮的国家。B、D、E、H、I、K、L 组为第三次民主化浪潮国家，其中 I、L 出现倒退，但还不能确定第三次回潮已经到来。

总的来说，经过三次民主化浪潮的冲击，人类的政治生活进入了一个新的时代，世界的政治版图已经大大改观，欧洲、北美、拉丁美洲、大洋洲都已经建立了不同类型的民主政体。在理论上，在法律上，几乎所有国家都确认了民主原则或以民主制度为目标，纯粹的神权政体、"家天下"的政治结构、赤裸裸的个人独裁已基本消失，它们都程度不同地掺上了"民主"的配料，披上民主的彩衣。

但进入新世纪以来，世界各国的政治实践证明，以亨廷顿为代表的西方学者及政治家对民主发展与扩张的前景还是过于乐观。伴随着西方民主制的全球化传播，东方各个国家也不同程度地受到了巨大的民主冲击，如中国的"新青年运动""五四运动"等，也不同程度地促进了东方国家对民主制度潜移默化地接受，如东方国家民主化过程中出现的各种"民主"形式："东亚民主""南亚式民主""伊斯兰民主"以及"管理民主""有指导的民主"等，都是东方国家对自己民主化道路的探索，也是学习和吸收西方文化特定阶段的产物。但当西方民主制度想要进一步深入时，就会遇到各种不同的阻力，从而导致亚洲各国普遍产生了民主制度"进亦不得退亦不能"的尴尬局面。总体来说，造成这种困局的原因大致有三个方面：

第一，集体主义与个人主义的思想冲突。在西方伦理学思想中，有一派学者认为，集体主义与个人主义思想的冲突是东西方伦理思想的标志性分歧之一。东方强调集体主义至上和西方强调个人主义优先不仅造成了伦理思想的冲突，也成为亚洲民主制矛盾局面形成的原因之一。西方文化的冲击力首先源自于它的个人主义精神。东方国家普遍接受的儒家文化强调集体主义精神，为了实现社会整体的和谐，需要压抑个人的欲望和要求，将个人融合于集体之中。而西方文化以个人主义的态度对待个人与集体关系，它引发个人脱离集体而独立，释放个人独立和自我满足、自我实现的欲望和本能。这种个人的欲求一旦释放出来，就呈现出不可遏止的自我膨胀性，所以在近现代当西方文化的冲击

西方文化概论

波遇到东方文化壁垒时,经常产生类似"释放魔鬼"或"拆除堤坝"的效应。但时间一长,传统文化数千年积累的力量就会逐步释放出来,亚洲各国人民尽管向往自由、民主的个人主义社会,但却更容易顺从于集体形式的领导和管理。如新加坡驻美大使陈庆珠教授在论证"亚洲民主模式"时认为,亚洲式民主包含了不同于英美式民主的特点,包括:"集体意识",即认为个人是团体和社会的一分子,而非说"个人是民主和社会的中心部分";接受和服从权威和等级制;实行"统治政党制度",即指一个占主导地位的政党可掌权20至30年甚至更长;存在一套中央集权的官僚机构和一个强大的干预的国家政府。

第二,东方政治领袖对民主制的选择与抛弃。近现代西方文化广泛传播得益于西方文化所表现出来的强势,而西方文化的强势则来源于巨大的创造力。西方人以其有效的社会组织方式和不断创新的思维方式,使其在经济、技术和军事等方面超过了东方民族,使得西方人能够以其强盛的国力而征服整个世界,将西方文化强行传播给东方民族,东方民族也因西方国家的强盛而服膺其民主政治。但是,受到功利主义思想的影响,东方国家的政治领袖接受西方民主制度,并不是出于本国发展的内在需要,而是由羡慕西方的强大产生的连带模仿,如中国在清王朝末期出现的"预备立宪"就为清朝披上了一层民主的外衣。可是随着时间的推移,西方政治文化由表层向深层不断渗透,东方国家便开始经历民主化的不同阶段。当西方的政治制度和政治原则在理性上被接受后,传统的权威主义政治便失去了合法性,结果是各国传统王(皇)权的垮台。王权的垮台仅仅表明传统的统治形式已经不可能,但民主的条件还不成熟。结果王冠坠地后,王座并没有被扳倒,各种形式的无冕之王借民主或共和之名延续着王权的统治,现代的权威主义取代了传统的权威主义。这是向民主过渡的必经阶段,没有一个国家的民主是一蹴而就的。由于文化传统、思维方式、社会结构、生活态度、教育水平等文化范畴的不同,造成了西方民主制度不适应于亚洲诸国,民主政治难以推行。这时,东方政治领袖同样出于功利主义思想,会毫不犹豫地率先抛弃民主制度,如清末的《钦定宪法大纲》最突出的特点就是皇帝专权,人民无权,以维护封建专制主义为根本目的,它一方面激起了人民的激愤,同时也让晚清立宪派大失所望;至于《宪法重大信条十九条》则是在武昌起义的沉重打击下,清政府为了渡过危机而临时炮制的"宪法",没有实质意义,并成为清朝政府预备立宪最后走向破产的记录。这种现象在亚洲国家中曾普遍存在,一些政治精英曾真诚地信奉民主原则,并且为之而奋斗,但当他们自己掌握了权力后,却背叛了民主原则,民主斗士变成了权威主义的统治者。这些人

第四章　西方文化的扩张

希望国家民主化,但他们自己却没有民主化,如中国近代民主主义革命的先驱孙中山,以"民族、民权、民生"为自己终生奋斗的信仰,却又在同时对权力趋之若鹜、大权独揽,行事时往往独断专行、刚愎自用。如在"旗帜风波"中孙中山"以己意制一国旗",导致黄兴"欲退会、断绝关系",连宋教仁也认为孙中山"素日不能开诚布公,虚心坦怀以待人,做事近于专制跋扈"。[①]

　　第三,如同上文中所提到的,东方文化传统决定着西方民主制度在亚洲的构建艰难。东方国家遇到西方文化冲击后而发生的民主政治变革,仿佛是一个头脚倒置的过程,带来头晕目眩的反应。所谓"现代化的阵痛",在政治领域表现得尤为剧烈。在西方,民主的发展经历了由贵族民主到平民民主,由少数人民主到全民民主的过程。中世纪贵族享受的民主和近代少数有产者的民主都创造了一种集体统治形式,排除了个人专制。随着平民地位的上升,他们逐渐获得和扩大了政治权利,民主的基础不断向下层扩张,直到最穷的人、黑奴和妇女都获得政治权利。在东方,人们在数千年的时间里接受的都是"当官要为民做主"的传统,人民除了面临生死大事之外一般都极其缺乏为自己谋取平等政治权力的思想。因此,亚洲国家在推行民主政治时所遇到的一个基本问题是,西方文化带给东方的是现代民主的成熟形式,而在东方,民主没有一个起源、积聚的长期过程,东方国家一开始接受的就是完整的民主观念,民主制度一建立,就只能是全民的民主。结果在实践中,由于条件不成熟,民主原则难以真正落实。在多数东方国家,单纯模仿西方民主制度的结果是民主制度难以健康运作,或者民主的理论原则与政治现实相妥协,建立一种民主的折中形式,或者虚假形式。只有在漫长的历史长河中逐步过渡,当民主精神内化为大多数人的态度、情感、价值取向,甚至成为民族的气质和性格,民主制度才能够获得坚实的基础。但在这一过程中,东方原有的极权政治传统也会出现相应的改革和变化,在极权思想与民主思想的碰撞和冲突中,民主政治是否能够适应亚洲国家的国情、是否被亚洲人民所需要还是未知数。有鉴于此,包括中国在内的广大发展中国家的民主化进程应结合本国的国情,制定适当的策略,积极、稳妥地推进,使民主化既能推动经济的增长,促进社会的进步,又有助于保持政治与社会的稳定,真正走出一条代价最小的民主化之路。

三、西方的话语霸权

　　近代以来,西方国家在经济、军事、科技及思想等领域的巨大进步与创造,

---

① 宋教仁.宋教仁日记[C].长沙:湖南人民出版社,1980.

西方文化概论

不仅造就了西方文化的发达,还造就了西方国家在全球范围的霸权地位。西方的霸权,一方面体现为西方国家依靠其强大的政治、经济、军事及科技实力对广大的非西方国家进行军事侵略、政治控制、经济掠夺和文化渗透,将广大非西方国家变为它们有形或无形的殖民地。另一方面,拥有巨大霸权力量的西方国家,几乎情不自禁地创造出话语霸权,话语霸权体现了霸权对非霸权的权力关系,话语霸权的目标是压制其他的或与其对立的话语,使其边缘化,使其沉默无声。

美籍巴勒斯坦学者赛义德在其《东方学》一书中,详细解析了近代西方人所制造的殖民主义话语霸权——"东方主义"的由来及实质。

赛义德指出,近代以来,世界历史中一条十分突出的主轴就是霸权的兴衰更替,在诸霸权中,对全世界文化产生了巨大影响的有英、美、法三个国家,作为话语霸权的"东方主义",曾经由英法控制,现在则由美国占据这个位置。东方主义是指在本体论和认识论上区分东方与西方的一种思维方式,也是建构东方并控制东方的话语体系。

在赛义德看来,西方人对东方形象在最初的殖民冒险中通过一些旅游者的游记和小说家的小说被制造出来,这些意象随着英法两国实力的增强和海外扩张活动的扩展而得到传播和强化。在这个过程中,东方被建构成一种没有理性的、落后的、堕落的、孩子般的异类文化,而西方恰恰是理性的、富有美德的成熟文化,并在这一过程中建立起对东方的心理优势和话语优势。

在东方形象的传播过程中,除了英法经济军事实力作为必备的基础之外,文本的作用也是异常强大的,因为对于遥远的异类的东方文化,绝大多数西方人只能采取"文本主义"的态度。而这些文本大多是西方人按照他们自己的喜好来描述的,因此"文本提供的知识大多是为了证明西方扩张的正当性",更重要的是,这些文本不仅能够创造关于东方的知识,还能制造虚拟的现实。

赛义德认为,以往传播东方形象的工具主要是小说、游记等文学作品,他通过阅读《黑暗的心》《曼斯菲尔德庄园》《吉姆》等与殖民主义活动有关的小说发现,在小说里,东方世界被看作是附属的、被统治的,小说强化了西方人对东方认识的形成,因此,19世纪的英国小说与英国殖民主义是相互扶持的,缺少任何一方都是不可想象的。现在西方人心目中的东方形象主要是靠电视、电影、报纸、杂志等大众传媒来传播的。此外,一些重要的学术机构、政府机构、教育机构等也参与了东方形象的传播。尤其值得注意的是,学术研究使东方主义从一种西方的意识变为一种科学。

第四章　西方文化的扩张

赛义德同时指出,东方形象的稳固不仅仅是西方权力单方面作用的结果,还是东方的沉默甚至顺从的结果。在所有关于东方的讨论中,几乎只能听见西方的论述,而东方却失语了,"从 1800 年到 1950 年,大约有 6 万本关于近东问题的书籍",绝大部分是在西方国家出版的。在赛义德眼里,东方的知识界把西方提供的价值观如现代化模式、政治观念、文化价值等转接过来,然后再向东方的大众推广,而东方知识分子在这个过程中表现得毫无批判性。文化和学术上的优势使西方垄断了话语权,东方只有从西方那里借来话语才可以表述世界政治的现实,东方只有借助西方的眼睛才能辨认自我。

在当今世界,我们仍然能够强烈地感受到西方(特别是美国)的话语霸权,一些反映新帝国主义的话语充斥于国际主流媒体。比如,冷战结束后,拥有世界话语霸权的美国将那些不符合西方规范的国家武断地定性为所谓"失败国家""无赖国家"或"邪恶轴心国"等。

1994 年,美国学者赫尔曼和拉特勒发表在外交杂志上的论文《挽救失败国家》,是最早阐述"失败国家"现象的文献之一。此后不久,应副总统戈尔的要求,中央情报局任命的相关机构组织了对国家失败的讨论,专门研究国家失败与国际冲突的相关性。从 2005 年起,美国和平基金会和《外交政策》杂志开始公布失败国家的年度排行。根据美国和平基金会公布的失败国家排行,失败指数超过 90 并处于红色警戒线以内的失败国家 2005 年高达 33 个,2006 年下降为 28 个,2007 年又重新增长为 32 个。苏丹于 2006 年和 2007 年连续两年位居第一,在 10 个最失败的国家中,非洲国家占了大部分。

1987 年,美国参议员斯达克在《国会记录》中首次把伊朗称为"无赖国家",到了 90 年代,这个词汇在美国外交中变得十分流行,克林顿政府执政时期,"无赖国家"成为制定外交政策时经常使用的一个词语。在整个 90 年代,被美国政府认为是"无赖国家"的,有朝鲜、巴基斯坦、伊拉克、伊朗、阿富汗和利比亚。"邪恶轴心"这个词语是布什总统在 2002 年的国情咨文中首先提出的,他在咨文中称朝鲜、伊朗和伊拉克为"邪恶轴心"。跟无赖国家类似,这些构成邪恶轴心的国家"试图获得大规模杀伤性武器,它们的政权给世界和平制造了越来越严重的威胁。他们还能够将武器提供给恐怖分子,他们既能攻击我们的盟国也能敲诈美国"。

美国等西方国家通过话语霸权,将他们看不顺眼的国家以种种名义像隔离病毒一样隔离开来,美国及西方代表着国际社会的正义和文明,而被隔离的国家代表了非正义和不文明,美国从这种隔离中获得了改造不文明世界的道德使命感,进而又在各方面加强了美国的霸权及其合法性。

但是,与以往非西方国家在西方话语霸权面前的逆来顺受不同,当代世界各国则对西方的话语霸权采取了不同形式的反击:苏丹外交部发言人萨迪克称不会对美国的排名"太当真";伊朗高级军官则警告美国,如果美国胆敢侵略伊朗,波斯湾地区将变成美国士兵的坟墓;而朝鲜则认为,布什的讲话等于宣战,朝鲜将毫不留情地消灭侵略者。这些话语交锋表明,非西方国家不会心甘情愿地接受西方话语霸权的主宰,西方的话语霸权总是处处激起非西方国家的强烈反抗。

第五节 文化的全球化交流趋势

一、西方文化优势地位的确立

1500～1600年在世界史上是取得重大成就的100年,在这100年中,西欧人在向海外扩张的同时,也在文化、思想、宗教及政治等领域内完成了重大的变革,而这些变革都象征着资本主义曙光的来临。① 但在这一时期内,西方并没能从实力上超越中国。相反,东方中国明王朝强大的政治、经济、军事、航海等实力是西欧各国望尘莫及的。中国是当时全世界最先进、最富强的大国,尤其是在1580年左右的明朝万历年间,中国严格的政治制度、富庶的国家经济、通畅的交通、精美的瓷器、骁勇善战的军队令西欧人无限向往。但这种东方强大的局面并没有继续保持下去,随之而来的1600～1760年的160年间,正是西方凭借着资本主义强大的生产力、经济与科技实力逐步向东方地区扩张、最终彻底征服东方各国的时期。而明代却正由盛转衰,明朝初期的郑和西航不但后继无人,而且也不可能引发商业革命;清朝更故步自封,远洋航海不复存在。西欧以东的许多国家,包括东欧诸国、西亚伊斯兰诸国、南亚印度、东亚日本,在西方处于资本主义变革的重大时期,还处在封建统治不断加强的时代。

从17世纪初到18世纪中期,东方终于在社会前进的竞赛中输给了西方。英国著名生物化学家李约瑟,曾因胚胎发育的生化研究而取得巨大成就,后来他又因中国科技史研究的杰出贡献成为权威,他在其编著的15卷《中国科学技术史》中正式提出了著名的"李约瑟难题":"如果我的中国朋友们在智力上和

---

① 刘祚昌,王觉非.世界史·近代史(上卷).北京:高等教育出版社,1992:2

第四章 西方文化的扩张

我完全一样,那为什么像伽利略、托里拆利、斯蒂文、牛顿这样的伟大人物都是欧洲人,而不是中国人或印度人呢?为什么近代科学和科学革命只产生在欧洲呢……为什么直到中世纪中国还比欧洲先进,后来却让欧洲人抢了先呢?怎么会产生这样的转变呢?"李约瑟难题"很耐人寻味。众所周知,中国是享誉世界的文明古国,在科学技术上曾有过令人自豪的灿烂辉煌,除了世人瞩目的四大发明外,领先于世界的科学发明和发现还有1 000种之多。美国学者罗伯特·坦普尔在著名的《中国,文明的国度》一书中曾写道:"如果诺贝尔奖在中国的古代已经设立,各项奖金的得主,就会毫无争议地全都属于中国人。"然而,从17世纪中期之后,中国的科学技术却如江河日下,跌入窘境。据有关资料,从公元6世纪到17世纪初,在世界重大科技成果中,中国所占的比例一直在54%以上;而到了19世纪,剧降为只占0.4%。中国与西方为什么在科学技术上会一个大落一个大起,拉开如此之大的距离,这就是李约瑟觉得不可思议、久久不得其解的难题。其实"李约瑟难题"不仅只是在拷问中国科学技术的起落,它已成为难倒数代历史学和社会学学者的世纪性难题——为什么强大的中国古代文明会在近代被西欧文明迅速赶超?

"李约瑟难题"至今为止在学术界都没有统一的解释,对于西方之所以能率先进入资本主义社会,东方之所以会逐步落后,较为统一的观点有以下几种:

其一,世界历史进入近代后,"海洋文明"在与"大陆文明"的竞争过程中取得了明显的优势,"谁能占据海洋,谁就能征服世界"成为世界历史发展的主要趋势。资本主义经济是开放型经济,它是以世界作为自己的活动舞台的,如果没有广阔的海外原料产地和商品销售市场,资本主义就无法获得大规模的进展。西方在地理大发现之后,迅速走向世界,竭力向海外挺进,霸占了世界主要贸易航道,夺取了重要战略据点,把许多地区和国家变为自己的殖民地任意加以宰割,用殖民地的民脂民膏养肥了自己,从而也养肥了西方的资本主义。荷兰作为一个弹丸小国一跃而成为17世纪全世界最先进的资本主义国家,原因就在这里。而与此同时,东方则实行闭关锁国的政策,中国明、清两朝几度厉行海禁,既对海外贸易行严格限制,又不保护海外华侨。日本德川幕府也在1633~1639年间,连续五次颁布"锁国令"。奥斯曼帝国一味热衷于新的军事征服,多次企图进入中欧,但就在它两次围攻维也纳(1529年、1683年)不下的期间,海上贸易已被西欧国家夺走了。繁荣的海上贸易是资本主义发展的一个重要条件,东方各国轻视或忽视这个条件,只能落后于历史的进程。2006年在中央电视台热播的精品历史纪录片《大国的崛起》就以葡萄牙、西班牙、荷兰、英国、

西方文化概论

法国、德国、俄国、日本、美国九个世界级大国相继崛起的过程全面阐释了海洋文明的强大生命力。

其二,物质文明发展的先决条件是精神文明建设,新兴资产阶级在近代着手开创一个资本主义世界之前,首先做好了充分的精神准备。在中世纪天主教神学的影响下,人们把一切希望寄托于来世,他们认为人一生下来就是有罪的,所以在现世受苦受难是理所当然的。在这种精神状态下,很难期望人们有所作为,并且干出惊天动地的事业来。然而,文艺复兴为西方资产阶级的经济活动及掠夺榨取行为提供了精神上的准备,地理大发现、文艺复兴、宗教改革、启蒙运动像接力赛跑一样把人们从中世纪的漫漫长夜昏睡中唤醒,使人们意识到人生的价值,从而产生了为现世幸福而奋斗的人生观及奋发向上、乐观进取的精神。① 而东方国家则一直维护传统的教化,禁锢非正统的思想。中国明、清两朝都崇奉程朱理学,明末王阳明"心学"一度流行,但其实质与前者一样,都是以维护封建秩序为宗旨。明、清推行八股取士的制度,束缚了知识分子的思想,扼杀了他们的聪明才智。如中国的"康乾盛世"时还屡兴文字狱,摧残文化。日本江户时代,朱子学说也受到尊崇,成为幕藩体制的官学。16~17世纪的东方文化虽然有很多成就,但没有西方文艺复兴、宗教改革、启蒙运动那样声势浩大的新思潮。先进人物如黄宗羲、顾炎武、王夫之等人虽然敢于批判封建礼教和君主专制,但毕竟只是少数人的呼声。② 在传统的封建主义伦理道德、士族宗法制度占据绝对统治地位的东方诸国,积极进取的精神与资本主义萌芽都处于绝对弱势的地位,不可能取得任何大的进展。

其三,上层建筑对经济基础的反作用。马克思曾说过:"资本主义在它的萌芽时期,由于刚刚出世,不能单纯依靠经济关系的力量,还要依靠国家政权的帮助才能确保自己榨取足够的剩余劳动的权利。"③西欧资本主义萌芽时期,代表中央集权的王权需要新生资产阶级的支持,以彻底战胜地方封建领主;而新生的资产阶级则需要王权的保护,以发展自己的事业。因此,西欧的君主专制政府在一定时期建立在与资产阶级联盟的基础上,它对资本主义经济实行保护政策。比如,法国路易十四在位时期,财政总监科尔伯执行重商主义政策,对进口的外国工业品课以重税,同时努力发展工业,鼓励工业品出口,还疏浚运河,改

---

① 刘祚昌,王觉非.世界史·近代史(上卷).北京:高等教育出版社,1992:280
② 同上,第282页。
③ 马克思.资本论(第1卷).北京:人民出版社,1975:300

第四章 西方文化的扩张

进道路,以利国内商品流通。又比如在英国,专制政府也发挥了同样的作用,圈地运动使大批农民流离失所,既为工厂建设提供了土地,又为生产发展提供了充足的工业劳动力。西欧的王权实行重商主义政策,从上层建筑的角度保护并推动了资本主义经济基础的发展,最终导致了商品经济的增长和资本主义的成长。与此同时,东方的几个大国则都在沿着封建皇权专制的道路行进。广大的东方封建国家普遍实行"重农抑商""重本抑末"的政策,划分"士、农、工、商"的社会等级,强大的统治权力有助于东方国家巩固传统的封建社会经济制度和结构,以皇帝为首的封建地主阶级上层建筑占有大量的土地,他们牢固地统治农民,致使封建的自然经济难以解体;同时他们残酷地剥削商品经济,致使资本主义在东方纵有微弱的萌芽,也难以继续成长。清朝雍正皇帝说:"朕观四方之业,士之外,农为最贵。凡士工农商皆赖食于农,以故农为天下之本务,而工贾皆其末也。"幕府统治下的日本,也有"四民"之分,武士居首,以下依次是农、工、商。大宰春台(1680—1747)在《经济录》中说:"民之业有本末,农为本业,工商贾为末业。"奥斯曼帝国也实行严格的等级制,在四个等级中,宗教封建主和军事封建主是其中的头两个。① 东方封建主义中央政权不但不需要资产阶级的支持,反而固守农本经济,摧残、打击工商业与资本主义萌芽,最终导致了小农经济的长期存在和封建社会的稳固。

二、西方文化与世界其他文化的交流

交往与融合是人类文化的根本特性,它是"一种无所不在的现象,浸透了人类的语言,浸透了人类生活的一切蕴含着意义的事物"。伴随着地理大发现与早期殖民活动,欧洲与亚洲、美洲、非洲等地区逐步建起了联系,双方的交往逐渐加深,而与西欧文化交流较为频繁和深入的则属亚洲和美洲。在亚洲地区,东亚、南亚、西亚文化与西欧文化的交流时间、方式、影响和结果都是不同的。"西学东渐"与"东学西渐"并存,成为这一时期东西方文化交流的最大特点。

1. 西方文化与东亚中国文化的交流

西欧文化与东亚中国文化的交流是伴随着基督教在中国的传播逐步建立起来的。早期来华的西欧传教士由于肩负着探索、了解东方和传播基督教的双重使命,因而都是在语言学、天文学、数学、科学技术等方面有高深造诣的学者型人物。他们来到中国后得到了部分中国学者的尊敬,甚至成功地使少数中国

---

① 刘祚昌,王觉非.世界史·近代史(上卷).北京:高等教育出版社,1992:281

西方文化概论

学者皈依天主教,如明末学者徐光启,他不但信仰天主教,而且也向这些传教士学习西方科学,甚至向当时的明朝末代皇帝崇祯推荐了天主教,使得崇祯成为中国第一位天主教皇帝。但是大多数中国学者既拒绝西方科学,又拒绝天主教。这主要是因为中国学者发现基督教在许多地方与儒教思想格格不入。总体来说,在17世纪及18世纪的早期,中国文化对欧洲的影响比欧洲文化对中国的影响要大得多。当西方人学习中国的历史、艺术、哲学、政治制度、文教武功时,都会产生一种崇敬感。面对着中国完善的儒教伦理学说、科举制度、精美的建筑、瓷器、丝绸及漆器,西方人尊中国为一切文明的典范。德国哲学家莱布尼茨(1646—1716)赞美中国皇帝康熙"为超乎一切人之上的伟大的……君主,是神一般的人,他靠智力管理一切,然而他也是靠教育取得品德和智慧的……因而获得统治的权利"。[①]

2. 西方文化与南亚印度文化的交流

面对着南亚次大陆与中国并称文明古国的印度文明,欧洲人在18世纪晚期产生了浓厚的兴趣,少数西欧知识分子埋头研究印度文化。正如前文提到的莱布尼茨醉心于中国文化一样,享誉世界的德国哲学家叔本华醉心于印度哲学。1786年英国学者威廉·琼斯在孟加拉的亚洲学会上宣称:"梵文,不管它多么古奥,是有令人惊奇的结构;比希腊文更为完备,比拉丁文更为丰富,比二者中任何一个都更为优美高雅。"[②]但对于古老印度文明的了解,西欧人,尤其是开设"东印度公司"的英国人通常是以殖民掠夺的方式完成的。在这一长达300年的侵略掠夺过程中,对印度古文明的破坏远超过双方的交流,而印度人对于包括英国人在内的西欧人的看法也一直在直线下降,直到圣雄甘地带领印度人民实现自身独立。

3. 西方文化与西亚奥斯曼土耳其帝国文化的交流

在历史上,西欧十字军东征侵略土耳其与奥斯曼帝国,在1453年灭掉东罗马帝国,可以看作是西欧与西亚奥斯曼土耳其帝国的两次文化碰撞。由于历史原因,土耳其人出于当地伊斯兰教与西欧基督教的长期仇恨和斗争,很看不起西欧文化,对于欧洲及欧洲人采取轻视、傲慢的态度,甚至于在17、18世纪当土耳其帝国已经逐渐衰弱时,他们仍然轻视基督教徒。1666年大维齐对法国大使说:"难道

[①] 刘祚昌,王觉非.世界史·近代史(上卷).北京:高等教育出版社,1992:288

[②] 同上,第289页。

第四章 西方文化的扩张

我不知道你吗,不知道你们是一个不信教的人,是一头猪、一条狗、吃粪的吗?"①很明显,双方在近代的文化交流上仍然是以相互间的斗争作为主线索的。

4. 西方文化与美洲印第安文化的交流

自从地理大发现之后,美洲新大陆就成为西欧人进行文化殖民的首选之地。在英国殖民者将西欧文化初步带到美洲大陆时,土著印第安人仍然对自身的文化充满信心。伴随着双方交流的加强,西欧人在自己的词汇、文学、服装、医药中接受了印第安人文化的许多特点,甚至在栽种食用农作物方面也从印第安人那里学到许多东西。而伴随着西欧的枪炮、军舰、殖民侵略,西欧文化在美洲大陆基本压倒了当地的印第安人文化,印第安人必须接受西欧人的统治,学习并逐步接受西欧人的语言、文字、风俗、习惯、饮食、政治制度与经济生产方式,一步步被西欧文化所同化,否则就有可能遭受到灭亡的威胁。同时,北美殖民地承袭了英格兰的传统,把教育看作是家庭和教会的责任,实施教育的目的在于培养应付实际生活所需的本领而不是"学而优则仕"②,从殖民地时期就打下了北美地区良好的实用主义学习风气。除欧洲移民外,印第安人甚至亚、非裔移民都接受了此种教育思想。总的来说,在西欧文化与印第安文化的交流过程中,西欧文化处于绝对的优势地位,西欧文化对于印第安文化的影响远远超过印第安文化对于西欧文化的影响。

5. "西学东渐"与"东学西渐"

在1600~1760年间,伴随着西方航海贸易和殖民扩张的脚步,东西方文化交流显然比历史上有更大的进展,"西学东渐"和"东学西渐"成为当时世界上两个文明交叉与交融的直接表现。"当两种不同的文化相遇时,总会产生文化间的冲突碰撞,而结局总不外乎三种:外来文化征服或代替本土文化;外来文化被本土文化征服,并融入本土文化,成为本土文化的一部分;第三种则是势均力敌,谁也没有征服谁,而是互相借鉴吸收,在两种文化之间进行真正的对话交流。从外来文化的角度说,对待本土文化的态度也不外乎三种:毁灭、同化或尊重本土文化,它们分别对应着文化殖民主义(文化绝对主义或文化中心主义)、文化认同主义或文化相对主义;从本土文化的角度来说,面对外来文化也不外乎三种态度:认同、抗拒或有选择地吸收外来文化的积极成分改造自己。这三种态度又分别对应着文化激进主义、文化保守主义或文化折中主义。也就是

---

① 刘祚昌,王觉非. 世界史·近代史(上卷). 北京:高等教育出版社,1992:287
② [美]特伦斯·M·汉弗莱:《美洲史》,民主与建设出版社,2004:83

西方文化概论

说,保守文化的封闭,有走向覆亡的危险;敞开文化的大门,也会有被外来文化取而代之的危险"。①

  自近代开始的面对西方强势文化的侵袭,以中国为代表的东方文化一直处于深深的矛盾之中。故步自封、全盘西化、"中学为体、西学为用"成为近代中国思想文化界最具有代表性的三种矛盾的文化态度。在 1600～1760 年间,中国开始接受西方的宗教、文学、自然科学与工程技术,"中学为体,西学为用"成为当时"西学东渐"的主要表现方式。而这个时期"东学西渐"的交流也是很明显的,来华的欧洲传教士大量翻译介绍中国古代经济及文学、哲学作品,影响了欧洲知识界对中国的认识。这个时期东西文化交流的特点是:第一,东西方文化是对等交流的;第二,"东学西渐"是以深层次的哲学及文化为主要内容的,而"西学东渐",是以科学技术为主要内容的,对此后东方国家的近代化具有深远影响;第三,从那时起,中国就已经开始陷入了想学习、不得不学习西方文化和不愿学习、害怕学习西方文化的矛盾痛苦中。

---

① 刘登阁,周云芳.西学东渐与东学西渐.北京:中国社会科学出版社,2000:2

结束语:西方文化的未来

自近代以来,西方国家先后经历了观念革命、科学革命、政治革命、商业革命、工业革命及社会革命等一系列的革命,不仅实现了西方国家由宗教社会向理性社会的转变,开创了西方社会政治稳定、经济繁荣、科学进步、工业发达的新局面,且由此奠定了西方文化文明在全球的领先地位。

随着西方文化文明在全球范围的扩张,源自于西方文化的一些观念,如自由、平等、法治、人权等已成为当今时代的全球普世观念,源自西方文化的一些成功实践,如现代科学研究体制、市场经济体制、民主政治体制和社会保障体制已被复制到世界其他地区,并创造出一系列新的经济增长奇迹,如日本奇迹、东亚四小龙奇迹、拉美奇迹及近三十年来中国大陆的增长奇迹。

在西方文化的引领与推动下,整个人类社会的发展与进步出现了空前的大飞跃,近一个世纪人类所创造的财富已超过人类此前几千年所创造财富总和的几百倍甚至几千倍,当今普通民众所享受的各种物质与精神生活,对于几个世纪前的帝王将相们来说都是他们所无法想象的奢华,人类几千年以来的许多梦想、妄想甚至痴想,在今天已成为普通民众日常生活的一部分。

但是,正如绝大多数人已经明显感受到的,西方文化并非理想完美,且不说西方文化在全球传播过程中,西方人既为导师又为强盗的矛盾角色,使许多曾遭受西方殖民侵略的国家和人民,至今对西方文化仍然心存芥蒂。就西方文化本身来说,自19世纪以后,西方社会危机不断,如因产品过剩而引发的经济危机、因财富分配不均而引发的社会危机及因下层民众争取自由权而引发的政治危机多次席卷西方社会,不仅造成西方国家的周期性社会动荡,甚至引发了人类历史上空前惨烈的世界大战,几千万生灵因此血洒疆场。

早在19世纪末,已经有西方学者为西方文化文明的前途忧心忡忡。德国学者尼采面对危机重重的西方文明,曾绝望地呐喊,"上帝死了",为了西方文化的新生,尼采呼吁人们"重估一切价值"。同样是一位德国学者,斯宾格勒于20世纪初在《西方的没落》一书中提出了一个更加振聋发聩的判断,西方文化即将没落,斯宾格勒认为,西方文化早已在19世纪就过渡到文明时期,进入20世纪后,西方文化文明已进入了解体的过渡时期。他预言在2000年到2200年,西

西方文化概论

方文化文明就将解体,从而重新开始一个新循环过程。

英国学者汤因比秉承斯宾格勒的研究思路,在《历史研究》一书中,从全球文化文明发展的大格局中探讨了西方文化文明的起源、发展、鼎盛及衰落的全过程。谈及西方文化前景,汤因比也是忧心忡忡。在他看来,人类历史上的二十六个文明中,大多数文明已经死亡,那么西方文明是否也在劫难逃呢?但他对西方文化文明仍保留着一线希望,他说,"虽然据我们所知,有十六个文明死了,另有九个文明正在边缘,我们的这个第二十六个文明却不一定非服从命运的安排和统计数字的盲目计算不可。创造性的神火还在我们的身上暗暗地燃烧,如果我们托天之福能够把它点燃起来,那么天上的所有星宿也不能阻挠我们实现人类努力的目标"。可见,汤因比并不认同斯宾格勒对西方文化文明发展前途所持的悲观论调,认为只要处理得当,西方文化可以避免解体的命运而且可以保持活力,继续发展。

与19世纪末及20世纪初期一些西方学者对西方文化文明前景所持的极度悲观、悲观或审慎态度相比,20世纪末21世纪初,随着苏联中东巨变和社会主义阵营的解体,以美国为主的西方阵营取得了冷战的全面胜利,部分西方学者由此对西方文化文明的前景表现出一种极度乐观的态度。1992年,冷战的硝烟尚未散尽,美国学者福山就迫不及待地出版了《历史的终结和最后的人》一书,抛出了所谓的"历史终结论"。他在这本书中宣称,代表西方文化文明的自由与民主的理念已无可匹敌,历史的演进过程已走向完成。福山以西方社会新福音的传递者身份向人们宣告:目前的世界形势不只是冷战的结束,也是意识形态进化的终点,西方的自由民主已是人类政治的最佳选择,也是最后的形式。一些敌视社会主义的人,陶醉于社会主义失败的喜悦,和着福山的调门高唱:马克思主义死了,共产主义死了,资本主义万岁,市场经济万岁!

但福山们似乎高兴得太早了,历史发展的现实无情地击碎了福山们的乐观预期。进入21世纪之后,西方国家、西方制度及西方文化的危机纷至沓来,先是美国遭遇9.11恐怖袭击,美国由此陷入反恐战争的泥潭,国家实力及国际声誉受到重创,以后又有席卷整个西方的金融危机、欧债危机及持续的经济衰退危机,西方文化与文明的优越性受到空前的质疑。更为不幸的是,作为西方文化文明主要代表的美国在世界经济领域的主导地位已经受到中国的强有力挑战,不少国际机构预测,不出10年,中国将取代美国成为世界头号经济强国。

面对西方学者及政客关于西方文化前景悲观或乐观的判断与争论,我们应冷静思考,谨慎应对。我们认为,对西方文化的极度悲观或极度乐观的态度都

结束语：西方文化的未来

是不可取的,现代西方文化文明体系自15世纪形成开始,其发展、进步过程一直曲折动荡。纵观西方近现代史,解决问题、化解矛盾、克服危机正是西方社会发展的基本节奏和不断进步的动力源泉,短时期的成功或危机都不能成为判定西方文化文明兴衰的依据。我们应相信,西方社会、西方文化在经历了长期的危机锤炼之后,已经具备了极强的自我修复、自我完善的机制,西方文化必将在克服重重危机之后,不断创造新的奇迹。

另一方面,我们也应认识到,西方文化的前景已经不是仅涉及西方人利益的事情,而是与当今世界所有国家和地区人民都息息相关的大问题。因为,在当今时代,西方文化已经不仅仅是西方人的文化,而且已成为全人类共同分享的文化,源自于西方文化的一些思想观念已被绝大多数非西方国家的人民普遍接受,成为人类共同认可的普世观念。同时,源自西方的一些制度、体制或经验已经在广大的非西方国家得到全面推广,并取得了极大的成功,广大的非西方国家也由此实现了经济的腾飞、社会的进步和人民生活水平的空前提高。一些看似属于西方社会或西方文化的危机,实际上是全人类共同的危机,因此要化解类似美国金融危机和欧洲债务危机这样的社会经济危机,仅有西方人的参与是远远不够的,在当今的全球化时代,这是全人类必须共同面对的难题和挑战。

后 记

素质教育正在成为当今大学教育和社会公民教育的趋势。为培养学生健全的人格，拓展与完善学生的知识结构，造就更多有创新潜能的复合型人才，目前许多大学都在调整课程，推行学分制改革，改变本科教学以往比较单纯的专业培养模式。陕西理工学院由原汉中师范学院和陕西工学院在2002年合并而成，合并后的多学科综合大学优势为探索加强高校素质教育提供了基础。从2005年开始由原历史文化系面向全院学生开设了素质教育公选课——"西方文化概论"。从教学实践看，学生选修"西方文化概论"课程的积极性很高，每年都有各专业2000多名学生选修该门课程，从一个侧面也反映了大学生对文化类素质教育课程的认可和提升人文素养的渴求。

在教学过程中大家普遍感觉到，没有合适的《西方文化概论》素质教育公选课教材。由于教学对象不同，历史学专业的《西方文化史》课程教材的内容、结构与绝大多数理、工科学生的知识结构不衔接。于是大家开始根据素质教育公选课的特点编写讲义并萌生了编写一本专门针对综合性大学素质教育公选课的《西方文化概论》教材的想法。最初的讲义在多年的教学过程中不断调整、完善，承蒙陕西师大出版社王东升先生的赏识，于是有了本书。

本书的完成，有赖于同事们的通力合作。教学过程中的研讨、各具特色的讲义、立足于教学对象特点的内容结构方面的构思都体现了教学一线的老师们对职业的坚守。张西虎教授因行政事务繁忙没能在成书过程中参与具体撰稿，但自始至终参与了本书的策划、构思并提出了宝贵建议，谯伟、雷恒军完成了本书的统稿，第一章第一、第二节由田昕撰写、第一章第三、四、五节及第二章由雷恒军撰写、第三章由谯伟撰写、第四章由刘鹏撰写。

感谢陕西理工学院历史文化与旅游学院院长梁中效教授的关心支持和出版过程中的无私帮助。

感谢陕西师范大学出版社雷永利副社长对文化类书籍出版的关注和鼎力支持，与古洁副编审的沟通也给了我们很多启发。在这里还要特别感谢王东升编辑在出版过程中的细致沟通和具体而扎实工作。

时间仓促，作者水平有限，内容方面难免有不完善之处，望大家不吝赐教，提出批评指正意见。

谯 伟

2014年1月18日